高职高专应用型规划教材

实用写作教程

Practical Writing

主　编　余少文　曹艳红

副主编　张奕琳　黄爱华

暨南大学出版社
JINAN UNIVERSITY PRESS

中国·广州

图书在版编目（CIP）数据

实用写作教程/余少文，曹艳红主编；张奕琳，黄爱华副主编. —广州：暨南大学出版社，2015.7（2019.8 重印）
（高职高专应用型规划教材）
ISBN 978 – 7 – 5668 – 1427 – 2

Ⅰ.①实…　Ⅱ.①余…②曹…③张…④黄…　Ⅲ.①汉语—应用文—写作—教材　Ⅳ.①H152.3

中国版本图书馆 CIP 数据核字（2015）第 105308 号

实用写作教程
SHI YONG XIE ZUO JIAO CHENG
主　编：余少文　曹艳红　副主编：张奕琳　黄爱华

出 版 人：徐义雄
责任编辑：潘雅琴　姚晓莉　方　敏
责任校对：黄　斯　张刘洋
责任印制：汤慧君　周一丹

出版发行：暨南大学出版社（510630）
电　　话：总编室（8620）85221601
营销部（8620）85225284　85228291　85228292（邮购）
传　　真：（8620）85221583（办公室）　85223774（营销部）
网　　址：http://www.jnupress.com
排　　版：广州良弓广告有限公司
印　　刷：佛山市浩文彩色印刷有限公司
开　　本：787mm × 1092mm　1/16
印　　张：21.375
字　　数：551 千
版　　次：2015 年 7 月第 1 版
印　　次：2019 年 8 月第 3 次
印　　数：5001—7000 册
定　　价：48.00 元

前　言

应用文写作是高职文秘专业的核心课程，也是高职院校其他专业的公共必修课。《实用写作教程》突破了以知识传授为主的传统学科教材体系，以教育部高职教育〔2006〕16号文精神为指导，全面贯彻“项目导向，任务驱动，工学结合，学以致用”的设计理念，本书具有以下五个特点：

第一，新颖性。本教材依据2012年4月中共中央办公厅、国务院办公厅发布的《党政机关公文处理工作条例》有关规定来编写，并紧扣2013年12月最新改版的中国就业培训技术指导中心组织编写的《秘书国家职业资格培训教程》“文书基础”和“文书拟写与处理”的相关知识点，内容准确规范、体例新颖，体现了党政机关公文处理的新标准、新精神，也体现了劳动和社会保障部对于秘书国家职业资格鉴定的新要求，切合新形势下各级党政机关干部和文秘工作者熟练掌握、处理党政公文的基本工作要求，能满足现实工作的需要。

第二，实用性。在内容构建方面，本教材在充分听取企业管理者对学习内容组织、编排意见的基础上，以企业业务活动为背景、以岗位工作项目为导向、以岗位典型工作任务为驱动、以完成企业工作任务所需要的主要文种为主线，精心组织教材内容，贴近企业工作实际，使学习者在完成工作项目的过程中了解企业工作内容和需要，掌握写作技能和技巧。而且教材里每个文种都设计了写作模板，便于学习者入门和学习，实用性和可操作性非常强。

第三，项目化。在内容设计思路方面，本教材将企业常用文书按性质或适用范围分成若干模块和项目，以项目为单位按“任务导入—例文借鉴—知识储备—技能掌握—病文析改—知识链接—实训演练—自我测试”的顺序编排教学内容，注重、强化写作知识与技能的有机结合、综合训练，能激发学习者的学习兴趣和主动性，促使学习者在完成项目任务的过程中掌握应用文的知识和写作技能。

第四，互动性。在学习内容的编排方面，采取“教、学、做”相结合的教学模式，学习者边做边学，边学边做，是学习的主体。在课堂教学的实施过程中也常常以小组为学习单位，将学习者置于贴近真实的企业岗位工作环境中，可激发学习者的思维和求知欲，培养学习者的公平竞争意识和团队协作精神，提高其口头表达能力和沟通能力，有效提高其综合素质。

第五，规范化。本教材根据《秘书国家职业标准》，紧扣2013年12月最新改版的《秘书国家职业资格培训教程》的相关知识点来编写，内容规范，针对性强，可帮助学习者提高秘书职业所需的文书基础知识、文书拟写与处理能力，并有助于学习者通过秘书国家职业资格考试。

教材编写分工如下：

余少文：
应用文写作概述
模块一　常用公务文书
模块三　公关礼仪文书
模块五　总结筹划文书
附录二　《党政机关公文处理工作条例》解读
附录五　党政机关公文格式及排版要求
曹艳红：
模块二　告启信息文书
模块九　公文处理
附录一　党政机关公文处理工作条例
附录三　党政机关公文用纸与尺寸示例
附录四　党政机关公文格式示例
张奕琳：
模块四　会务文书
模块八　书信与演讲文书
附录六　毕业论文写作相关知识
黄爱华：
模块六　经济调研文书
模块七　常用规章制度文书

本教材在编写过程中，得到了有关企业负责人的关心、支持，他们对高职院校应用文写作教学改革和教材的编写提出了许多宝贵意见，使本教材能更符合当前高职教学改革的需要，更具有高职教育的特色，内容更贴近企业工作实际，使培养的人才更能胜任企业工作的需要，在此表示衷心的感谢！

担任本教材编写的企业顾问有：
广州旗智企业管理咨询有限公司总经理　向寒松
广东南都嘉华传媒有限公司首席运营官　李　伟
南方日报经营有限公司市场部副总经理　陈仕相
广州注意力公关顾问有限公司媒介中心副总经理　陈卓怡
广东省源天工程公司总经理助理　吴超瑜
广东省石油化工建设集团公司人力资源部部长　谢　飞
广东省永通律师事务所主任　刘永权
广汽本田有限公司广报科社会活动推进系系长　陈艳梅

本教材在编写过程中，参阅了大量文献资料，参考、引用了许多案例和学术成果，在此一并向作者表示诚挚的感谢！

由于写作水平有限，不妥之处恳请读者批评指正。

余少文
2015 年 4 月 10 日

目　录

应用文写作概述

写作是以书面语言为工具，表达作者对客观事物的认识和感受的创造性劳动，是以交流为目的，认识和表达互相融合、互求统一的过程。应用文写作是写作学科的一个分支。

应用文是人们在日常生活、工作中使用的一种文体。应用文又称文书，是各级机关、企事业单位、社会团体和个人为办理事务而形成和使用的，具有特定效用和惯用格式的文体的总称。所以应用文写作是一种社会性的活动。它起到沟通思想、组织社会、统一步调和发展事业的作用。

第一节　应用文的产生和发展、分类及特点

一、应用文的产生和发展

从结绳记事到用文字表达思想，社会逐渐进入了文明时期。文字最初是用来记载、交流生活和生产信息的。殷墟出土的甲骨文完全可以证明，从有文字开始，就有了应用文。应用文由来已久，在我国已有几千年的历史。我们至今尚能从应用文的某些种类中看到古代文明的渊源。就拿现代人应用最广的信件来说，秦汉时期人们称它为“牍”或“尺牍”。古人未发明纸笔时，用书刀将文字刻在木片或竹片上，称“牍”。送给人的信牍约一尺长，故称“尺牍”，这一名称现在在“尺牍选本”之类中还在应用。有些重要的或需送递至远地的尺牍，要装入木制或皮革制的套子、匣子里，作用如同后来的信封，这种盛器叫“函”。所以，“函”又成了书信的别称。若要“函”牢固，便需用绳、漆捆好封好，这称为“缄”，至今人们在信封上还写“×××缄”的字样。

最早提出“应用文”这个名称的是清代学者刘熙载，他在《艺概》一书中说：“辞命体，推之即可为一切应用之文。应用文有上行，有下行，有平行。重其辞乃所以重其实也。”这里不仅提出了“应用文”这一名称，还说明了应用文的用途极其广泛。

任何文化的发展都有延续性，应用文也是如此。随着社会的进步、时代的变迁，应用文在人们的实际使用过程中不断继承、创新、发展起来。

中共中央办公厅、国务院办公厅 2012 年 4 月 16 日发布了《党政机关公文处理工作条例》（下文简称《条例》），对党政机关公文处理提出了新的标准、新的精神、新的要求。这就要求我们，尤其是各级党政机关干部和文秘工作者要立足于现实工作需要，熟练掌握公文写作，能够将各种公文文体运用自如。这也是应用文写作随着社会生活的发展、变化而不断发展、创新的一种体现。

二、应用文的分类

应用文应用广泛，种类繁多，按照不同的标准可以分为不同的类别。常见的分类有以下几种：

（1）按形成者分，可分为公务文书和私人文书。

（2）按行文方向分，可分为上行文、下行文、平行文。

（3）按紧急程度分，可分为特急件、急件、平件。

（4）按机密程度分，可分为绝密公文、机密公文、秘密公文、普通公文。

（5）按使用功能分，可分为党政公文、事务文书、商务文书、传播文书、礼仪文书、科技文书等。

除此以外，还有专用类应用文，就是专业性较强的文书，如科技类文书、司法类文书、外交类文书、军事类文书等，但由于其使用很专业，这里不一一赘述。

本书主要介绍党政公文、事务文书和商务文书。

（1）党政公文是党政机关实施领导、履行职能、处理公务的具有特定效力和规范体式的文书。在实际应用中，党政公文远远超出了党政机关范畴，在各行各业日常管理工作中广泛应用，因而党政公文又被称为“通用公文”。《条例》规定，党政公文共包括决议、决定、命令（令）、公报、公告、通告、意见、通知、通报、报告、请示、批复、议案、函、纪要等15种。

（2）事务文书是机关、单位、团体和个人处理日常事务所使用的文书，例如传真稿、备忘录、请柬、邀请信、贺信（贺电）、感谢信、启事、消息、简报、会议记录、计划、总结、述职报告、讲话稿等。

（3）商务文书是企业或个人处理商业事务时所使用的文书，主要包括意向书、订货单、商品说明书、市场调查报告、招标书、投标书、合同、可行性研究报告等。

三、应用文的特点

应用文具有直接功用性、内容真实性、思维逻辑性和格式稳定性等特点。

（1）直接功用性。这是应用文的根本性特征。应用文最基本的特点就是“用”，为用而写，有用才写，这是应用文与其他文章的最大区别。应用文是直接为现实生活和工作服务的，运用它可以直接解决现实生活和工作中遇到的问题，进行公务和事务管理。

（2）内容真实性。应用文要内容真实、事实确凿、数据准确，这是应用文功用性的保证。如果应用文内容不真实，就起不到应有的作用。

（3）思维逻辑性。应用文的写作要运用抽象思维，重视事理之间的逻辑关系，一是要尊重人的思维逻辑性，二是结构安排要有条理。应用文直陈事理，不管是事事关系还是事理关系，都必须运用逻辑关系阐述明白，使前因后果一目了然。因此，其在思维上具有很强的逻辑性。

（4）格式稳定性。应用文的格式往往是历史流传、人们习以为常、约定俗成的，任何人不可随意违反，否则就会不伦不类。这也是应用文规范性的体现。但应用文的格式也不是一成不变的。随着社会生活的变化，原有的格式已不能适应新形势的要求、不能很好地服务于工作和生活，这必将促使新的格式应运而生。也正因此，2012 年 4 月 16 日中共中央办公厅、国务院办公厅发布了《党政机关公文处理工作条例》，同时 1996 年 5 月 3 日中共中央办公厅发布的《中国共产党机关公文处理条例》和 2000 年 8 月 24 日国务院办公厅发布的《国家行政机关公文处理办法》停止执行。

第二节　应用文的要素

应用文与其他文体一样，也是由一定的要素构成的，这就是人们常说的文章四要素：主题、材料、结构、语言。

一、主题

主题是文章的灵魂。应用文的主题是指文书所要阐述的基本观点或中心思想。主题也称为“意”“主旨”“中心论点”“中心观点”。

如果没有主题，作者取舍材料、措置结构、遣词用句，甚至制定标题、运用表达方式等，都会失去依据。

（一）确立主题的依据

确立主题，也被称为“立意”。确立主题的依据有两个：一是以写作目的为依据；二是以事实材料本身的意义为依据。

文章写作必须主题先行，没有确定主旨就写作，难免“手忙脚乱”，甚至无法成篇。

（二）对主题的要求

（1）正确。就是要符合党的路线、方针、政策和国家的法律法规以及上级领导的意图，符合客观实际情况，符合事物发展规律，符合具体的业务规范，能反映社会、部门的真实面貌，能经得起实践和时间的检验，不违背科学，不与本单位、本部门的既定政策、规定相矛盾。

（2）深刻。就是主题能揭示事物的内在本质，反映事物的内在规律。只有经过总结归纳、概括提炼，主题才能进一步深化，从而将人们的思想统一起来，提升文章的价值，因此要善于抓住事物的主要矛盾，挖掘具有本质性和倾向性的问题。

（3）新颖。就是在说明问题、发表主张或反映生活现实时要及时，要紧跟社会发展的步伐，要有时代感。只有新颖的主题才富有活力，才能与时俱进。

（4）集中。应用文鉴于它的实用性，不可有多个中心，而要求主旨集中单一。主题单一，人们才易于把握中心思想，才能清晰地知道应该贯彻什么、执行什么、提倡什么、制止什么，才能提高办事效率。

二、材料

材料是指表达主题所依据的事实、数据、理论、公认的原则、科学公理、方针、政策等。拥有丰富的材料，对提高应用文的质量有很重要的作用。

对材料的处理工作有四个环节，即材料的占有、鉴别、选择和使用。

（一）材料的占有

占有材料有两种途径，一是亲身经历所获，一是调查阅读所获。

占有材料的要求是，时间不分古今，地域不分中外，性质不分正反，类别不分点面。总之，占有的材料越多越好。

（二）材料的鉴别

鉴别，就是对材料进行分析和比较。没有鉴别，就失去了选择材料的前提。

（三）材料的选择

选择材料有四项原则：

（1）围绕主题选择材料。要选择能够有力说明主题、突出主题的材料，与主题无关的材料一概舍去。

（2）选择典型材料。典型材料是指那些能深刻地揭示事物的本质、具有广泛代表性和较强说服力的材料。选择有典型意义的材料，才能深刻地表现主题。

（3）选择真实准确的材料。真实，首先是指确有其事。其次是指材料能够反映事物的本质。准确，就是可靠无误。不但事件要准确，数据也要准确。

（4）选择生动新颖的材料。生动新颖的材料可以给人留下深刻、强烈的印象，容易吸引人、感染人，也更有说服力。

（四）材料的使用

使用材料要注意两点：

（1）恰当安排材料的先后顺序。对于材料的使用，要根据读者的思维习惯安排其顺序，或依照时间的先后，或根据材料的重要程度，或照顾事件之间内部的逻辑联系，或依从说理的顺序，或考虑作者行文的方便等。

（2）确定材料的详略程度。材料选定后，大多不能按照其原本面貌去表现。每一项材料都有它的前因后果、来龙去脉，以及它与各方面的联系。因此，要注意对材料进行裁剪。对材料详略的处理可采取以下途径：

①根据主题的需要确定材料详略。表现主题的骨干材料宜详，普通材料宜略；中心材料宜详，次要材料宜略；典型材料宜详，一般材料宜略。所有材料都要服从主题的需要。

②根据文体的特点确定材料详略。不同的文章体裁具有不同的特点。公文的特点在于直言“说”明，故说明部分详写，议论、叙述部分略写；论文的特点在于以“理”服人，故说理部分（议论）详写，引述事例部分（叙述）略写；调查报告则以“事”显理，故叙述事实部分详写，议论、说明部分略写。

三、结构

结构是指文章内部的组织和构造，是对观点与材料、内容与形式进行组织安排的具体形式。写文章，就是根据主题需要，将观点与材料、内容与形式进行有机的组合，又称为“谋篇布局”。

文章的结构具有两重含义：一是宏观结构，即文章的总体构思、大体框架。二是微观结构，即对文章的层次、段落、开头、结尾、过渡、照应和主次的具体设计。

（一）结构的内容

结构包括标题、开头、结尾、层次、段落、过渡、照应等。安排结构，就是合理组织文书结构中的各项内容，使其成为统一的整体。

1. 标题

标题是文章的命名。鲜明、准确的标题能够给读者留下深刻的印象。

应用文标题的基本模式有两种：

（1）公文式标题。《条例》规定，公文标题“由发文机关名称、事由和文种组成”。如《××市建设局关于对建筑企业进行资格年审的通告》。

（2）一般文章式标题。一般文章式标题常用于简报、调查报告、总结、述职报告等事务文书。它可分为单标题与双标题两种。

①单标题：如《××市城管大队改进检查方法成效显著》。

②双标题：由正标题与副标题组成。如《当代大学生是否应具备自我牺牲精神——对××市大学生的调查》。

2. 开头

开头也称为导语或引言，是应用文的起点。应用文的开头提倡开门见山、开宗明义。常见的开头方式有4种：

（1）概述式。概述式是指概括叙述有关情况或背景材料的开头方式。报告、纪要、总结、述职报告、消息、调查报告等文种常常采用概述式开头。

（2）目的式。目的式是指阐述发文的意义、宗旨等的开头方式。这种方式常用“为了”“为”等介词构成的短语表明行文目的，也常用“根据……”等句式表明行文依据。通告、通知、计划等文种常常采用目的式开头。

（3）开门见山式。开门见山式是指开篇直入关键内容或主题的开头方式。决定、意向书等文种常常采用开门见山式开头，有些招标书、投标书也采用开门见山式开头。

（4）引述来文式。引述来文式是指引述对方来文的标题与发文字号的开头方式。这种写法大多用于函、批复等回复性公文。如批答函《××市人事局关于批准市卫生局录用高校硕士毕业生的函》，开头就是采用引述来文式：“你局《关于拟录用高校硕士毕业生的函》（×卫函〔20××〕15号）收悉。”

3. 层次

层次指的是文章思想、内容的表现次序。安排好文书写作的层次，有助于受文者准确地领受文书的信息，以便更好地贯彻文件精神。常用的层次安排方式有：

（1）总分式。即在文书的开头先做总的概括或提出总的观点，然后分别叙述或具体展开论述。在总分关系中，总述统领分述，分述是对总述的演绎和阐释。总分式的层次安排适用于许多文种。

（2）并列式。并列式指各个层次之间在逻辑关系上互为并列、互不相属，各层次的体例大体一致。合同、意向书、招标书、投标书等文种常用并列式表现内容层次。

（3）递进式。递进式是指各个层次之间由浅入深，层层深入，具有严密的逻辑关系。

（4）因果式。因果式是指各个层次之间按前因后果或前果后因的顺序安排结构。如请示，一般先说明“为什么请示”这个“因”，之后再陈述“请示事项”这个“果”。

（5）时序式。时序式是指以时间先后为序，按照事情的发生、发展、变化过程安排层次，常用于叙事性较强的文种，如消息、调查报告、总结、纪要、报告等。

（6）三段式。三段式是指公文常常采用的三层次结构形式，即发文缘由（导语）、事项（主体）与结尾。通知、通报、报告、请示、计划、总结、述职报告等，都常采用三段式的层次安排方式表现正文内容。

4. 段落

段落即自然段，是构成文章的基本单位，是文章思想内容在表达时由于转折、强调、间歇等情况所造成的文字停顿。分段的目的在于有步骤地显示、表达主题。段落安排恰当，可使文章更加有条理，帮助受文者更好地理解文章的思想内容。

常用的段落安排方式有：

（1）提行式。提行式是指以另起一行表示内容转换的方式。比如，纪要常以惯用语“会议认为”“会议指出”“会议强调”来区分不同的段落。

（2）条款式。条款式是指以序数为标志，按不同意思分条列项划段的方式，又称条文式。报告、通告、公告、调查报告、总结、合同等多种应用文书常采用条款式。

（3）篇段合一式。篇段合一式是指一篇文章为一段的划段方式。公文中的批复和转发、印发通知等常采用此种方式。

5. 过渡

过渡是指上下文之间的衔接、转换。过渡在文章中起承上启下作用，使前后相邻的段落自然衔接。常用的形式有：

（1）过渡词。如：因此、总之、由此可见、综上所述、既然、那么、尽管、但是等。

（2）过渡句。如：现将具体要求通知如下、现就有关问题请示如下等等。

（3）过渡段。以一个独立的自然段来承转过渡。

6. 照应

照应是指前后内容的关照、呼应。照应并非简单的文字重复，而是根据事物的内在联系所做的有意识、有计划的强调和反复，它在一定程度上表现了内容的发展变化和思想的逐步深入，增强了文章的整体感。常用的照应方式有：

（1）首尾照应。首尾照应是指文章的开头与结尾照应。总结、述职报告、市场调查等常用首尾照应。

（2）文题照应。文题照应包括多种形式，主要有：文章内容与标题照应，文章主题与标题照应，文章开头与标题照应，文章结尾与标题照应等。

（3）行文前后照应。行文前后照应是指围绕主题在行文过程中多次照应。

7. 结尾

应用文结尾的目的是强化主题、明确任务，以达到预期的应用目的。常用的结尾方式有：

（1）强调式。强调式是指对正文的主要问题作强调说明，以强化读者印象的结尾方式。

（2）期求式。期求式是指在正文结束后表达期求愿望的结尾方式。期求式常用于公文的上行文或函，如请示的结尾语通常是“当否，请批示”，商洽函的结尾语通常是“请研究函复”，请示函的结尾通常是“以上请求，请予审批”等。

（3）希望式。希望式是指在正文结束后向读者提出要求、号召或希望的结尾方式。

（4）说明式。说明式是指在文书结尾处补充说明某些内容的结尾方式。如某些公文对文章的生效、时效等作特别说明、解释；经济合同结尾处对合同的保存方式作说明“本合同一式二份，甲乙双方各执一份”。

（5）秃尾。秃尾是指文章没有结尾，正文结束即告全文结束，也称自然结尾。除了公文以外，其他事务文书也常采用此种方式。

（二）对结构的要求

对结构的要求有4点：

（1）严谨。一是指思维缜密、无懈可击；二是指组织严密、没有破绽。

（2）自然。指文章结撰如行云流水，无人工雕琢、斧削的痕迹。

（3）完整。指结构主干饱满，首尾圆合。

（4）统一。指形式和谐，通篇一贯。

四、语言

语言是由语音、词汇和语法构成的一定系统，是人类最重要的交际工具，是一种特殊的社会现象。文章的表现工具就是语言。应用文重在实用，在表述上力求清楚准确。因此，应用文的语言具有直接性、行业性、模式化的语体特征。

（一）应用文的语言要求

（1）准确。指语言含义清楚，词语内涵外延明确。准确是对应用文语言的第一要求，体现在字、词、句的运用要准确，要准确地传递信息，准确地表达作者的观点。

（2）简洁。指语言要简明扼要，能以最少的文字表达最丰富的内容。应用文具有很强的实效性和实用性，为加快阅文办事的效率，应用文用语必须简洁。

（3）平实。指语言平易实在、朴素规范。应用文重在实用，以阐释作者的思想观点为宗旨，要言之有理、言之有物，不追求华丽辞藻，只求语言表达标准规范、通俗易懂。

（二）应用文的专用语言

应用文有独有的专用语言，常见的有以下8类：

（1）开头用语。用于说明发文缘由，包括意义、根据，或介绍背景材料及情况等。如：为、为了；根据、按照、遵照、依照；鉴于、关于、由于；目前、当前；兹、兹有、兹将、兹介绍、兹派、兹聘等等。

（2）承启用语。用于连接开头与主体部分，起承上启下作用。如：根据……决定；根据……特通告如下；依据……公告如下；为了……现决定；为……通报如下；现将……

（情况）报告如下；现就……问题请示如下；经……批准（同意），现将有关事项通知如下；经……研究答复如下。

（3）引述用语。用于批复或复函中引述来文作为回复依据的用语。如：……悉，……收悉，敬悉……，欣悉……。

（4）批转用语。用于批转、转发、印发通知的用语。如：批示，阅批，审批，批转，转发，印发。

（5）称谓用语。用于表示人称或对单位的称呼。如：我（部），本（部门）；你（省），贵（局）；该（处）。

（6）经办用语。表明工作处理过程或情况的用语。如：经，业经，兹经，未经；拟，拟办，拟定；施行，暂行，试行，执行，参照执行，贯彻执行，研究执行；审定，审议，审批；会议听取了，会议讨论了，会议认为，会议指出，会议通过了，会议决定，会议希望，会议号召，会议要求，会议呼吁。

（7）表态用语。用于表明态度的语言。如：同意，不同意，原则同意；不可，可办，照办；批准，原则上批准。

（8）结尾用语。表示文章结束的词语。有的结尾用语表示结束上文，如：特此报告，特此通知，特此函达，此复等。有的结尾用语再次强调行文目的与要求，如：……为盼，……是荷等。有的结尾用语表示敬意、谢意，如：敬礼，致以谢意，谨致谢忱等。

第三节　应用文的表达方式

应用文的主要表达方式有叙述、说明、议论。

表达方式指撰写文章时对有关内容所采用的具体表述方法和形式。文章写作通常采用的表达方式有叙述、描写、对话、抒情、议论与说明。应用文写作常用的表达方式是叙述、议论、说明，以陈述情况、阐述观点或说明问题，一般不使用描写、对话、抒情。

一、叙述

叙述是把人物的经历、行为或事物发展变化的过程表述出来的方式。

完整的叙述有6个要素，即时间、地点、人物、事件、原因、结果。

（一）叙述的人称

叙述的人称，是作者进行叙述的角度。它反映了作者的观察点与立足点。应用文叙述的人称有两种，即第一人称和第三人称。

（1）第一人称。第一人称是指作者在文章中以见证人、当事人的身份进行叙述，即我、我们。运用第一人称的文体主要有报告、请示、函、计划、总结、邀请信、感谢信、述职报告等。需要说明的是，应用文中的第一人称指的往往是发文机关，只有很少一部分指的是作者本人（如个人计划、个人总结、个人述职报告等）。

（2）第三人称。第三人称是指作者在文章中以局外人的身份进行叙述，即他、她、它、他们等。运用第三人称的文体主要有通报、纪要、会议记录、消息等。

此外，有些文章运用了第二人称代词，即你、你们，但其立足点仍居于第一人称。

（二）叙述的方式

叙述的方式，指在写作过程中安排叙述事物顺序及详略等的方式。应用文中常用的叙述方式有顺叙、倒叙、概叙、夹叙夹议。

（1）顺叙。顺叙是指作者按照事情发展的顺序进行叙述的方式。顺叙是应用文中基本的叙述方式，像市场调查报告、总结、报告等，常按照事件发生、发展的顺序来叙述。使用顺叙时要注意对材料的取舍。

（2）倒叙。倒叙是指把事件结局或某个突出片断提到前面先介绍的叙述方式。倒叙有两种形式：其一，“倒”在结局上；其二，“倒”在某个片断上。一些叙述性文体（如通报、报告、简报、消息等）的开头，常常运用倒叙方式先说结局，然后再按事情发展的顺序陈述事情经过。

（3）概叙。概叙是对主要材料做概括的叙述，即概略叙述某一状况、某一过程的基本面貌，使读者对情况有一个概要的了解。这种叙述方式在应用文中运用得最多。

（4）夹叙夹议。夹叙夹议是以叙述为主，并加以分析评论的叙述方式。这种方式将材料与观点结合起来，能更好地表现作者的意图，在应用文写作中广泛运用。

二、议论

作者通过用事实材料和逻辑推理来阐明自己的观点，表明赞成什么或反对什么的表达方式，叫议论。

在此，“事实材料”指论据，“观点”指论点，“通过用事实材料和逻辑推理来阐明自己的观点”的全过程是论证，又叫论证过程。这就是议论的 3 个要素。

每一段完整的议论均由论点、论据、论证构成。

（一）议论的类型

议论可以分为两大类：立论与反驳。

（1）立论。立论又叫证明，就是从正面阐述自己观点的正确性，从而把论点建立起来的说理方法。

一些应用文（如可行性研究报告、市场调查报告等）的写作证明过程很重要，这个证明过程就是引导读者的思维跟着作者的观点走，一步步证明，使对方逐步赞成文章观点的过程。作者要通过立论过程，帮助受文机关了解结论是怎么得来的，从而利于解决问题。

大部分应用文的立论，有观点、有论据，往往省去了论证过程。但是，省去文字上的论证过程，并不意味着取消思维上的论证，如果取消了思维上的论证，也就难以从论据中推出合乎逻辑的论点了。

（2）反驳。反驳就是设法证明对方论点是错误的，从而驳倒对方、树立起自己论点的说理方法，又叫驳论。反驳的基本思路是指出矛盾，或指出对方的说法与事实的矛盾，或指出对方论证过程在逻辑上的矛盾，或指出对方观点与真理的矛盾。沿着这个思路，常常可从反驳论据、反驳论证、反驳论点这3种角度进行反驳。

（二）论证的方法

事实证明，不掌握论证方法，论证过程将呈现出自发随意、杂乱无序的状态。

这里所介绍的论证方法，可以用于立论，也可以用于反驳，是应用文经常采用的论证方法。

（1）例证法。例证法是用典型事例作论据证明论点的方法，又叫举例法。运用例证法，要注意观点与材料的一致性，注意材料的典型性。通常来说，通报、报告、市场调查报告、总结、述职报告等叙述说明文体所选用的具体材料，都应是典型事例；商务文书所选用的概括性材料（如数字、图表等），也应是具有代表性的材料。如：

我国花卉产业从20世纪80年代开始，经过近20年的发展，取得了很大的成绩。据中国花卉协会统计，1984年全国花卉种植面积有1.4万公顷，1997年增为8.6万公顷，2000年达到14.8万公顷；花卉产值由1984年的6亿元，增加到1997年的96亿元，我国的花卉生产已经形成了一定的规模。

（2）分析法。分析法是通过分析问题以证明论点的方法。与议论文相比，大多数应用文没有三要素齐全的议论过程，但同样有分析。有时，应用文的分析只有三言两语，像表彰性通报、批评性通报中的分析有时只有一两句话，但它却能起到举足轻重的作用。分析的目的在于归纳，即将受文者的思维统一到理性观点上。如：

张××同志在身体多处受伤、火势凶猛并随时可能发生更大爆炸的万分危急关头，将个人生死置之度外，果断处理突发事件，为遏制火势蔓延，防止事故扩大，减少国家财产的损失，作出了突出的贡献。

例证和分析，是常用的两种证明方法。在实际运用中，它们往往也结合在一起，或先例证，后分析；或先分析，后例证。

（3）引证法。引证法是用经典性言论，科学上的公理、定理或生活中的常理作为论据来证明论点的方法。

引证法有两种形式，凡直接引述原文的，叫“直接引用”，直接引用需加注冒号、引号；凡转述原文大意、引述观点的，叫“间接引用”，间接引用不必加注冒号、引号，但应注意引述部分与正文部分间的界限，要避免界限不清或与正文承接处表述突兀。如：

本书的主要特点如下：

一、强化写作训练。……

二、强调内容实用。本书以教育部高职教育〔2006〕16号文精神为指导，全面贯彻

“项目导向，任务驱动，工学结合，学以致用”的设计理念……

(4) 对比法。对比法是将两种事物进行比较以证明论点的方法。这里的比较，可以是将历史事实与今天的情况进行纵向比较，也可以是拿两种对立的情况来做横向比较。如：

从前一两年前流行的大长裙裤、今春风靡一时的大长花裤，到眼下的紧身单车裤，从去年短短的上衣到今夏长长的“娃娃衫”，时装总是在长长短短、宽宽窄窄之间“风水轮流转”。……

(5) 因果法。因果法是通过揭示事物之间的因果关系以证明论点的方法。运用因果法时要特别注意事物发展的客观联系，使“因”的发展能够合乎逻辑地推导出“果”来。如：

目前的情况是：一，农民挣钱的门路广了，谁也不愿再干既脏又累获利极微的养猪之事；二，县乡两级党委和政府，只注重发展工商业，对养猪户没有必要的奖励政策；三，粮食价格灵活了，以致失去控制，农民感到用粮食养猪远不如直接卖粮有利；四，农村养狗成风，狗争吃了猪的饲料。所以现在农村出现了一个令人忧虑的情况，就是养猪量急剧下降，猪肉价格暴涨。

三、说明

说明是对事物的形状、性质、特征、成因、功能，或对人物的经历、特征、状况等进行客观解释、介绍的表达方式。

被解释、介绍的对象可以是实体的，如某人、某物；也可以是抽象的，如行政公文行文规则等。

在应用文写作中，说明是主要表达方式之一，常与叙述同时使用。

常用的说明方法有如下3种：

1. 定义和表述

(1) 定义。以准确、科学的语言，对事物的本质特征加以揭示和概括，是对某种概念内涵和外延的规定。定义是在概念基础上的一种判断。下定义，首先要抓住事物的本质特征和性质，其次要准确、科学地表达。如《统筹方法》一文中作者运用了下定义的方法，给统筹方法下定义：“统筹方法，是一种安排工作进程的数学方法。”定义说明中“是”前面和后面的内容可以互换。

(2) 表述。比较具体地说明、介绍某一事物或人物，使人物或事物显得更为具体。有时又用表述简单介绍背景材料，为议论提供依据。如：

光是一个飞毛腿，一秒钟内可以跑三十万公里，从地球上射到月球的激光，大约经过两秒多钟就反射回地球。用这个时间乘上三十万公里除以2（因为记录的时间是光走一个来回的时间），就得到了地球与月球之间的距离——三十八万四千公里。这样测量出来的距离是很精确的。

又如下例，简要介绍了“礼仪”一词的来源（背景），为议论提供了依据：

英语中的“礼仪”一词来自法语的Etiguette，原意是指在法庭上使用的一种通行证，在上面记载着进入法庭时的各项守则。把“礼仪”与“通行证”联系起来，从一个侧面很形象地说明了礼仪所具有的功能。

2. 分类和比较

分类与比较，都是人们认识事物的基本思维方法，也是说明常用的方法。

（1）分类。分类指把不同的事物或人物分成不同的类别加以介绍。如：

常见事务文书大致可分为计划类文书、汇总类文书、记录类文书、礼仪类文书、告白类文书、规章类文书、书证类文书、会议类文书等8种。

（2）比较。比较指把同类的事物或人物放在一起加以考察、鉴别，以确定异同。如：

《党政机关公文处理工作条例》规定涉密文件应当标注份号，而《国家机关公文处理办法》只要求对绝密、机密公文标注份号。

3. 数字和图表

（1）数字。数字指用确凿的数据来说明事物。在应用文中，有些问题是非用数字来说明不可的。例如，纪要表述的会议概况、会议记录中的到会人数、公文用纸的尺寸、合同数据、标书数据、商品说明书中的数据等。运用数字，特别要注意按中华人民共和国国家标准《出版物上数字用法》的规定来书写。如：

在经济快速增长的基础上，××地区农民的生活水平显著提高。农民家庭人均收入由1 540元提高至4 370元，扣除价格因素，年均实际增长7.2%。

（2）图表。图表指用精确的图表形式来说明事物。为了增强事物的直观性，采用图表来表现事物是一种很好的说明方法。当说明的数字很多，并需要进行比较时，最好采用图表形式，使人一目了然。如：

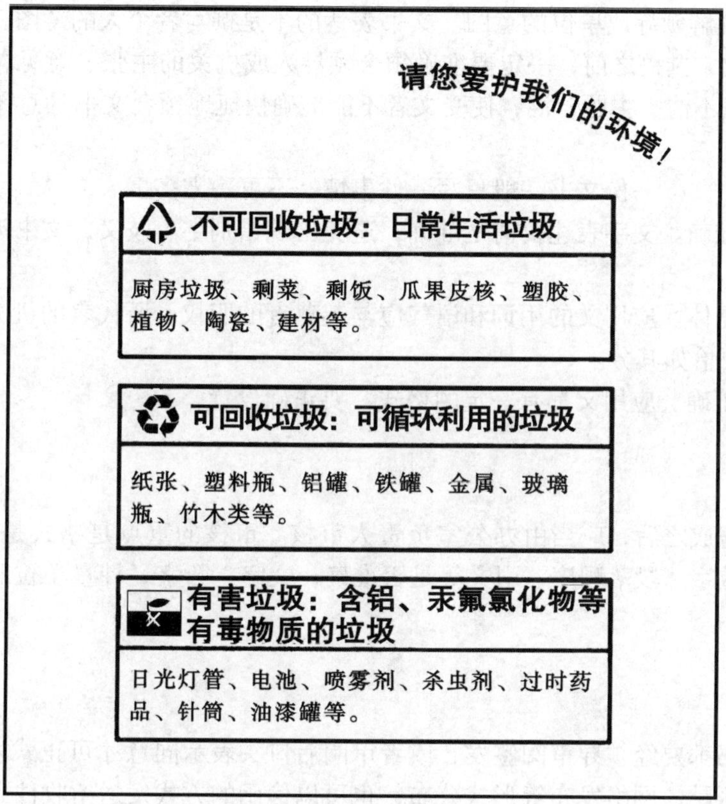

第四节　应用文的制发程序

机关、团体、企事业单位用于处理公务的应用文，在管理活动中起非常重要的工具作用，不能出现疏漏。为保证质量，应用文往往有比较严格而固定的制发程序。

其中，党政公文具有法定的权威性和约束力，必须按照严格的程序来制作，以确保准确无误。《条例》规定，党政公文在正式发出之前要经过拟制和发文两个方面共 7 道程序。拟制程序包括了起草、审核、签发等 3 道程序；发文程序包括复核、登记、印制、核发等 4 道程序。

事务文书、商务文书方面的文种很多，用途不一，体式内容也各有不同，其制发程序虽然没有党政公文那么缜密和程式化，但也有严格的要求，一般也要经过起草、审核、定稿、公布及操作等程序。

本节主要介绍应用文制发程序中的起草、审核和公布。

一、起草

起草就是拟写文书草稿，也称撰稿，是把领导人或机关的发文意图具体化、条理化的过程，是文件制发的首要环节。起草文书应注意以下几点：

（1）准确理解领导或单位的意图。文书表达的不是撰写者个人的意图，而是领导、单位的意图。因此，撰稿之前，一定要准确领会领导人或机关的主张、意见，避免出现理解偏差，导致观点不清、主题含混，使受文者不能准确快捷地领会文书的意图，影响文书的执行效用。

（2）一事一文。一份文书一般只写一件事情，不可一文多事。

（3）表述准确。文字表述要清楚准确，避免出现错别字、歧义；文书涉及的事项要交代得清楚明白。

（4）语言得体。应用文的用词和语气应与起草者的职权、所代表的机关及发文目的一致，遣词造句要恰如其分。

（5）格式正确。应用文都有一定的格式，要正确设置。

二、审核

文书起草完成之后，应当由办公室负责人审核。审核的重点是格式是否规范；人名、地名、时间、数字、段落顺序、引文等是否准确；文字、数字、计量单位和标点符号等使用是否规范。

三、公布

重要的文书都要经领导审阅签发，或者审阅后口头表示同意才可正式发布。文书可通过会议宣读、张贴、网络发布等形式公布，也可以信函的方式发送给收件人。

第五节　应用文的格式

应用文的格式是指文书的外观样式，即文书的用纸、印装规格和需要标志的各要素所构成的外部形态。文书格式由文书的内容决定，又服务于文书的内容。不同类别的应用文有各自相对稳定的、约定俗成的格式，不能随意改变。文书格式的规范统一，有利于文书的制作、传递和处理，有利于提高工作效率，更好地发挥文书的功能和作用。

一、应用文的用纸和印装规格

为保证文书的规范性和严肃性，文书在用纸和装订上往往有一定的要求。

（1）用纸规格。一般采用国际标准 A4 型纸，尺寸为 210mm×297mm。布告、通告等以张贴形式发布的文书，其用纸幅面尺寸大小可根据实际需要来确定。

（2）文书文字的颜色。文书中文字的颜色一般为黑色。

（3）印制装订要求。要做到文书版面干净无底灰，字迹清楚无断划，尺寸标准，版心不斜，左侧装订，不掉页。

二、应用文的格式要素及其标志规则

应用文种类繁多，格式要素也各有不同。应用文常见的格式要素主要有以下几项：

1. 标题

应用文的标题是对文书内容和作用的高度概括。应用文常采用公文式标题。完整的公文式标题由发文机关名称、事由、文种3部分构成。一般在事由之前加上表示范围的介词“关于”，在文种前加上助词“的”。如“××学院关于春节放假的通知”。公文式标题的3个部分，有时可以省略除文种以外的一个或两个部分，如“广东建设用地起坟通告”“公告”“备忘录”等。

标题应居中排列，字号应大于正文，字体也应与正文有所区别。标题设置应醒目、美观。

2. 称谓

如果有明确的受文对象，应写上称谓。称谓又叫“抬头”、“上款”，在党政公文中叫“主送机关”，是对文件受理者的称呼。称谓写在标题之下、正文之前，要顶格书写，末尾加全角冒号。

普发性的文书，受理对象较多，一般可使用泛称，如“各单位”“各部门”“各位员工”。

一些没有特定主送对象的公布性文书，如公告、通告等，可不写称谓。

3. 正文

正文是文书的核心部分，用来表述文书的具体内容。应在称谓下一行书写，每段段首空两格。除个别极简短的文书外，正文内容一般由开头（交代缘由或依据）、主体（交代事项）、结尾3个部分构成。正文应表述清楚明白，语言规范、简洁、得体。

正文中的结构层次一般不超过4层，序数依次用“一、”“（一）”“1.”“（1）”标注。

4. 署名和日期

文书中发文机关署名（或加上日期）俗称“落款”。发文机关署名用来表明发文者的身份，是应用文不可缺少的项目。署名位置在正文右下方，写上发文单位全称或规范化简称。日期是文书的发布时间，一般写在署名下一行。日期与署名的排列应美观协调。日期应标全年、月、日，年份应标全称。

实训演练

1. 若根据以下原始材料写一篇调查报告或情况报告，如何确定其写作主旨？

××区土产杂品行业财务管理问题的调查材料

（1）有家商店一次购入锯板木材1 300立方米，因未按制度验收，短少报损23 000元。

（2）有家商店去年九月销给××县化纤棉胎7 000余条，价款共158 000元，既不托收，也不入销售账作应收款处理。直到年底，方才派人催收，折价收回货款，损失了10 000 多元。

(3) 有些商店利润结算不确实，错漏较多。每年查账，全行业查补税利总额都在70万元左右，占全行业全年实现利润总额的8%～15%。

(4) 有些商店经营条件较差，摆放商品、材料的仓库大都狭小，有的还是几家商店合用一个货栈。

(5) 有家商店去年派人到浙江某地去采购腈纶毛线，结果用掉差旅费4 000 多元，只买到了毛线3 000 多斤。

(6) 有些商店资金管理很差，大量应收、预付款被拖欠占用，发外加工周期过长。

(7) 有家商店为刺激积极性竟发了5 000 多元加班费。

(8) 有些商店聘用退休人员不办报批手续，每月以误餐费名义开支补贴。

(9) 有的商店发外加工，既无发料凭证，又无收货回单，去年年初购进驼毛15 200 斤，委托社队企业加工，到8月底盘点短少了1 520 斤，价值56 000 多元，无法追查。

(10) 有些商店管理基础较差，最基本的进料验收和发料手续都没建立制度。

(11) 有家商店，有个职工一次报销前一年度误餐费200笔，照样批准。有的人借出差机会游山玩水，车船费也向商店报销。

(12) 有些商店费用报销审核没有严格的管理制度，有不少不按制度报销的情况。

(13) 有家商店去年溢余腈纶废丝价值18.6万元，按制度规定应报溢入账，但商店却化整为零，填入其他原材料账户，截留上缴利润。

(14) 有家商店的一个职工，没有学过会计专业知识，只由老财务带了三个月，就担任了主办财务。

2. 以下文字所用材料包括哪些方面?

“行业没有贵贱之分，只要合法地赚钱，什么事都可以干。”这是×××乡农民常说的话。收破烂是×××乡发展经济的一个重要项目。目前，×××乡的破烂收购范围已涉及10多个省、市。全乡19个村，就有15个村的农民经营这个项目，劳动力已达2 528人，去年获纯利润250万元，人均989元。一些穿着讲究的姑娘也骑着自行车，走村串巷地吆喝着招揽生意。可是相邻的另一个乡的农民却认为某些正常的生产活动丢人，就是村干部，也不好意思去干。有位村干部，去年在自留地上收了5 000斤大白菜，自己吃不了，又不愿去卖，只好烂掉，还有一个农民因生病住院欠了几百元账，“逼上梁山”贩起了青菜，一些乡邻就说“要是我，穷死了也不去当一道贩子”。

3. 试分析下面的文字运用叙述、说明、议论等表达方式的特点。

(1) 犯罪嫌疑人王××，男，22岁，汉族，湖南长沙人，初中文化，无业，现住本市××区××街×段×里××号。

(2) 20××年5月10日上午9时，犯罪嫌疑人王××窜至本市××区××街5号楼4楼2号，踹门入室，盗得事主李××现金5 280元，储蓄存折一个（上存46 000元）以及呢料53米。

(3) 犯罪嫌疑人王××盗窃他人财物，数额较大，其行为触犯了《中华人民共和国刑法》第264条，已构成盗窃罪，有确凿证据证明，本人亦供认不讳，根据《中华人民共和国刑事诉讼法》第129条的规定，拟将此案移送××区人民检察院审查起诉，追究犯罪嫌疑人王××的刑事责任。

4. 请指出以下两段文字有何区别。

(1) 新当选的××市××区副区长王××今天感慨地对记者说：我将主管××区的文化、卫生、体育、计划生育和老龄委等项工作，我作为民主党派成员当选为副区长，真的感到责任十分重大。民主党派成员进入政府领导班子，是社会主义民主政治的新发展，也是对我们民主党派的一次考验啊。在今后任职的3年中，我要紧紧依靠党的领导，实实在在深入实际，认真听取群众呼声，扎扎实实把工作搞好。

（2）日前，新当选的××区副区长王××告诉记者，他将主管××区的文化、卫生、体育、计划生育和老龄委等项工作，他表示，责任重大，要认真深入实际，把工作做好。

5. 下面是发掘杭州雷峰塔地宫的一段报道。请用40个字左右将关于地宫打开过程的文字改为概括叙述。

上午9时整，考古队进入现场开始发掘。打开地宫并不容易，直到9时45分，考古人员才将压在地宫洞口的750公斤的巨石移开，露出93厘米长宽、13厘米厚的大理石盖板。盖板上没有任何文字，但考古人员在紫红色的泥土中发现了10枚唐开元通宝铜钱。10时5分盖板基本清理完毕。10时30分盖板绘图完毕。11时整盖板还没有打开，发掘现场发现越来越多的钱币。11时11分，最激动人心的时刻到了，考古人员开始用撬杠撬开盖板。11时18分，考古人员翻开大理石盖板，地宫口终于打开了！

自我测试

一、单选

1. 应用文具有以下特点：__________、内容真实性、思维逻辑性、格式稳定性。

   A. 约定俗成　B. 实用　C. 直接功用性　D. 条理性强

2. 应用文写作中使用材料要注意两点：一是恰当安排材料的先后顺序，二是__________。

   A. 前因后果　B. 逻辑性　C. 行文方便　D. 确定材料的详略程度

3. 应用文的开头提倡__________。

   A. 开门见山、开宗明义　B. 令人遐想　C. 直接　D. 有吸引力

4. “为了、根据、按照、鉴于、日前、兹有”等属丁应用文专门用语的__________。

   A. 承启用语　B. 引述用语　C. 开头用语　D. 经办用语

5. “兹经、拟定、试行、执行、参照执行”等属于应用文专门用语的__________。

   A. 经办用语　B. 开头用语　C. 批转用语　D. 表态用语

二、多选

1. 应用文是各级机关、企事业单位、社会团体和个人为办理事务而形成和使用的、具有__________的文体的总称。

   A. 社会性意义　B. 特定效用　C. 惯用格式　D. 行政约束力

2. 公文按行文方向分，可分为__________。

   A. 上行文　B. 下行文　C. 平行文　D. 多方向行文

3. 党政公文在正式发出之前要经过______、审核、签发、______、登记、印制、核发等7道程序。

   A. 起草　B. 校对　C. 审稿　D. 复核

4. 应用文中的叙述表现出来的特点是__________。

   A. 顺叙　B. 概叙　C. 夹叙夹议　D. 插叙

5. 应用文中成文日期是文书的发布时间，应标全________，年份应标全称。

A. 年　　B. 月　　C. 日　　C. 时、分

三、判断

1. 应用文确立主题的依据是：一是以领导意图为依据，二是以事实为依据。

2. 应用文写作中占有材料有两条途径，一是亲身经历所获，二是调查阅读所获。

3. 应用文标题的基本模式有两种，一是公文式标题，二是文章式标题。

4.《国务院关于2010年度国家科学技术奖励的决定》属于文章式标题。

5. 应用文的结尾不能采用秃尾式。

模块一　常用公务文书

项目1　通知

知识目标

1. 了解通知适用的范围、行文方向和类型
2. 理解通知的结构和拟写要求

技能目标

掌握通知的写作技能，能准确、熟练拟写结构完整、条理清晰、表述准确的通知。

一、任务导入

精诚公司召开了一次行政会议。参加完公司的行政会议，王秘书马上打开电脑，准备围绕会议精神起草相关通知。根据行政会议要求，为加强安全生产，企业决定成立一个安全工作领导小组，召开一次安全工作会议，任命一批安全管理员。王秘书需要及时将会议精神告知下属和员工。一会儿工夫，王秘书就将起草好的几份通知交给了办公室主任。办公室李主任阅后，对王秘书的工作给予了很高评价。

假设你是王秘书，你会草拟哪几份通知？怎样把此次会议精神和具体安排通知下去？请代王秘书把通知一一写出来。

（1）学生分组分析、讨论。

（2）学生拟写初稿。

二、例文借鉴

（一）例文

例文一

财政部　教育部　中国人民银行　银监会关于调整完善
国家助学贷款相关政策措施的通知

财教〔2014〕180号

党中央有关部门，国务院有关部委、有关直属机构，各省、自治区、直辖市、计划单列市财政厅（局）、教育厅（局、教委）、银监局，新疆生产建设兵团财务局、教育局，中国人民银行各分行、营业管理部、省会（首府）城市中心支行，中央部门所属各高等学校，各银行业金融机构：

为进一步健全普通高等学校家庭经济困难学生资助政策体系，更好地满足学生国家助学贷款需求，根据《国家中长期教育改革和发展规划纲要（2010—2020年）》、《国务院关

于建立健全普通本科高校　高等职业学校和中等职业学校家庭经济困难学生资助政策体系的意见》（国发〔2007〕13号）和《财政部　国家发展改革委　教育部关于完善研究生教育投入机制的意见》（财教〔2013〕19号）等有关文件，经研究并商民政部、总参谋部、总政治部，决定调整国家助学贷款（含校园地国家助学贷款和生源地信用助学贷款，下同）资助标准和资助比例。现将有关事项通知如下：

一、国家助学贷款资助标准

全日制普通本专科学生（含第二学士学位、高职学生，下同）每人每年申请贷款额度不超过8 000元；年度学费和住宿费标准总和低于8 000元的，贷款额度可按照学费和住宿费标准总和确定。全日制研究生每人每年申请贷款额度不超过12 000元；年度学费和住宿费标准总和低于12 000元的，贷款额度可按照学费和住宿费标准总和确定。

二、国家助学贷款资助比例

全日制普通本专科学生国家助学贷款全国平均资助比例应与当年国家助学金资助比例相当，各地区、各高校资助比例应与本地区、本高校当年国家助学金资助比例相当。全日制研究生国家助学贷款资助比例根据国家奖学金、学业奖学金等奖助政策覆盖范围和家庭经济困难学生情况确定。

全日制普通本专科学生在同一学年内不得重复申请获得校园地国家助学贷款和生源地信用助学贷款，只能选择申请办理其中一种贷款。全日制研究生原则上申请办理校园地国家助学贷款。

三、工作要求

各地区要继续大力推动国家助学贷款工作，满足本专科学生和研究生的贷款需求。财政部门要足额安排并及时拨付国家助学贷款贴息和风险补偿金资金。经办银行要根据贷款需求，足额安排并及时下达国家助学贷款信贷资金。高校要按照《国务院办公厅关于转发教育部　财政部　人民银行　银监会关于进一步完善国家助学贷款工作若干意见的通知》（国办发〔2004〕51号）规定，承担校园地国家助学贷款风险补偿金的50%，并配合经办银行核准申请贷款学生的学费和住宿费标准。

国家助学贷款资助标准调整后，《财政部　教育部　总参谋部关于印发〈高等学校学生应征入伍服义务兵役国家资助办法〉的通知》（财教〔2013〕236号）、《财政部　教育部　民政部　总参谋部　总政治部关于实施退役士兵教育资助政策的意见》（财教〔2011〕538号）和《财政部　教育部关于印发〈高等学校毕业生学费和国家助学贷款代偿暂行办法〉的通知》（财教〔2009〕15号）中有关学费补偿、国家助学贷款代偿和学费资助的标准，相应调整为本专科学生每人每年最高不超过8 000元、研究生每人每年最高不超过12 000元。学费补偿、国家助学贷款代偿和学费资助的其他事项，仍按原规定执行。

本通知自2014年7月1日起执行。此前已签订的贷款合同仍然有效且继续执行。

财政部　教育部　中国人民银行　银监会

2014年7月18日

（资料来源：http：//www. moe. edu. cn/publicfiles/business/htmlfiles/moe/moe_ 1779/201407/172275. html）

例文二

××公司关于地址迁移的通知

各有关单位：

因公司业务范围扩大，2017 年 1 月 1 日起，我公司将迁至××市××路××号广东大厦 15 楼办公，公司电话号码不变。2017 年 1 月 1 日起，有相关业务的单位、个人请到××市××路××号广东大厦 15 楼接洽，原地址将停止办公。

特此通知

××公司

2016 年 12 月 4 日

例文三

××工程咨询有限责任公司关于召开 2014 年度经营工作会议通知

各部门：

经公司研究，兹定于 2017 年 5 月 12 日（星期一）在公司总部召开"××工程咨询有限责任公司 2016 年度经营工作会议"，现将相关事项通知如下：

一、会议时间：2017 年 5 月 12 日 9：00—17：00。

二、会议地点：××咨询大厦四层报告厅（××市××区××路××号）。

三、参会人员：公司领导班子及高管，机关各部室负责人，各子分公司党政正职。

四、会议主要内容：

（一）各子分公司汇报 2015 年经营生产情况。

（二）确定各子分公司 2016 年生产经营计划。

（三）讨论《公司经营工作管理制度》。

（四）公司领导对经营工作提出要求。

五、会议日程：详见附件 1。

六、报到时间与地点：请各单位在 2017 年 5 月 6 日前将参会人员名单及联络方式发至经营开发部，并于 5 月 8 日到公司办公室（××咨询大厦 205 室）报到并领取会议材料。

七、会务联系电话：×××－63319661，63312134　联系人：李××，1381030××××，张××，1371831××××。

特别说明：

1.《公司经营工作管理制度》（征求意见稿）电子版将于 2017 年 5 月 8 日 17：00 时发至各子分公司邮箱，请注意查收并仔细阅读，会议期间各子分公司需就该制度发表意见（书面或现场提出）。

2. 本次经营工作会议要求各子分公司党政正职必须参会，请各位领导安排好相关工作，按时出席。

附件 1. 会议日程

　　　2. 公司经营工作管理制度

××工程咨询有限责任公司

2017 年 4 月 21 日

（资料来源：http：//www.crecg.com/htgczx/tabid/1569/InfoID/25820/frtid/1569/Default.aspx，有改动）

例文四

中共中央办公厅　国务院办公厅关于印发《党政机关公文处理工作条例》的通知

中办发〔2012〕14号

各省、自治区、直辖市党委和人民政府，中央和国家机关各部委，解放军各总部、各大单位，各人民团体：

《党政机关公文处理工作条例》已经党中央、国务院同意，现印发给你们，请遵照执行。

中共中央办公厅　国务院办公厅

2012年4月16日

党政机关公文处理工作条例

第一章　总　则

第一条　为了适应中国共产党机关和国家行政机关（以下简称党政机关）工作需要，推进党政机关公文处理工作科学化、制度化、规范化，制定本条例。

……

例文五

国务院批转发展改革委关于2014年深化经济体制改革重点任务意见的通知

国发〔2014〕18号

各省、自治区、直辖市人民政府，国务院各部委，各直属机构：

国务院同意发展改革委《关于2014年深化经济体制改革重点任务的意见》，现转发给你们，请认真贯彻执行。

国务院

2014年4月30日

关于2014年深化经济体制改革重点任务的意见

发展改革委

2014年是全面贯彻落实党的十八届三中全会精神的第一年，改革是今年政府工作的首要任务，经济体制改革是全面深化改革的重点。根据《中央全面深化改革领导小组2014年工作要点》和今年《政府工作报告》的部署，现就2014年深化经济体制改革重点任务提出以下意见。

一、切实增强改革的责任感和紧迫感。（略）

二、加快转变政府职能。（略）

三、着力推进财税金融价格改革。（略）

四、深化国有企业、科技体制等改革。（略）

五、深化户籍、土地等体制改革。（略）

六、以开放促进改革。（略）

七、推进关系民生改善的各项体制改革。（略）

八、加快生态文明制度建设。（略）

九、确保责任落实和任务完成。（略）

（资料来源：http：//www.gov.cn/zhengce/content/2014－05/20/content_ 8818.html）

例文六

关于任免××工程公司经理的通知

××工程公司：

经××集团公司研究决定：

任命×××为经理，主持全面工作；

任命×××为副经理，主持施工工作；

免去××的经理职务和×××的副经理职务，由公司安排其他工作。

特此通知

××集团公司

2016年12月31日

（二）简析

（1）例文一是一篇需要有关机构、单位贯彻执行的指示性通知，对国家助学贷款政策、措施做出了具体部署。文章结构完整，条理清楚，语言简洁，行文规范。

（2）例文二是一篇需要有关单位、部门知晓的事项性通知，正文篇段合一，依次写了缘由和事项，内容具体，文字简练，明白晓畅。

（3）例文三是一份会议通知，正文内容比较多，采用条款式，会议事项具体明确，一目了然。

（4）例文四是一篇发布有关法规的印发性通知，例文五是一篇上级政府批准下级部门制订的指导性意见、计划等的批转性通知，它们在写法上的共同之处是：正文篇段合一，先说明什么法规性文件、计划意见等经什么机构通过（同意），接着提出执行要求。这类通知（还包括转发性通知）不需标注附件，而是把附件内容直接附在文件后，页码要连贯标注。

（5）例文六是一篇任免通知，第一部分说明任免的依据，第二部分是具体的任免事项，每个具体事项为一个段落，以达到醒目的效果。

三、知识储备

（一）通知的含义与适用范围

《条例》规定，通知“适用于发布、传达要求下级机关执行和有关单位周知或者执行的事项，批转、转发公文。”通知是一种用来传达、部署工作，发布有关事项，批转文件，任免干部时所用的下行公文。通知具有使用范围广泛、使用频率高、种类多等特点，《条例》将其列为主要文种。

（二）通知的类型

1．指示性通知

这类通知是上级机关用来发布指示、布置工作，对某些工作和问题作出决定或提出意见，作出具体部署时所运用的公文。当这些指示、决定、部署不适宜用决定、命令这些文种行文时，均可采用通知行文时。如《国家发展改革委办公厅关于开展碳排放权交易试点工作的通知》，对开展碳排放权交易试点做出了具体的指示和部署。

2．发布、转发、批转性通知

这类通知主要包括发布性通知、转发性通知和批转性通知。

（1）发布性通知是指将有关规章制度、管理办法加上批语再下发给下级机关，或在本机关、本行业内要求执行的通知。企事业单位需要发布规章制度时使用这种类型的通知。它往往在标题中用“颁发”“发布”“印发”这些字样体现。如《中共中央办公厅　国务院办公厅关于印发〈党政机关公文处理工作条例〉的通知》《××公司关于印发〈××员工质量事故认定及处理办法〉的通知》。

（2）转发性通知是指将上级机关、平级机关或不相隶属机关的公文加上批语再下发给有关下级机关要求执行的通知。如《关于转发〈调整北京市2014年最低工资标准〉的通知》。

（3）批转性通知是上级机关对下级机关的意见、报告、总结等进行批示，然后把批示和原文向下转发时所用的通知。如《关于批转国家税务总局〈关于加强个体私营经济税收征管强化查账征收工作意见〉的通知》。

3．事务性通知

这类通知是机关、企事业单位及其职能部门传达、安排事务性工作时使用的一类通知。它包括变更机构，启用或废止公章，撤销、调整某些机构，变更地址、电话号码，以及安排会议等。如《关于举办第一届大学生主题演讲比赛的通知》。

会议通知是事务性通知的一种，使用频率较高。一般召开会议之前都要发布会议通知，使与会代表有充分的准备时间，以提高会议的效率。如《××公司关于召开年终总结大会的通知》。

会议通知的写法与一般事务性通知有所不同。会议通知的事项主要包括会议名称、议题、时间、地点、目的要求，以及参加人员、交通、食宿、联系方式、报到方式等。内容要求简单、明确、具体。

4．任免通知

这类通知是上级行政机关和权力机关任免相关职务领导人时使用的通知。如《××公司关于×××等同志职务任免的通知》。任免通知只需写明任免情况通过什么会议决定，任免什么人什么职务即可，不必说明原因。

四、技能掌握

（一）通知的结构与写法

1．标题

通知的标题多采用“发文机关＋事由＋文种”，如《国务院关于机构设置的通知》。

视具体情况和内容，发文机关可以省略，由“事由＋文种”组成标题，如《关于召开安全生产的通知》。有时为了突出通知的紧急性和重要性，可根据实际情况在标题的文种前加上“紧急”“补充”一类定语，如《××省人民政府防汛抗旱指挥部关于做好防暴雨洪水工作的紧急通知》。

批转、转发通知，要在标题中标明“批转”或“转发”字样，并要列出原文件起草单位及原文件名称，如《××市人民政府转发××省人民政府关于做好防洪抗涝工作的紧急通知》《国务院批转深化经济体制改革重点任务意见的通知》。

2．主送机关

主送机关一般在标题下空一行顶格写，后加冒号。

主送机关较多时，要按一定的顺序排列。主送机关可标注全称，也可标注规范化简称或同类型机关的统称。每个主送机关之间用顿号或逗号隔开，如“各市、县、自治县人民政府，省直各单位”。

3．正文

正文一般分导语（开头）、主体、结尾三部分。

导语一般写发通知的原因、依据和目的，常常用“为了……”“根据……”“按照……”等介词引出原因、依据，末尾常用“现将有关事项通知如下”“特作如下通知”承转下文。

主体写通知事项，即通知的具体内容，要写得明确具体。如果内容较多，可采用条款式，逐条加以说明，确保通知事项条理清楚；如果内容单一，可采用归纳式，概述通知事项即可。

结尾写要求、希望等，以使通知的事项得以贯彻执行。也有采用惯用语作为结尾，如“特此通知”“专此通知”“以上通知，希遵照执行”“本通知自公布之日起执行”等。有的通知还可因文而异，不写结尾。

4．落款

落款即发文单位和发文时间，写在正文右下方。

（二）通知的写作模板

模板一

×××关于做好××××××工作的通知

或：　关于召开××××××会议的通知

各部门：

为了××××××××××××××，根据××××××××××××××，公司决定开展（召开）××××××活动（会议）。现将有关事项通知如下：

一、活动（会议）时间：××××××××××××××。

二、活动（会议）地点：××××××××××××××。

三、参加人员：××××××××××××。

四、活动（会议）内容：××××××××××××××××××××××××。

五、活动要求（注意事项）：××××××××××××××××××××××××××××××。

×××

2017年×月×日

模板二

×××批转（转发）×××关于××××××的通知

各分公司，各直属部门：

《××××××××》已经×××××批准，现转发给你们，请认真遵照执行。

×××

2017年×月×日

×××××××

××××××××××××××××××××××××，×××××××××××，××××××××××××××××。×××××××××，××××××××××××××××××××……

（三）通知的写作注意事项

（1）通知是下行公文，主送机关是下级机关，不能超越职权范围随意行文。

（2）通知的目的是告知事项、布置工作、部署行动，内容要具体，要求主送机关了解要办什么事，该怎样办理、不能怎样办理，有严格的约束力。

（3）通知的表达方式是概述或说明，告知人们做什么、怎么做，要要点突出，措施具体，语言平实。

（4）通知的主题要集中，每份通知要求说明一件事情，布置一项工作，达到一个目的，即一文一事。

五、病文析改

（一）病文

在全厂进行一次法制道德教育的通知

厂内各个单位、各位员工：

至今年3月17日，工厂发出《关于坚决刹住打架斗殴歪风的通知》以后，各单位认真地进行了传达贯彻。一个多月来，我厂的劳动纪律和治安秩序经过领导和广大职工的努力，有了明显的好转。但问题仍然存在，隐患仍有不少。最近厂里处理了李××、杨×等斗殴打人违纪的几起事件。从这些案例中，我们可以看出，有些青年根本不懂什么是法律，什么是厂规厂法。有的随意行凶打人，有的无故旷工，有的知法犯法，有的流氓偷盗，甚至有的老职工也在这方面犯了错误。这就证明了当前在全厂进行一次法制教育尤为重要。为配合各单位的宣传教育，现将李××、杨×等人斗殴打人违纪的处理决定发给你们，望组织职工进行传达，并结合国家《治安管理处罚条例》和工厂《职工守则》、《工厂劳动管理制度》、《职工奖罚条例》的学习，发动群众讨论，进行具体的法制道德教育，使广大职工特别是青年职工增强法制观念，树立共产主义道德风尚，提高遵纪守法的自觉性。

2017年×月×日

（二）修改意见

（1）标题不规范。

（2）主送机关不规范、不准确。

（3）正文导语部分写得不够简洁。导语与主体部分之间没有使用承启用语。

（4）落款不规范。

六、知识链接

在现实生活中，滥用通知的现象较为普遍，比如：义诊通知、普查通知、开业通知、到货通知、某某商场优惠大酬宾的通知等等。其实这是媒体或广告商利用“通知”的制约性来发布广告。另外，也常常可以见到某些杂志社发布征稿通知、某中学向家长寄发召开家长会的通知等。以上情况均应该用“通告”或“启事”来行文。

项目2　通告

知识目标

1. 了解通告的适用范围、行文方向、特点和分类
2. 理解通告的结构和要求

技能目标

掌握通告的写作技能，能熟练拟写结构完整、条理清晰、表述准确的通告，能根据具体情况确定是选用通知还是通告行文。

一、任务导入

××市公安局、××市市政管理局于2015年3月15日联名在报纸上告知市民，因埋设下水道、自来水、煤气、电话导管，自2015年4月19日起至2015年4月30日止，××路除公交车外，禁止机动车辆通行。请代为拟写文书。

（1）学生分组分析、讨论。

（2）学生拟写初稿。

二、例文借鉴

（一）例文

例文一

关于广州亚运会　亚残运会期间实施局部无线电管制的通告

粤府〔2010〕150号

第十六届亚洲运动会和第十届亚洲残疾人运动会（以下称广州亚运会、亚残运会）即将在广州举行。为保证广州亚运会、亚残运会无线电频率使用安全，根据《中华人民共和国无线电管制规定》（国务院、中央军委第579号令），经商广州军区同意，广东省人民政府决定，在广州亚运会、亚残运会期间对广州市部分区域实施局部无线电管制。现就有关事项通告如下：

一、本通告所称无线电管制，是指在特定时间和特定区域内，依法对无线电波的发射、辐射和传播实施强制性管理，对非亚运会使用的其他无线电台（站）及辐射无线电波的大型机电设备予以禁止或限制使用。管制期间，在管制区域内除经批准、直接用于亚运会及亚残运会的无线电台（站）外，其他设置、使用无线电台（站）的单位和个人必须遵守本通告规定。

二、在广州市范围及周边100公里以内依法设置的各类无线电台（站），必须严格按照无线电管理机构核定的频率、发射功率、天线高度等技术参数发射，不得改变。

三、管制时段为2010年11月12日12时至12月20日0时。

（一）在广州市范围内停止使用便携式和车载式业余无线电台、各类航海航空和车辆模型无线遥控设备、校园调频广播电台。

（二）所有亚运场馆周边1公里范围内，停止使用无线扩频室外台站、室外无线局域网（WLAN）基站。

（三）所有亚运场馆周边500米范围内，停止使用辐射无线电波的大型机电设备。

四、在广州亚运会、亚残运会开闭幕式期间，即2010年11月12日12时至11月13日0时、2010年11月27日12时至11月28日0时、2010年12月12日12时至12月13日0时、2010年12月19日12时至12月20日0时，在开闭幕式广场2公里范围内，停止使用公众对讲机、调频对讲机、调频车载台、工业无线遥控设备、无线传声器（无线话筒）及调频固定台（基台、中继台）。

五、在公路自行车赛和马拉松赛比赛期间，沿线左右各5公里范围内，停止使用公众对讲机、调频对讲机、调频车载台、工业无线遥控设备、无线传声器（无线话筒）及调频固定台（基台、中继台）。

六、管制期间，在上述管制区域以外的无线电发射设备，如对直接用于亚运会及亚残运会的无线电台（站）产生干扰，应按照无线电管理机构的要求，立即采取措施消除干扰。

七、省无线电管理办公室和广州军区电磁频谱管理委员会办公室会同省公安厅等有关部门组成无线电管制协调工作机构，负责本无线电管制的组织、实施和协调、处置工作。

八、对违反本通告规定的行为，按照国家有关规定处理；构成犯罪的，移送司法机关依法追究刑事责任。

广东省人民政府

二〇一〇年十一月二日①

（资料来源：http：//govinfo. nlc. gov. cn/search/htmlflash4Radar？docid＝700756）

例文二

中国××（集团）有限公司××市分公司通告

为提高××地区电话网的通信能力和服务水平，我公司将对三区分公司长辛店局交换机进行升级，现依据《中华人民共和国电信条例》的有关规定通告如下：

工程将于2017年4月13日0时至4时进行，期间从0时开始将影响局号为9394（0000－9999）、8385（0000－9999）、8380（0000－9999）、8330（0000－9999）、8387（0000－9999）、8388（0000－9999）、8386（0000－9999）客户的正常通信业务60分钟。交换机软件升级完成后，“呼叫转移、闹钟服务、免打扰、遇忙回叫、呼叫等待”等业务

① 2012年版的《党政机关公文处理工作条例》及《党政机关公文格式国家标准》规定成文日期用阿拉伯数字表示。2012年前仍使用中文表示。下文同。

功能须在话机上重新设置才可正常使用，客户的各种新业务权限不变。

我公司对上述工程给客户造成的不便深感歉意，并感谢广大客户给予理解与支持。

障碍申告电话：112

咨询电话：100××

中国××（集团）有限公司××市分公司
2017年4月3日

（二）简析

（1）例文一是一篇规范性通告，强制性较强。正文第一句为制发通告的背景，第二句为制发通告的依据，主体部分分为八点列明相关事项和规定。

（2）例文二是一篇告知性通告，不具有约束性。标题由发文机关和文种构成，正文导语阐述了发布通告的意义与根据，主体介绍了长辛店地区交换机软件升级的有关事项，主体部分内容结束后，全文自然结束，没有安排结尾。

三、知识储备

（一）通告的概念

通告是“适用于在一定范围内公布应当遵守或者周知的事项”的公文。通告的使用频率很高，从党政机关、社会团体到基层企事业单位均可使用。通告具有告知性，有的具有规范性，在某种情况下具有法律效力与行政约束力。

（二）通告的特点

通告的内容既可涉及国家的政策法令，也可以是社会生活中的一些具体事务。其制发单位十分广泛，具有作者的广泛性、内容的专业性和规范性等特点。

（三）通告的类型

通告分为两类：一是规范性通告，是需要公众周知且带有强制性行政措施的通告。二是告知性通告，主要告知需要公众周知的事项，没有强制性措施，如注册、登记、年检等。

四、技能掌握

（一）通告的结构与写法

1．标题

（1）完全式标题：发文机关+事由+文种。对外发布（发表、张贴）的通告，或政府系统下发的通告，一般采用完全式标题。如《北京市人民政府关于空气重污染期间采取临时交通管制措施的通告》。

（2）省略式标题一：发文机关+文种。如《××市人民政府通告》。

（3）省略式标题二：事由+文种。如《关于禁止利用公司名义从事商业牟利活动的通告》。

（4）省略式标题三：文种。即《通告》。在本部门、团体内部发布、张贴的通告，可以采用这种标题形式。如果事情紧急，必须立即执行，发文单位可在“通告”前加“紧急”二字，以引起人们关注。

2. 正文

通告正文一般包括缘由、事项、结尾三个部分。

（1）发文缘由。说明发出本通告的根据或目的，然后用“通告如下”或“特此通告（如下）”引出下文。缘由部分应力求简明。

（2）通告事项。即通告的具体事项或规定，是通告的核心部分。事项单一的，可采用一段式；事项复杂的，可分条列项写。事项部分力求严谨，便于人们周知或遵守。

（3）结尾。结尾多是对通告内容作强调或提出要求。结尾常用形式有3种：

①专用结尾语。以“特此通告”表示正文结束。

②发出要求或说明其他问题。如“本通告自×××年×月×日起施行”，就是说明生效实施日期的尾语。

③秃尾。指通告事项陈述完毕即收束全文。

3. 落款

落款处应具发文机关全称或者规范化简称（标题中没有写发文机关名称的，必须在落款处标注）。

4. 成文日期

用阿拉伯数字将年、月、日标全，年份应标全称，月、日不编虚位。

（二）通告的写作模板

×××××关于×××××××××的通告

为了（根据）×××××××××××××，现就有关事项通告如下：

一、××××××××××××××××××××××××××××××××××。（事项一）

二、×××××××××××××××××××××××××××××××××××。（事项二）

三、×××××××××××××××××××××××××××××××××××。（事项三）

××××××××××××××××××××××。（提出要求）

×××××公司

2017年×月×日

（三）通告的写作注意事项

（1）一篇通告只发布一个事项，即一文一事。这一事项应体现社会管理的某一方面，范围明确，对象确定。不能把社会管理几个方面的工作写入一篇通告。

（2）发布的目的和要求必须明确。通告所提出的要求必须明确，以便于人们遵守执行或清楚知晓。

（3）在表达上多采用说明的方式。通告着重说明公布的事项，而不对通告事项进行具体解释。

五、病文析改

（一）病文

××机械厂关于加强安全保卫工作的通告

近来，我厂连续发生盗窃、斗殴和小型失火事故。有数位职工被歹徒打伤，财物损失数万元，为保证工厂的正常生产秩序，特作如下通知：

一、凡是本厂职工进入厂门，均要佩带厂徽标志，否则作违反厂纪处理，扣发奖金。

二、外来人员进入工厂时，必须持本单位介绍信或证件登记，出厂时应接受行李物品，甚至搜身检查。

三、来客投宿，有关人员应报厂保卫科批准。在此期间，如厂内发生盗窃、失火事故，来客不准离开工厂，并要集中接受审查。

四、厂内职工离开车间或办公室，应关好门窗，以防小偷破门而入。

通告自二〇一七年×月×日起生效，凡自觉执行本通告的予以表扬；拒不执行本通告的予以经济罚款和行政处分。

（二）修改意见

（1）该通告应是一篇事务性通告，不具备约束力，但文中的多处表达显然违反了相关法律规定，不符合通告的写作要求。

（2）该通告有多处表达不准确。

（3）文章没有落款，结构不完整。

六、知识链接

（一）不要把“通告”写成“通知”

“通告”与“通知”是两种不同的公文，其特点、作用和受文对象范围都不相同。有的单位往往把握不准它们的特点和作用，以为让人们知晓的事项都可用通知行文，结果把一些该用通知的错用了通告，该用通告的又错用了通知。例如：

回迁通知

原住××区××街的动迁户，于明年6月底前回迁。请所有回迁户持动迁证、回迁协议书以及交款单据，于明年5月底前，到我公司办理回迁手续。

具体办理时间：上午8时至12时，下午2时30分至5时30分。

特此通知

×××公司（印章）
××××年×月×日

这份公文用错了文种。告知回迁户办理回迁手续一事，属于嘱咐社会有关方面或人士应周知和遵守的事项，应用通告行文。此外，文中也存在行文不严密等毛病。

（二）通告与公告

1．公告的概念

公告是“适用于向国内外宣布重要事项或者法定事项”的公文。公告并非普通的文告，它具有文体的庄重性、内容的严肃性、范围的广泛性等特点，一般以国家和各级领导机关的名义发布，而且多通过广播、电视和报刊等传媒发出。如《中华人民共和国关于批准发布〈党政机关公文格式〉国家标准的公告》。

2．通告与公告的区别

通告与公告同为具有广泛告知性和约束力的公布性公文，但它们有明显的区别。

（1）内容重要性不同。公告旨在宣布重要事项和法定事项；通告则是公布应当遵守或周知的事项，而且业务性强。通告的使用频率也比公告高。

（2）行文范围不同。公告的行文范围是“国内外”，通告的行文范围是“一定范围内”，前者的行文范围更广阔。

（3）制发单位级别不同。公告的发文机关级别高，一般由国家一级机关、全国人大及其授权单位发布；通告的发文机关级别较低，多由业务主管部门发布，并且各级各类行政机关、职能机关、社会团体、企事业单位都可以发通告。一般来说，行止性通告、办理性通告，多由政府机关发布；知照性通告则是任何行政机关、团体、单位均可发布。党务机关一般较少发布通告。

（4）发布方式不同。公告多用登报、广播的方式发布；通告可以采用文件式印发，也可采用登报、广播或张贴的方式发布。

实训演练

1．根据通知、通告的写作要求，进行初稿修改。

2．根据通知、通告的写作要求，修改“病文析改”部分的病文。

3．试判断下列情况应用哪种公文行文，确定文种后请拟出标题。

（1）×××公司认为必须迅速告诉员工要节约用水。

（2）某市税务局告知征收××××年度税款事项。

（3）××县公安局准备就近期查禁赌博一事发文。

（4）某小区就全面实施银行代划扣管理费、水电费事宜发文告知业主和住户。

4．请修改以下标题。

（1）《我校门口实行交通管制的通告》

（2）《关于××市实行交通管制的通告》

（3）《强台风紧急通知》

（4）《关于召开征购动员大会的通知》

（5）《龙华公司关于转发龙华公司经营承包责任制试行办法的通知》

（6）《××市人民政府关于转发××省人民政府关于转发国务院办公厅关于加强控防禽流感病毒传播的通知》

5. 试指出下面三篇病文存在的问题，并写出修改稿。

机关游泳池办证的通知

机关各直属单位：

机关游泳池定于6月1日正式开放，6月10日开始办理游泳证。请你们接此通知后，按下列规定，于6月30日前到机关俱乐部办理游泳手续。

一、办证对象：仅限你单位干部或职工身体健康者。

二、办证方法：由你单位统一登记名单、加盖印章到俱乐部办理，交一张免冠照片。

三、每个游泳证收费伍元。

四、凭证入池游泳，主动示证，遵守纪律，听从管理人员指挥。不得将此证转让他人使用，违者没收作废。

五、家属游泳一律凭家属证，临时购买游泳票，在规定的开放时间内入池。

×××俱乐部

会议通知

各部门：

现定于下星期一在总公司（××路××号）召开公司成立10周年纪念大会，届时会请行业专家作学术报告，同时还会表彰先进工作者，请大家务必准时出席。公司高层、中层干部不准请假。

×××公司

××××年×月×日

××市建设局关于对建筑企业进行资格年审的通告

我局决定自××××年11月15日起对我市建筑安装企业、装饰施工企业、建设监理单位、工程总承包单位进行××××年度企业年审工作。凡在我局注册的上述有关单位，请于见报后5天内前来我局领取有关文件，办理年审手续。否则，后果自负。

6. 根据提供的材料拟写公文。

材料一：

××银行深圳分行决定举办全行综合柜员技能比赛，以营造全行柜员岗位练兵的风气，促进柜员等级认定工作的顺利开展。

2016年10月17日进行比赛，地点设在分行三楼会议室，比赛项目为中文打字、手工点钞和计算器翻打传票三项。具体比赛规则通过NOTES另行下发。

各支行第一负责人要高度重视这次全行性技能比赛，亲自负责组织部署，保证公平选拔优秀柜员参赛。各柜员请踊跃参赛，加强技能训练和业务学习，争取更佳成绩。

分行根据网点人员数量及柜员素质确定各网点每项比赛的参加人数（具体人数见附件1），各网点从上岗柜员（含财务经理、会计主办）中选出技能成绩突出的柜员参加比赛，一人可参加多项比赛。参赛名单于9月29日前通过NOTES发送到财会部结算组邮箱（比赛报名表见附件2）。

本次比赛分单项、全能、团体三类比赛，设个人单项奖8名，个人全能奖8名，优秀团队奖3名

（获奖人员成绩以不低于综合柜员定级技能考试成绩的 80 分为标准），对获奖柜员及团队将在年度先进表彰会上一并进行表彰，并对获奖柜员在 12 月份的柜员等级考核中给予免考待遇和考核加分奖励。请你据此代××银行深圳分行写一份公文。

材料二：

为推进企业加快转变发展方式，提升现代化管理水平，某电子公司决定召集总公司各直属部门及各分公司负责人召开一次改革创新会议。请你根据会议通知的写作注意事项，写一份某电子公司召开改革创新会议的通知。

材料三：

春节期间人们都有燃放烟花爆竹的风俗习惯，但每年都有因此而引发火灾或导致人身伤害事故的报道。为使老百姓既能通过燃放烟花爆竹表达喜庆的欢乐，又能最大限度地避免财产损失和人身伤害，居民小区物业管理部门决定在小区规定的范围内禁止燃放烟化爆竹。为此，请你以小区物业的名义写一份公文。

7. 下文的条款除不合逻辑顺序外，还存在哪些错误？

通　告

本渡口是××河上的重要渡口之一，过往车辆、行人很多，等候时间往往较长。为了减少等船时间，加强渡口管理，特作如下规定：

一、不准携带易燃、易爆、腐蚀性强的物品上船。违反规定擅自携带上船，被查出者，没收所带物品，并酌情予以 50 元至 200 元罚款。

二、凡需乘渡船过河者必须购票，机动车每辆 5 元，非机动车每辆 3 元，行人 1 元（儿童免票）。不买票者不得乘船。

三、乘客必须听从工作人员指挥，按顺序上下船。各种车辆要按指定位置停放，以保证渡船安全。

四、凡牵引牲畜过渡，到指定舱位，并购票，每头（只、匹）2 元。放在筐、篮等容器内的家禽、仔猪等以筐计算，每筐 1 元。

五、渡船开动后，乘船者不要来回走动，机动车必须熄火，牲畜必须有人看守。

六、违反规定或在船上无理取闹、不听指挥、妨碍渡船正常航行者重罚。情节严重的扭送公安机关，依法惩处。

七、乘船者必须爱护渡船及其设备，损坏要赔偿。

××河渡口管理处
××××年×月×日

自我测试

一、单选

1. 通知的主体部分如果内容较多，可采用______，以确保通知事项条理清楚。
   A. 归纳式　　B. 条款式　　C. 罗列式　　D. 概括式
2. 通知是下行公文，要求主送机关了解要办什么事，该怎样办理、不能怎样办理，有严格的________。
   A. 约束力　　B. 要求　　C. 限制　　D. 制约性

3. 通告的内容既可涉及国家的______，也可以是社会生活中的一些具体事务。

A. 政策法令　　B. 文件　　C. 管理办法　　D. 档案

4. 通知的主送机关是______。

A. 上级机关　　B. 下级机关　　C. 没有明确范围　　D. 任意机关

二、多选

1. 发布性通知指用于发布行政规章、制度的通知，这类通知按照发布内容的重要程度，往往在标题中用______、______、______这些字样体现。

A. 转发　　B. 颁发　　C. 发布　　D. 印发

2. 事务性通知指机关、企事业单位及其职能部门传达、安排事务性工作时使用的一类通知。它包括______，______，撤销、调整某些机构，______，以及会议安排等。

A. 变更机构　　B. 启用或废止公章

C. 变更地址、电话号码　　D. 年审通知

3. 会议通知的事项主要包括会议名称、______、会议时间、会议地点、会议目的要求以及______、交通、食宿、______等。

A. 联系方式　　B. 会议议题　　C. 参加人员　　D. 报到方式

4. 通告具有______，有的具有______，在某种情况下具有法律效力与行政约束力。

A. 专业性　　B. 告知性　　C. 规范性　　D. 普遍性

三、判断

1. 为了突出通知的紧急性和重要性，可根据实际情况在标题的文种前加上“紧急”“补充”一类定语。

2. 有的单位直接使用“通知”作标题，一般适用于内容张贴传递，也可作为正式发文。

3. 通告可用完全式标题，也可用省略式标题。

4. 通告在表达上多采用说明的方式，着重说明公布的事项，往往要对通告事项进行具体解释。

项目 3　通报

知识目标

1. 了解通报的适用范围、种类、特点和行文方向
2. 理解通报的结构和要求

技能目标

掌握通报的写作技能，能熟练拟写结构完整、条理清晰、表述正确、分析准确到位的通报。

一、任务导入

2017 年 4 月 8 日零点班，××厂车间值班领导进行岗位检查时，发现 2 号机组缺少润滑油，值班领导随即调查，了解到是员工王××未及时向该设备添加润滑油。王××的工作疏忽，很可能会导致 2 号机组设备使用寿命缩短，从而给公司带来严重的经济损失。

请代××厂写一篇通报，以对王××进行批评、对全厂员工进行惩戒教育。

（1）学生分组分析、讨论。

（2）学生拟写初稿。

二、例文借鉴

（一）例文

例文一

关于对××分公司员工李安研发新产品作出突出贡献的通报

公司各部门、各分公司：

××分公司经理李安自进入公司以来，工作勤奋努力，积极进取。他所带领的团队富有强烈的开拓意识和协作精神，所研发的产品已在××市场取得了可喜的成绩，为公司开拓××产品市场作出了突出贡献，为公司员工树立了良好的榜样。

经公司领导研究决定，现对××分公司经理李安予以通报表扬，并奖励该员工人民币100 000元整，以资鼓励。

望该员工再接再厉，同时希望全体员工积极向他学习，努力工作，积极进取，共同促进公司的繁荣发展，共创中交科技的辉煌。

特此通报

中交科技有限公司

2017年1月15日

例文二

关于员工杜××违反劳动纪律造成重大火灾事故的通报

各部门：

杜××，系我公司仓库保管员。该职工于2015年2月7日晚在仓库值班之时，违反管理规定，在仓库内吸烟并将烟头扔在地上，并擅自离开仓库外出购买食品，导致仓库发生火灾，火情严重。经消防队员半个小时的奋力扑救，大火终于被扑灭。事故造成公司经济损失共计20万元。

杜××严重违反劳动纪律，酿成重大火灾事故，给公司财产造成了重大损失，使公司形象受到严重损害。事故的发生，也说明部分员工安全生产意识淡薄，劳动纪律观念不强，管理上也还存在严重的漏洞。

经公司紧急会议研究，依据公司《员工管理条例》第×条×款，决定给予杜××记大过处理。

希望公司各部门对职工加强安全生产意识的教育，重视劳动纪律管理，认真检查并排除火灾隐患，从此次事故中汲取教训，引以为戒，以避免类似事故再次发生。

××公司

2015年2月14日

例文三

关于2014年第一季度全县在建工程安全生产大检查情况的通报

各有关建设、施工单位，外地进寿施工、监理项目部：

根据年初工作计划，县局于3月24日至4月3日对全县在建工程安全生产情况进行了全面检查，现就检查情况通报如下：

一、基本情况

此次检查在建工程32个。从检查情况上看，安全生产总体处于受控状态，但是仍有部分施工现场存在不同程度的安全隐患，本次检查现场督促整改6处，签发限期整改通知书12份，督查通知书9份，以期督促消除安全隐患，确保安全生产。

二、存在问题

本次检查发现有未履行基本建设程序、现场管理混乱、安全隐患较多等问题，突出表现在：

1. 施工单位安全检查、教育培训不到位。由广西五鸿建筑公司及江西城开建筑公司承建、上海同济监理公司监理的景润中央城，安徽天博建筑公司承建、安徽能建监理公司监理的新马太农贸大市场，寿县正方建筑公司承建、安徽中信监理公司监理的板桥金盾花园等工程，施工、监理单位未对工程项目进行安全检查，施工现场管理混乱，存在安全隐患较多。

2. 部分施工现场对人货电梯等建筑起重设备使用及保养运行检查记录不全，部分资料造假。寿县楚阳建筑公司承建、安徽同方监理公司监理的寿滨安置二期五标段，安徽经工建筑公司承建、安徽国合监理公司监理的寿滨安置二期四标段工程使用的塔吊、施工升降机存在检查维修保养记录不全等问题。

3. 施工、监理企业未按相关规定对施工现场履行安全生产监管职责。由福建长鸿建筑公司承建、安徽智昊监理公司监理的翰林首府工程，附着式脚手架专项施工方案未经专家论证，总监就予以审批；由芜湖良瑞建筑公司承建、六安建工监理公司监理的东津花园二期5#楼等工程，悬挑槽钢锚固长度过少，槽钢变形，塔吊维修保养记录不全，塔基积水，临边无防护、龙门架破损严重，接料平台无防护，无安全门，电梯井平立面防护不到位，配电房积水严重，电线随意拉接，安全网破损严重，文明施工意识差。

4. 部分乡镇在建工程施工现场管理不到位，安全隐患较多。由安徽通淝建筑公司承建、六安建工监理公司监理的新桥产业园公租房工程，六安新天地市政工程公司承建的寿县气象局业务楼工程公司未有效对安全生产进行监管，无检查，内业资料不全，现场存在较多隐患。安徽建德建筑公司承建、六安山石监理公司监理的瓦埠君湖花园小区工程项目经理、质量员、安全员长期不在岗，施工现场管理混乱。临时施工用电管理无序。由安徽春城建设工程公司承建、六安山石监理公司监理的正阳拱辰家园小区工程现场无施工企业管理人员，处于失控状态。由寿县古城建筑公司承建、六安建工监理公司监理的保义镇和谐大道工程，施工现场管理混乱，高处作业防护不到位，龙门架破损严重，部分作业人员未戴安全帽等，安全隐患较多。

5. 部分企业（项目部）编制专项方案使用废止规范且不按规范施工，使用钢管为悬挑架受力点，龙门架提升设备不使用地锚，使用焊接锚固，外架使用焊接连墙件，龙门架无安装验收记录，且破损严重，部分超期、超高、无标识标牌，监理仍然违规审批使用。少数工地安全网与规范要求差距大，工程施工几个月便出现破损。临时施工用电分配电箱、漏电保护器使用不合格产品等，均给安全生产带来隐患，文明施工意识差，施工现场混乱，城区部分工地出入车辆不清洗、无覆盖，泥土带入城市主干道，污染环境等。

三、处理意见（见附表）

四、下一步工作要求

1. 认真整改施工现场安全隐患。各企业（项目部）要高度重视此次检查发现的问题和隐患，认真整改。本次检查发现的类似问题不得在同一工地再次出现，否则将实施行政处罚。

2. 严格落实企业负责人（项目经理）带班在岗制度。企业负责人每月要定期带班检查施工现场，项目经理、项目总监、专职安全员、技术负责人等关键岗位人员，要确保在敏感时期、重点时段、关键环节和危险性较大分部分项工程施工时在岗履职，确保施工现场安全生产处于受控状态。对于不认真落实带班制度而发生事故的，县局将按法规规定的上限从严处罚。

3. 认真贯彻落实有关文件要求，强化安全生产监管，树立科学发展、安全发展的观念，继续打击非法违法建设工程，加大责任追究和处罚力度，确保安全生产形势持续好转。

以上本次检查被下发隐患整改通知书（三联单）的建筑工地列为二季度重点管理工地，所涉施工、监理企业为重点监管企业。

附件：处理意见书

寿县住房和城乡建设局

2014 年 4 月 8 日

（资料来源：http：//www. ahsxzjj. gov. cn/include/web_content. php?id = 2820，有改动）

（二）简析

（1）例文一是一份表彰性通报。正文叙述李安的先进事迹，对该员工的行为作了恰当的分析、评议，目的句之后写决定事项，最后提出发文单位的希望、号召。全文结构合理，格式规范，注重将模范事迹上升到恰当的高度予以分析、评议，语言通俗流畅。

（2）例文二的批评性通报以事实为依据，客观公正地介绍了事件的来龙去脉，分析产生问题的原因，令人信服，定性准确，处置得当。

（3）例文三是一则情况通报，正文首先概述发文缘由，然后概述检查情况，指出存在的问题，对检查结果做出处理，最后提出下一步工作要求。文中引用事实翔实准确，使受文者能够了解真实情况。

三、知识储备

（一）通报的概念

通报是“适用于表彰先进、批评错误、传达重要精神和告知重要情况”的公文。通报属于下行文，是各级机关、企事业单位和团体经常使用的文种。

（二）通报的类型

通报可分为表彰通报、批评通报和情况通报三种类型。

（1）表彰通报。用以表彰先进集体和先进个人事迹的通报。表彰通报主要用于：表彰先进集体和先进个人，评价典型经验，宣传先进思想，树立学习榜样，号召人们学习等。

（2）批评通报。用以批评错误，以示警诫。批评通报主要用于：批评严重违法违纪事件，揭露问题，处分错误，总结事故教训，要求人们吸取教训等。

（3）情况通报。用以传达重要精神或者情况的通报。情况通报主要用于：在一定范围内传达上级机关重要指示精神、重要会议精神，指出工作重点或者具有倾向性的问题、情况和动向，以指导工作。

（三）通报的特点

（1）通报属于奖励与告诫性公文。通报承负“表彰先进、批评错误”的任务，因而具有奖励与告诫性质，这一点不同于通知。

（2）通报属于传达和告晓性公文。虽然通报与通知均有传达、告晓的功能，但通知传达的是“要求下级机关办理和需要有关单位周知或者执行的事项”，而通报传达的则是“重要精神或者情况”。

（3）通报的发布范围有限。通报虽然具有公开“通”晓、广而“报”告之意，但发布范围仅仅限于本机关或本系统，这一点与公告、通告不同。

四、技能掌握

（一）通报的结构与写法

1. 标题

通报的标题一般有两种形式：

（1）发文机关 + 事由 + 文种。如《××公司关于表彰2012年度先进个人和单位的通报》。

（2）事由 + 文种。如《关于员工×××见义勇为先进事迹的通报》。

2. 主送机关

通报通常需标明主送机关，但普发性通报或公开张贴的通报可省略主送机关。

3. 正文

通报正文的构成是：发文缘由 + 通报事项 + 分析 +（决定事项）+ 号召要求。

（1）发文缘由。一般要求写出通报的背景、意义或根据、事项提要，以及对此事的态度。不一定每篇通报的缘由都写全上述项目，这要根据实际行文来确定。

（2）通报事项。或写先讲事迹，或写错误事实与事故经过，或写重要情况，这是核心部分。通报的目的是报告事实，以使人们知道怎样去做，因而这一部分要详写。

表彰通报与批评通报都要求写明事情发生的时间、地点，当事人或单位，事情的经过、结果。表彰通报要抓住主要的先进事迹，批评通报要抓住主要的错误事实或事故过程。情况通报要抓住主要的情况或事实，以使人们了解事实本身。

（3）分析。即挖掘出事件所蕴含的意义、影响。分析不在于长，而在于自然中肯，准确到位，鲜明简洁，具有说服力。写分析时，切忌脱离通报事项本身借题发挥。

（4）决定事项。就是对表彰或批评的典型做出嘉奖或惩处。表彰通报与批评通报均需运用决定形式表达上级机关意见，而情况通报一般无决定内容。

（5）号召要求。对表彰通报来说，是激励人们学习先进典型；对批评通报来说，是重申某一方面的精神或纪律，要求人们引以为戒；对情况通报来说，则是提出指导性意见以指导全局工作。这一部分应根据不同的通报内容，向不同的对象提出号召要求。

4．落款

落款处应具发文机关全称或规范化简称。

5．成文日期

用阿拉伯数字将年、月、日标全，年份应标全称，月、日不编虚位。

（二）通报的写作模板

×××××公司关于××××××情况的通报

各部门：

近日，发生了一起×××××××××××××事件，现将有关情况通报如下：

×××××××××××××××××××××××××××××××××××。×××××××××××××××××。（情况简介）

×××××××××××××××××××××××××××××××。（事件的意义、影响）

××××××××××××××××××××××××××××××。（表彰或处理依据、结果）

希望全体员工引以为戒，自觉遵守公司的各项规章制度，避免类似事件再次发生。

×××××公司

××××年×月×日

（三）通报的写作注意事项

（1）要以真实情况为基础。通报所涉及的事实，必须客观存在，真实可靠。对事件或人物进行分析评价，要客观公正，态度鲜明。

（2）注重时效性。通报具有教育、警示的作用，所通报的事项必须出自当前工作。只有及时地将现实工作中的先进经验或反面典型、重大事项、重要情况予以通报，才能更好地发挥其宣传教育、指导工作的作用。

（3）掌握情况通报正文的写法。情况通报的目的是“传达重要精神或者情况”，所以不像表彰通报、批评通报那样必有“决定事项”，情况通报的正文一般无决定内容，所以不需设置决定部分。

五、病文析改

（一）病文

表扬通报

各部门：

2017 年 7 月 14 日晚 7 点左右公司泵房发生漏水现象，短时间内地下泵房的 5 个水泵全部淹没，水深达 1 米以上，造成当时 3 条生产线停产，情况非常紧急。为了确保生产的正常进行，保证产品按时发货，生产部马上组织人员进行抢修，当时的生产班组人员和闻讯赶来的机修人员马上进行排水抢修，经过 5 个小时奋战终于恢复了生产，保证了车间正常生产和及时发货。

在此次抢修工作中，生产部的机修班班长王建国、技术组组长谢辉、钢带组组长李勇、主机手胡明表现非常突出。这几名同志始终奋战在抢修第一线，脏活、累活抢着干，并且一直站在水中工作，虽早已过了他们下班的时间，可他们没有一个人离开，直到抢修完毕恢复生产。

他们这种忘我的精神非常令人感动，云祥公司为有这样的好员工感到骄傲。为了倡导这种不怕苦、不怕累、一切以公司利益为重的精神，为了提高大家的工作积极性，公司研究决定对以上 4 名同志给予每人 1 000 元的奖励并给予全厂通报表扬。同时，对生产部积极组织抢救工作给予表扬。希望我们全体员工都以他们为行动榜样，发扬公司精神，做好本职工作。

2017 年 7 月 18 日

（二）修改意见

（1）标题不规范，缺少事由。

（2）事件的介绍详略安排不当，不够简洁。对 4 名同志行为背后的动机没有进行深入的分析，典型意义提炼不够准确、到位。最后所提希望语言平淡空洞、感性，号召性不强。

（3）落款处没有署名。

六、知识链接

通报与通知的区别

（1）内容范围不同。通知可以发布行政法规和规章，批转和转发公文，传达需办理和周知的事项等。通报则是表扬先进，批评错误，传达、告知重要的情况、信息。两者虽然都有告知的作用，但通知告知的主要是工作情况以及须共同遵守执行的事项，带有一定指令性；通报则是告知正反面典型或有关的重要精神或情况，一般不具有指令性。

（2）目的要求不同。通知的目的是告知事项，布置工作，部署行动，内容具体，要求受文机关了解要办什么事，该怎样办理，不能怎样办理，有严格的约束力，要求遵照执行；通报的目的主要是或交流、了解情况，或通过正反面的典型去教育人们，宣传先进的思想，提高人们的认识。

（3）表现方法不同。通知的表现方法主要是叙述，告知人们做什么、怎样做，叙述具体，语言平实；通报的表现方法则常兼用叙述、说明和议论，带有一定的感情色彩。

项目4　决定

知识目标

1. 了解决定的适用范围、种类、特点和行文方向
2. 理解决定的结构和要求

技能目标

掌握决定的写作技能，能熟练拟写结构完整、条理清晰、表述准确的决定；能根据具体情况正确选用通报或决定行文。

一、任务导入

万达器材厂保安林××，男，24岁，进厂两年来，工作态度不认真，不遵守劳动纪律，经常旷工，曾伙同“兄弟”盗卖厂里的材料，造成工厂经济损失54 000万元，他本人分得12 000元，厂里对他进行批评、教育，但他不思悔改。“厂里根据《员工奖罚条例》的规定，决定对林××进行除名。

请代万达器材厂写一篇开除林××的决定，并对全厂员工进行惩戒、教育。

（1）学生分组分析、讨论。

（2）学生拟写初稿。

二、例文借鉴

（一）例文

例文一

广东××物业管理公司关于表彰2014年度先进集体和先进个人的决定

各部门：

2017年，在全体员工的共同努力下，我公司各项工作取得了可喜的成绩，全体员工的服务意识、服务质量、服务水平有了进一步提高，涌现出了许多先进事迹和先进典型。公司决定，对在2014年度工作中表现突出、成绩显著的先进集体和先进个人予以表彰。

希望公司全体员工以这些先进典型为榜样，继续遵循公司“以人为本、真诚服务、规范管理、求实创新”的企业精神，以“服务业主、让住户满意”为宗旨，进一步提高服务质量和服务水平，脚踏实地、开拓创新、与时俱进，为做好物业管理工作作出更大的

贡献。

附件：2014 年度先进集体和先进个人名单（略）

广东××物业管理公司
2017 年 1 月 9 日

例文二

××市公安局关于对王×处分的决定

各部门，各有关单位：

王×，男，1989 年 5 月出生，江西省赣州人，汉族，大专文化，2013 年 7 月参加工作，现任××市公安局××分局刑警一大队民警，一级警员警衔。主要错误事实如下：

1. 擅开赃车。2014 年 10 月，××分局破获一起摩托车销赃案，缴获摩托车一辆。王×未经批准，擅自把收缴来的摩托车推到车行，对油箱等重要部位重新烤漆，配了钥匙，后又将分局院内停放的旧摩托车的××31836 号车牌拆下装到车上由己使用。

2. 伪造机动车驾驶证。2016 年 5 月，××分局刑警一大队破获一起伪造机动车驾驶证的案件，缴回一批伪造驾驶证及印章，存放在刑警一大队审讯办公室内。王×于 2014 年 7 月利用上述材料为自己制作机动车驾驶证一个（准驾车型 E）。

王×身为公安民警，法制观念淡薄，擅开赃车，偷挂车牌，伪造驾驶证，严重违反纪律，造成很坏影响。根据《中华人民共和国人民警察法》第七章第四十八条、第三章第二十二条第十二款之规定，经局务会研究决定，给予王×行政记大过处分。

王×如不服可以在收到决定之次日起 15 日内向本局申请复审。

××市公安局
2016 年 10 月 16 日

（二）简析

（1）例文一是一份表彰决定。正文首先简要介绍了公司 2014 年取得的成绩，接着引出决定事项：对表现突出的先进集体和先进个人进行表彰，然后以较大篇幅提出了希望。全文结构完整，层次分明，行文简洁流畅，语言热情洋溢。

（2）例文二是一份处分决定。正文首先简要介绍了被处分人的基本身份信息。接着列举其所犯错误事实，然后写明处分依据和结果，最后指出如不服申请复审的期限。全文条理清楚，语言简洁，措辞严肃，体现出领导层的权威意志。

三、知识储备

（一）决定的概念

决定是“适用于对重要事项作出决策和部署、奖惩有关单位和人员、变更或者撤销下级机关不适当的决定事项”的公文。决定是下行文。国家机关、企事业单位与社会团体均可使用。

（二）决定的种类

（1）决策指挥决定。决策指挥决定用于对重要事项作出决策、对重大行动作出部署，具有较强的行政约束力。如《××市人民政府关于委托市规划局　市安全生产监督管理局行使有关行政许可权的决定》，又如《国家土地管理局关于强化土地执法监督工作若干问题的决定》。这类决定体现了领导机关的宏观调控与指导作用。

（2）奖励惩处决定。用于对有关组织、人员或者某些事项予以表彰或惩处，具有较强的教育警示作用。如《关于对刘××撤职处分的决定》。

（3）变更撤销决定。用于变更或撤销下级机关不适当的决定事项或其他事项，以适应管理需要或纠正不当管理行为。如《××市人民政府关于废止部分规章和规范性文件的决定》。

（三）决定的特点

（1）决策性。决策性决定表明了领导机关对重要事项或者重大行动安排的决策，它集中体现了领导机关的指挥意志、处置意图和政治倾向，是行使领导决策职权的重要形式。

（2）制约性。决定内容具有不可更改的确定性，要求下级机关必须遵照执行。

四、技能掌握

（一）决定的结构与写法

1. 标题

决定的标题有两种类型：

（1）发文机关＋事由＋文种。如《国务院关于全国中小企业股份转让系统有关问题的决定》。

（2）事由＋文种。如《关于进一步加强水利管理的决定》。

2. 主送机关

决定属于重要的下行文种，主送机关为下级机关。如有明确的主送机关，可以使用全称或规范化简称，或直接标出统称；对于需要周知，没有特定收文对象的决定，则可以省略主送机关。

3. 正文

决定的正文，是决定内容的主体和核心部分。其构成是：发文缘由＋决定事项＋要求。

（1）发文缘由。发文缘由写明发文的原因、理由、依据或目的、意义等。

（2）决定事项。写明作出决定的内容，如事项、安排、决策等。一般分条目开列，有的条目还要作出适当的解释。

（3）要求。一般写明对贯彻执行决定的希望和要求，或者进行某些强调。

4. 落款

落款处应具发文机关全称或规范化简称。如果标题或题注中已有发文机关名称，则落款处不再标注。

5. 成文日期

一般的决定在落款处注明成文日期。经会议讨论通过的决定，发文机关和成文日期采用题注的形式，在标题之下的括号内标明。如“（××××年×月×日××公司第八次职工代表大会全体会议通过）”。

（二）决定的写作模板

×××关于表彰×××××××××××的决定
或：关于授予××××××××××××称号的决定

各部门：

××。（先进事迹介绍）

××××××××××××××××××××××××××××××××××××。（决定事项）

××××××××××××××××××××××。（提出要求）

×××
××××年×月×日

（三）决定的写作注意事项

（1）不可用文种作标题。不能省略发文机关与事由，以文种“决定”作标题，这不符合公文处理条例的相关要求。

（2）慎用决定文种。选择该文种时必须考虑事项的重要性，不能事无巨细都使用决定，特别是关于奖惩性的通报或决定，在选用时尤其要注意相互之间的差异性。通常一般性的奖惩事项可以选用通报；如果是涉及法律法规、规章条例等明文规定的奖惩事项，应选用决定。切忌小题大做，把本应写为“表彰通报”“处罚通报”的，写成“表彰决定”“处罚决定”。

五、病文析改

（一）病文

关于给予梁××等员工处罚的决定

公司各部门、各基层单位：

梁××，京珠高速公路粤孚收费站收费员；朱××，京珠高速公路北关收费站收费员。通过公司的调查可以证实，以上两名员工于2016年11月至12月期间，利用工作上的便利，大量倒卖通行卡，获取自己的私利。根据国家法律法规和公司《员工奖惩管理办法》、《营运员工星级考核实施细则》等制度的有关规定，我们开会作了研究，决定把上面两名员工开除公司，同时要将这两个人贪污通行卡所得到的全部赃款通通追回来，还要保留追究他们法律责任的权利，发文之日起开除就可以生效。

广东××××公路管理有限公司
2017 年 7 月 4 日

（二）修改意见

（1）标题事由表述不清楚，且不具体明确。

（2）事实中没有把贪污账款金额具体写清楚，缺乏可信度。

（3）没有分析错误的性质及后果。

（4）没有写被处理人对所犯错误的认识和悔改表现。

（5）最后应指出教训、提出希望。

（6）全文大量使用口语化语言，多处地方表达欠准确和简练。

六、知识链接

（一）奖惩性决定与表彰批评性通报的区别

奖惩性决定与表彰批评性通报都具有表彰和批评的功能，行文方向均属下行。在实际应用中常会出现错用文种的情形。二者的区别如下：

1. 对象不同

决定“适用于奖惩有关单位及人员”，通报“适用于表彰先进，批评错误”。即决定仅限于奖惩有关单位及人员，对象明确，而通报用于表彰先进、批评错误，对象既可以是人，也可以是事。

2. 程度不同

决定的用词是“奖惩”，涉及的单位和个人的典型性和程度较高；通报的用词是“表彰和批评”，涉及的人和事的典型性和程度较低。

3. 目的不同

决定主要是为了正式确认有关事实，对当事人奖功罚过，重在处置，体现出领导层的权威意志。通报是为了通过当事人教育更多的人，指导和推动有关工作，重在教育比照、示范先进，或防患于未然。

4. 写法不同

（1）标题写法不同。

决定的标题中常常含有处置性动词，如授予、给予、处理等动词。奖励性决定的标题格式通常是“×××关于给予×××表彰的决定”；惩罚性决定的标题格式通常是“×××关于给予×××处分的决定”。表彰批评性通报的标题一般不使用处置性动词，而是指出事实、现象等，如《×××关于职工李×违反劳动纪律造成重大火灾事故的通报》《×××关于员工梁××见义勇为先进事迹的通报》等。

（2）正文写法不同。

奖惩性决定重在处置，对需要处置的人所做的事进行的说明比较详细具体，最后提出的希望也仅仅是针对当事人而已。

表彰批评性通报重在宣传与教育，对事实的叙述较为概括，批评或表彰的依据要明确列出，而对事实所具有的意义、典型性和深远影响会用较多的笔墨作分析。最后提出的要求和希望，主要是针对当事人以外的群体，或号召大家学习，或警示大家注意。

（二）决定与决议的异同

1. 相同点

决定与决议都是决策性文种；都是上级机关对重要事项或重要工作作出的决策或安排；都是下行文，都要求下级机关贯彻执行；党委机关、行政机关、企事业单位均可使用（如企事业单位股东代表大会、职工代表大会会用决议）。

2. 不同点

（1）形成方式不同。经正式的法定会议讨论并按法定程序进行表决通过后才能形成决议。而决定则既不一定，有的决定是经大型会议集体讨论通过的，有的决定却可以由领导机关、单位领导层直接作出，如《×××关于对刘××所犯错误处分的决定》。

（2）内容不同。决议涉及的问题往往是有关全局性、原则性的重大问题，而决定则既可以涉及重大问题，也可以针对具体问题。决议的内容原则性的指导意见多，议论性的文字多，而决定的内容比较具体，要求也很明确。

（3）格式不同。决议的标题都用会议名称作为发文机关，成文日期也都采取题下标注的形式。决定则有两种情况，如是法定会议讨论通过的决定，格式与决议相同；如是由其他渠道形成的决定，格式与常见公文相同。

实训演练

1. 根据通报、决定的写作要求，进行初稿修改。
2. 根据通报、决定的写作要求，修改“病文析改”部分的病文。
3. 试修改以下公文标题。

（1）《关于××省××市××煤矿三起重大伤亡事故的通报批评》

（2）《××公司关于重大火灾的通知》

（3）《×××汽车公司关于违反财经纪律的通报》

（4）《安阳卷烟厂关于两个卷烟组的工人盗窃香烟的处理》

（5）《某小区就近期高空掷物事件给业主和住户一个交代》

4. 根据下述材料，请你为宏大集团公司起草一份批评通报。

2016年8、9、12月间，宏大集团山东分公司原料库管理员胡××分别3次收受山东、山西、湖南等鱼油、鱼粉、煤炭供应商贿赂共计32 000余元，虚增鱼油1吨、鱼粉2吨、煤炭24吨，使公司前后遭受直接经济损失273 000元。在此事件中，监磅人员刘××等未履行监磅职责，在胡××虚增的鱼油、鱼粉结算单上进行签名认可，为贿赂成功开了方便之门。2017年3月1日，山东原料供应商业务员再次故伎重施，押送52 000吨鱼粉到公司后，在过磅过程中，对监磅员林××表示“帮忙虚增5吨鱼粉，每1吨给2 500元”，监磅员林××予以拒绝并随后向主管黄××作了汇报，但主管黄××对此事态度暧昧。

在详细调查、确认事实的基础上，集团公司对该公司受贿案涉案人员及相关责任人分别作出处理。对胡××给予辞退、对刘××记大过一次、对黄××给予严重警告处分。

5. 下面是一篇病文，请指出其中的毛病并写出修改稿。

留厂察看处分的决定

王××，男，现年34岁，系机加车间原汽车装卸工人。该员工自入厂以来，累犯劳动纪律，曾多次发生殴斗事件，谩骂领导干部，辱骂老工人。特别是今年×月×日，伙同×××（已收审）、×××（已记大过）两次殴打×××，影响很坏。为了维护厂规厂法，加强劳动纪律，经厂务会议讨论通过决定给予王××开除厂籍留厂察看一年的处分。察看期间只发给生活费，每月×××元。

6. 请根据下列王雷柱的个人材料，以广东×××公司的名义拟写一份授予他2013年度先进标兵称号的决定。

王雷柱，籍贯广东。2010年毕业于华南理工大学信息科学与工程系，本科学历，于2010年9月进入广东×××公司工作，目前为新品研发部部长。

王雷柱同志工作勤奋努力，不怕苦不怕累，通过近两年的努力，现已成为广东×××公司产品研发部的主要人员之一，对产品工艺及标准多次提出合理化建议并获得采纳，这些新工艺是企业技术创新的重要组成部分。在从事新产品开发与结构设计项目时，他能积极主动了解客户需求，瞄准行业发展趋势开发新产品。尤其在新产品的外观设计及改进上作出很大的贡献，促使公司的洗衣机产品在国内外市场上有良好的声誉和销路。

王雷柱同志工作认真负责，不计较个人得失，常利用工作以外的时间处理各种技术问题以避免对生产的影响，得到各车间员工的好评。能积极参加公司的各项活动，兼职担任技术部门通讯员，踊跃投稿办报，在丰富企业文化方面作出了一定的贡献。

自我测试

一、单选

1. 情况通报主要是在一定范围内传达上级机关重要指示精神、重要会议精神，______，以指导工作。
   A. 指出事件发展趋势
   B. 指出事件经过
   C. 指出工作重点或者具有倾向性的问题、情况和动向
   D. 指出事件的因果
2. 通报正文部分需要对事件的______进行分析。分析要自然中肯，鲜明简洁，具有说服力。
   A. 约束力　　B. 性质、意义、影响
   C. 发生　　D. 结果
3. 决定的内容具有______的确定性，要求下级机关必须遵照执行。
   A. 制约　　B. 不可更改　　C. 管理　　D. 处理
4. 决定的主送机关是__________。
   A. 上级机关　　B. 任意机关
   C. 没有明确范围　　D. 下级机关

二、多选

1. 批评通报主要用于：____________，总结事故教训，______等。
   A. 批评违法违纪事件　　B. 揭露问题
   C. 要求人们吸取教训　　D. 处分错误

2. 以下哪些选项符合通报的属性？__________。

A. 属于下行文　　　　B. 具有强制性

C. 属于传达和告晓性公文　　　　D. 属于奖励与告诫性公文

3. 决定是适用于对重要事项作出决策和部署、________、________、________的公文。

A. 奖励有关单位和人员

B. 惩罚有关单位和人员

C. 变更或者撤销下级机关不适当的决定事项

D. 宣布重大事项

4. 奖惩性决定与表彰批评性通报的区别有：__________。

A. 决定仅限于奖惩有关单位及人员，而通报用于表彰先进、批评错误，对象既可以是人也可以是事。

B. 决定的用词是“奖惩”，涉及的单位和个人的典型性和程度较高；通报的用词是“表彰和批评”，涉及的人和事的典型性和程度较低。

C. 通报是为了通过当事人教育更多的人，重在教育比照、示范先进，或防患于未然。决定主要是为了正式确认有关事实，对当事人奖功罚过，重在处置，体现出领导层的权威意志。

D. 通报与决定的正文写法相同。

三、判断

1. 通报通常需标明主送机关，但普发性通报或公开张贴的通报可省略主送机关。
2. 通报的发布范围有限，往往是在一个机关或一个系统内部使用。
3. 通报与通知都有告知性，所以可以互为通用。
4. 通报与决定都可以表彰先进、批评错误，所以可以互为通用。

项目 5　报告

知识目标

1. 了解报告的概念、特点和分类
2. 理解报告的结构和要求

技能目标

掌握报告的写作技能，能熟练拟写结构完整、条理清晰、表述准确的报告。

一、任务导入

2017 年 5 月 7 日，万通集团三色制衣厂工人在吃了工厂食堂提供的午饭后出现了集体性的腹痛和呕吐。120 接报后迅速将工人送往医院，由于人数众多，共有 4 家医院参与了本次救治行动。各医院总共接收了 89 人。在有关部门的调度及医护人员的积极救治下，工人情况稳定。7 日晚 10 时 30 分，已有 84 名中毒工人出院。其余的留院观察者于 9 日中午全部出院。

调查中，市疾控中心从该制衣厂食堂所用的食用油和员工呕吐物中检出工业桐油成分。中毒原因初步查明，是由于患者食用了用混有桐油的食用油制作的食物，出现胃肠刺激症状。市疾控中心对呈桐油阳性的食用油样品进行定量检测，结果桐油含量为9.38%。专家认为，由于桐油含量较低，患者摄入桐油的量较少，症状均较轻微，不会对身体健康产生长期影响。

在接下来的调查中发现，制衣厂食堂于2017年2月20日由行政部经手承包给了好味饮食有限公司，该食堂未领取卫生许可证，属无证经营。食堂一向由滋味食品公司供应食用油。目前，有关部门已对滋味食品公司其他食用油就地封存取样。除制衣厂食堂4月8日购买的1罐食用油发现含有工业桐油外，其他追踪到的食用油样本均没有检出桐油。

作为三色制衣厂办公室的秘书，中毒事件发生后，办公室主任安排你立即向集团公司作出书面汇报。

（1）学生分组分析、讨论。

（2）学生拟写汇报材料初稿。

二、例文借鉴

（一）例文

例文一

××市污水处理厂关于治理××河水质污染问题的报告

××市排水总公司：

鉴于近期有媒体报道××河水质出现污染的问题，经我厂调查研究，对报道中提出的有关问题及解决方案报告如下：

一、解决××河水质污染问题的关键是尽快改造现有的污水处理厂。目前××河的污染主要是××区排放的污水所致。××区的污水排放量为2 500万吨，污水比较集中，因污水处理厂设备老旧，污水处理能力不足，致使部分污水直接排入××河，造成了××河的污染。

为解决××河的污染，我厂已抓紧改造××区污水处理厂，争取在201×年×月前完成改造工程。××区污水处理厂改造工程原来预算为831万元，按现行价格估算约为1 100万元，改造工程已于201×年×月开始，现已完成8项附属设施的改造。市政府今年安排的800万元投资已全部落实，××区城环局正在组织筹措其余所缺资金。

为解决××河河道以南人口密集区的地下水污染和环境问题，在××区污水处理厂未改造完成之前，利用现有污水管道，把污水引到该区污水处理厂以西，污水直接排入污水处理厂的出口，这就避开了污染区。

二、××电热厂的粉煤灰也是××河水污染源之一。对于南储灰厂渗漏对地下水的污染，我厂将主要采取截流、集中排放的措施，以减少对地下水的污染。

××市污水处理厂
201×年×月×日

例文二

关于2012年中秋　国庆黄金周旅游工作情况的报告

市政府：

2012年中秋、国庆假期，我市各级旅游部门和旅游经营单位在莆田市委、市政府和省假日旅游协调领导小组的领导下，认真按照上级的文件精神，全面启动中秋国庆假日旅游的各项准备工作，切实抓好各项工作落实，使我市旅游市场呈现出健康平稳、持续繁荣的良好局面，全市人民及游客享受到了一个平安、祥和、健康、有序的长假。节日期间没有发生旅游安全事故，确保了“安全、质量、秩序、效益”四统一目标的实现。据统计，9月30日—10月7日，全市共接待游客111.55万人次，同比增加22%，全市旅游总收入4.66亿元人民币，同比增加20.7%。其中，过夜旅游者12.58万人次，同比增加12%，一日游游客为98.97万人次，同比增加23%。其中湄洲岛国家旅游度假区8天接待游客达14.73万人次，同比增加78%。九龙谷景区接待游客13.78万人次，同比增加58%。此次黄金周我局共接到5起投诉，其中有关南日轮渡班次少以及九鲤湖景区两道门票分开收费问题的投诉，我局值班人员在认真了解有关情况后及时反馈给游客，得到了游客的理解。其中关于忠湄轮渡超载以及湄洲岛、九鲤湖电瓶车司机服务态度的投诉已转交有关责任部门，均得到妥善处理。

一、我市假日旅游市场主要特点

（一）自驾车旅游火爆。“两节”期间，在国家高速公路免费政策的刺激下，许多私家车车主纷纷出动，自驾车旅游市场火爆。9月30日，回乡探亲团聚的游客剧增。10月1日—10月6日期间，各大旅游景区停车场天天爆满，通往景区的道路也排起了长龙。自驾车游客除了本市游客外，主要来自福州、厦门、泉州以及广东、浙江等区域。

（二）出入莆田的游客流量呈双向强劲增长势头。今年中秋、国庆双节相连，中秋作为我国传统节日，在外经商、工作、求学的人纷纷回乡探亲团聚，形成一股巨大的探亲流。同时，在长假的带动下，许多人走出家门，前往心仪的景区旅游，于是出入莆田的游客出现双向强劲增长势头。据统计，“两节”期间，莆田各大景区接待旅行社组织的旅游团队达1 258团，旅行社组织出莆田的游客也达到1 500多团次。

（三）客源地以海西为主体得到进一步巩固。今年以来我市加大了旅游宣传推介力度，围绕“妈祖故乡、滨海胜地”主题，组织全市旅游系统参加国内旅游交易会、第八届海峡旅游博览会及以海西20个城市为主的旅游推介会等活动，使我市旅游知名度进一步提高。“十一”国庆假期间，粤、浙、苏及莆田周边城市的传统客源地游客继续为我市最大客源，同时其他地区的游客数量也在逐步上升，呈现出良好的发展势头。

（四）中秋赏月等节庆旅游市场产品丰富。各景区紧紧抓住中秋、国庆相连的难得机遇大做文章，吸引游客参观。如湄洲岛“海上生明月、天涯共此时”的中秋赏月活动，编钟、十音八乐表演；九鲤湖向每天前60名游客赠送纪念品；九龙谷景区开展中秋博饼等娱乐活动项目，并增加了射击、滑草、水上乐园等一些活动项目，吸引游客参与。全市推出了中秋赏月精品游、国庆缅怀先烈游、妈祖故里滨海游、家庭团聚亲子游、山水生态乡村游、工艺美术赏购游等主题精品线路。

（五）旅游市场健康安全有序。在各级假日办、各假日领导小组成员单位的共同努力下，开展了节前检查、节中巡查，公布投诉咨询受理电话，24 小时安排值班等一系列的细致工作，确保了假日期间未发生旅游安全事故，保证了假日旅游市场的健康安全有序。

二、我市假日旅游工作采取的主要措施

（一）及时启动假日旅游协调机制。（略）

（二）认真开展安全大检查，确保假日旅游安全有序。（略）

（三）推出“中秋、十一黄金周”旅游精品，丰富旅游市场。（略）

（四）以节前检查为契机抓旅游市场整顿。（略）

（五）加强值班，做好服务协调工作。（略）

莆田市旅游局

2012 年 10 月 8 日

（资料来源：http：//wk. ptlz. gov. cn/web2013/news. aspx？nid = 61576&type = bmjx&fid = 8&did = 35，有改动）

（二）简析

（1）例文一是一篇反映情况的报告。正文分 2 个层次：导语，总述开展调查研究的背景，即近期有媒体报道××河水质受到污染；主体，叙述报告的具体内容，对××河水质受到污染提出了解决问题的方案。文章采用秃尾的方式结束全文。行文简洁，条理清晰。

（2）例文二是汇报工作的报告。开篇以一系列数据表明旅游黄金周的工作成果，然后分条列项总结特点，概括措施。全文叙述客观，结构严谨，条理清楚，语言简明。

三、知识储备

（一）报告的概念

报告是“适用于向上级机关汇报工作、反映情况，回复上级机关的询问”的公文。报告属于上行文。

（二）报告的类型

（1）汇报工作的报告。包括汇报例行工作、成绩经验、问题教训、今后打算，汇报完成上级机关交办事项的结果，汇报执行上级机关指示的工作进度等。

（2）反映情况的报告。包括反映本机关、本地区发生的重大事件，带有倾向性的新问题、新现象、新动向等。它不局限于某项具体工作，通常以陈述情况为主。一般来说，在发生特殊情况、较大事故、突发事件时，常常采用这种报告。

（3）答复询问的报告。与前两类不同的是，答复询问的报告是被动行文，它必须有上级机关的询问，须针对所询问的内容或交办的事项进行答复。

（三）报告的特点

（1）汇报性。所有的报告都是用来向上级机关汇报工作或情况的，没有下级机关的汇报，也就没有上级机关的决策。发文机关应注意采用“汇报性”的语气。

（2）陈述性。报告属陈述性公文，在表达方式上，只运用叙述和说明来陈述事项。

（3）行文的单向性。报告的行文目的是让上级机关了解下级机关的工作情况，通常不要求上级回复。

四、技能掌握

（一）报告的结构与写法

1. 标题

报告一般采用完全式标题，即发文机关 + 事由 + 文种。如《××市政府关于×××百货大楼重大火灾事故处理情况的报告》。

有时标题也可以由主要内容 + 文种构成，如《关于 2014 年规范性文件备案审查情况的报告》。

2. 主送机关

一般主送一个上级主管机关，写明报送机关全称或规范化简称。根据需要可同时抄送相关上级机关。

3. 正文

正文的构成是：发文缘由 + 报告事项 + 结束语。

（1）发文缘由。发文缘由通常写明报告的目的，或概括地提示报告的主要内容，或简要介绍所报告的事项、情况等。然后以“现将有关情况报告如下”承启下文。

（2）报告事项。报告事项是正文的主体，应将工作的主要情况、措施与结果、成效与存在的问题等分段加以表述。不同类型的报告具有不同的写法。

①工作报告。工作报告的主体一般介绍各方面或某方面工作所取得的成绩、做法、经验与问题。工作成绩要求写出做了哪些工作，采取了哪些措施和做法，结果怎样。在叙述基本情况的同时，有所分析、归纳，找出规律性认识，指出工作中的缺点、不足或遇到的困难。

②情况报告。反映情况的报告主体一般以“情况—原因—措施”来构成全篇。先将情况叙述清楚，然后分析情况产生的原因，最后说明处置措施。

③答复报告。答复报告的主体是答复上级机关所询问的事项。答复事项要针对上级机关所提出的问题，说明答复意见或处理结果，这种报告内容针对性最强，上级询问什么就答复什么，既不要答非所问，也不要擅做主张，借题发挥。

（3）结束语。结束语有两种写法。

①写今后工作的意见。为了配合领导工作或协助领导决策，可以在陈述完报告事项后说明今后的打算，提出工作意见或建议。

②用结尾语。报告的结尾语应另起一行书写。根据报告种类的不同，一般都有不同的程式化用语。工作报告、情况报告常用的结尾语有“特此报告”“特此报告，请审阅”“以上报告，请审查”；答复报告多用“专此报告”。

4. 落款

落款为发文机关全称或规范化简称。

5. 成文日期

以阿拉伯数字标全年、月、日。

（二）报告的写作模板

××××关于×××××××××××情况的报告

×××××：

最近，发生了×××××××××××事件，现将有关情况报告如下：

××××××××××××××××××××××××××××××。（事情经过、结果）

×××××××××××××××××××××××××××。（事故原因、性质）

××××××××××××××××××××××××××××××。（处理意见、工作设想）

××××

××××年×月×日

（三）报告的写作注意事项

（1）报告事项要真实。报告事项务必真实，有喜报喜，有忧报忧。

（2）报告时间要及时。报告的基本任务就是向上级机关反映工作与情况，违背了时效性，报告也就失去了意义。

（3）报告不得夹带请示事项。切忌在写报告时提出建议或意见，要求上级指示或批准。

（4）报告用语要谦和。报告是上行文，对上级机关不宜用指令性语言，语言表达要谦和有礼，表达方式以概括叙述为主，不宜过多议论和说明。

五、病文析改

（一）病文

关于×××市凡伊制衣厂火灾情况的报告

工业园区管理委员会：

2016年9月19日7时6分，工业园内×××市凡伊制衣厂第1栋3楼车间发生火灾，火灾导致过火面积100平方米，烟熏面积约200平方米，烧毁半成品裤子3 000余条。

×××市凡伊制衣厂位于工业园内，于20××年3月由李××、梁××2人共同出资成立，法定代表人为梁××，李××长期在外，共有员工近60人。本厂有两栋车间和一栋员工宿舍（全部是租用）。两栋（1栋、2栋）车间在二三层互相连通，形成一体，其中1栋占地面积约200平方米，一层用于员工停车，二层作为辅料仓库，三至五层为车间，六层为房东的亲戚居住；2栋占地面积约200平方米，一至四层为车间，五层为员工活动室和办公室，六层为两个管理人员居住。

2016年9月4日，园区管委到我厂进行检查，指出了存在的火灾隐患，要求我们进行整改，于是给每层配备了2具灭火器，但还是发生了火灾事故。

特此报告

凡伊制衣厂
2017年1月10日

（二）修改意见

（1）标题不规范。

（2）对火灾和救火经过介绍太简略，对火灾造成的损失也没有介绍，反而对制衣厂的情况作了较详细介绍。

（3）对火灾的原因没有进行深入的分析，也没有提出对事故责任人的处理意见。

（4）没有提出今后预防火灾的措施和应当吸取的经验教训。

六、知识链接

（一）工作报告和情况报告的区别

工作报告反映的是常规性工作，也可以向上级提出工作设想，内容相对稳定，写法也相对固定。情况报告汇报的是偶发和突发的特殊情况，内容多不确定，写法相对灵活。

（二）行政公文的报告异于调查报告等

作为行政公文的报告和一些专业部门从事业务工作时所使用的、标题中也带有“报告”二字的行业文书，如“审计报告”“评估报告”“立案报告”“调查报告”等，不是相同的概念。这些文书不属于公文的范畴，注意不要混淆。

项目6　请示

知识目标

1. 了解请示的概念、适用范围、种类和特点
2. 理解请示的结构和要求

技能目标

掌握请示的写作技能，能熟练拟写结构完整、条理清晰、表述准确、理由充分、事项明确的请示。

一、任务导入

2010年春，中国西南地区正遭受历史罕见的大旱。干旱已使广西、重庆、四川、贵

州、云南5省（区、市）5 000多万人受灾，人畜饮水困难，农作物减产减收，旅游服务等相关产业受到波及，直接经济损失逾百亿元。部分地区秋冬春三季连旱，旱情已达特大干旱的程度，且仍在加剧。西南大旱牵动着亿万中国人的心。

3月中旬，娃哈哈集团公司接到贵州销售分公司的紧急请示，请求支援贵州11万瓶娃哈哈纯净水。

请你以贵州销售分公司的名义向娃哈哈集团公司写请示。

（1）学生分组分析、讨论。

（2）学生拟写初稿。

二、例文借鉴

（一）例文

例文一

关于要求取消华容县华泰汽车运输有限公司行政级别的请示

华容县人民政府：

我局下属单位——华容县华泰汽车运输有限公司是我县唯一的一家公路客运企业，该公司于去年4月份组建，是由原华容县第一汽车运输公司、华容县汽车运输公司两家企业合并而成的。其中华容县第一汽车运输公司的前身为湘运华容分公司，1994年之前为省湘运公司垂直管理的企业，正科级单位。按照垂直管理单位党组织关系属地管理的原则，县委、县政府将其纳入全县行政事业单位序列，作为一级单位，归口交通系统。随着客运市场的放开，竞争日趋激烈，1994年，省湘运公司所属的市、县两级分公司下放，其人、财、物全部交由地方交通主管部门管理。根据协议，该公司就是一个属我局管理、具有独立法人资格的企业，其生存靠市场，发展靠效益，生产经营模式完全是企业化管理，与国家行政事业单位的管理方法截然不同。但由于历史原因，该企业一直被县委、县政府作为行政事业单位看待，并对其下达各种目标管理、工作考核等任务，与我局的管理时有交叉。而且近期我局按照省、市交通主管部门的统一部署，正拟对该公司进行改制工作，争创二级公路客运企业。

为便于工作的正常开展，特请示县人民政府，恳请取消县华泰汽车运输有限公司的行政级别。

专此请示，请批复。

华容县交通局

201×年4月1日

（联系人：×××，电话：×××××××××）

（资料来源：http：//www. haosc. cn/Article/qiye/201004/65487. html，有改动）

例文二

××区街道办事处关于解决农转居群体就业与社会保障问题的请示

××区政府：

目前，我区部分农业用地被征用转为城市用地后，出现了具有倾向性的问题。农民获得一定补偿后，转为城市居民（即农转居群体），但他们往往很难像城市居民那样找到稳定的就业岗位，出现了“失地又失业现象”。201×年以来，我区××饭店北侧，××大学街等地都有农转居群体，他们以非法经营洗车、倒卖证券、倒卖烟花爆竹等活动来维持生计，我区城管分队会同区公安、消防、卫生等多部门联合执法，多次取缔并清理非法营业网点，但屡禁不止，农转居群体往往在执法后转移至邻近地区，之后复归旧地重操旧业，成为社会不安定因素。××市长在201×年1月25日的《政府工作报告》中指出，在农村城市化进程中，应“完善农村土地征用制度，研究解决农业人口户籍、就业和社会保障问题，切实保障农民利益”。为此，就相关问题请示如下：

一、如何有效解决农转居群体就业问题？

二、如何有效解决农转居群体社会保障问题？

以上请示，请批复。

××区街道办事处
201×年7月15日

（联系人：×××，电话：×××××××××）

（二）简析

（1）例文一是一篇求批性请示。正文部分首先介绍了华泰汽车运输有限公司成立的背景、行政级别，然后介绍该公司的归口管理情况以及管理上遇到的难题、新情况等，缘由讲得客观、具体，用事实说话，理由合理、充分。在阐述缘由的基础上，写明恳请取消华泰汽车运输有限公司的行政级别——事项明确。结尾部分用征询性习惯用语。

（2）例文二是一篇求示性请示。先交代了行文的背景、依据，然后把需要上级给予明示的问题列出，内容简洁明了，请示事项清楚、明确。最后，使用习惯结尾语。

三、知识储备

（一）请示的概念

请示是“适用于向上级机关请求指示、批准”的公文。请示是上行文。

（二）请示的适用范围

一般来说，出现以下情况应使用请示：

（1）对上级有关方针、政策、指示或法规、规章不够明确或有不同理解，需要上级机关作出明确解释和答复。

（2）从本地区本单位的实际情况出发，需要对上级的某项政策、规定作出变通处理，有待上级重新审定，明确作答。

（3）在工作中出现新情况、新问题需要处理而无章可循、无法可依，需要上级机关作出明确指示。

（4）需要请求上级解决本地区、本单位的某一具体问题或实际困难。

（5）按上级机关和主管部门有关政策规定，不经有关部门批准，本单位无权自行处理的问题。

（6）工作中出现了一些涉及面广而本部门无法独立解决的困难或问题，必须请示上级领导或综合部门，以求得他们的协调和帮助。

（三）请示的种类

（1）求示性请示。是请求上级机关给予政策、认识上指示的请示。

（2）求批性请示。是请求上级机关给予批准、同意的请示。请示事项往往涉及机构变化、人事任免、财务运用、项目安排等方面要求上级给予批准的问题。

（四）请示的特点

（1）呈请性。请示用于向上级机关请求指示或批准，行文内容具有请求性。

（2）求复性。上级机关对呈报的请示事项，无论同意与否，都必须给予批复。请批对应，请示的结束语有明确要求上级机关批复的含义。

（3）单一性。请示必须一文一事，一份请示只写一件事；只能写给一个主送机关，不多头主送，如需同时呈送其他机关，应当用抄送的形式。

（4）超前性。请示必须事前行文，等上级机关批复后才能付诸实施，不能先斩后奏。

四、技能掌握

（一）请示的结构与写法

1. 标题

请示的标题用全称标题，即发文机关+事由+文种，如《××市人民政府关于解决水利建设资金的请示》。请示的标题不能只写文种，也不能只写发文机关和文种。

请示的标题中不能出现“请求”“申请”等词语，因为这些词与“请示”在意思上重复。

请示与报告是两个文种，标题中不得将“请示”与“报告”并用，写成“请示报告”。

2. 主送机关

主送机关应写直接上级机关，即负责受理请示的机关。主送机关只能有一个，不得多头请示。

3. 正文

请示的正文一般由缘由、事项和结束语三部分构成。

（1）缘由。缘由部分一般写请示的背景情况或原因；或是所请示事项的性质及重要程度，请求解决的必要性和迫切性。缘由是请示事项和要求的理由及依据，只有先讲清缘由，请示的事项才有根据。缘由不详尽、不清楚，请示就缺少说服力，就有可能被上级拒批。

（2）事项。事项是请示正文的核心，应当明确提出要求上级机关给予指示、批准的具体问题和事项。事项部分要写得具体、明确，应当提出解决问题的具体方案和思路。所提方案应符合工作实际，条理清楚，具有可行性和可操作性，以便于上级机关准确判断，并及时作出批示。

（3）结束语。请示的结束语一般为“当否，请批示”“妥否，请批复”“以上请求，请予审批”等。如果是需要批转的请示，结束语可以是“以上请示，如无不妥，请批转执行”。结束语应在事项内容后另起一段书写。

4. 落款

落款为发文机关全称或规范化简称。

5. 成文日期

以阿拉伯数字标全年、月、日。

6. 附注

请示要求有附注。标注的方法是在成文日期下一行居左空两个格，加圆括号注明发文机关联系人姓名和联系电话。

（二）请示的写作模板

××××关于××××××××××的请示

×××××：

当前，××（背景、原因、缘由），经研究，拟将×××××××××，××××××××××××××××××××××××××××（事项）。

妥否，请批复。

×××××

××××年×月×日

（联系人：×××，电话：×××××××××）

（三）请示拟写的要点

（1）一文一事。请示应当一文一事，不可一文多事，否则很可能导致受文机关无法批复。性质相同的几件事若写在同一份请示中，必须是同一机关可以批复、有权批复的。

（2）说理要充分。在不违背事实的前提下，请示的理由应尽可能写得详细、充分、有说服力，以求得到上级的理解、信任和支持，获得上级的批准。

（3）语气要温和谦恭。请示是上行文，具有呈请性的特点，因此请示在语气上要温和谦恭，应采用“请”“拟”“建议”等词，不能生硬武断。

（四）请示拟写的注意事项

（1）不滥用请示。凡本机关职权范围内可以解决的问题，或上级机关以往政策中有明确规定的，都应尽力自行解决，不得动辄请示，把矛盾上交。

（2）应逐级请示。应按隶属关系逐级请示，一般不得越级请示；如确实需要越级请示，应同时抄送被越过的上级机关。

（3）不得抄送下级。请示是上行公文，行文时不得同时发给下级机关。

（4）不得多头请示。一份请示不能同时主送两个及以上的机关，更不能分头送给多个领导，以免出现互相推诿、扯皮的现象，以致延误工作。

五、病文析改

（一）病文

关于申请购买冷冻机的请示

××县财政局：

我厂职工食堂就餐人数二千人，一到夏季，副食不易保管，经常腐烂变质，给食堂管理造成很大困难，严重影响食堂卫生和职工身体健康，为了搞好食堂管理和食堂卫生，为保证职工的身体健康，搞好生产，顺利完成全年生产计划，经厂领导研究决定，申请购买GH－2型冷冻机三台，价格七万五千元。

请批复。

××县棉纺织厂

201×年5月

（二）修改意见

（1）标题不够规范。

（2）主送机关错误。

（3）缘由部分没有重点写。请示事项不明确。

（4）正文语言表达不准确、不简洁，如“经厂领导研究决定”显得语气生硬。公文中的数字未用阿拉伯数字。

（5）请示结束语不规范。

（6）没写联系人和联系电话。

六、知识链接

请示和报告的区别

（1）行文目的不同。请示旨在请求上级批准、指示、支持和帮助，需要上级批复。报告旨在向上级汇报工作，反映情况，提出设想，答复上级的询问，不需要上级答复。

（2）行文时机不一样。请示需要在事前行文；而报告在事前、事中、事后皆可行文。

（3）写作方法不同。请示和报告都要陈述、汇报情况。请示陈述情况是为了有充分的理由，是为请示事项作铺垫，所以请示中可以进行情况汇报，其写作最终归结于请示事项。报告的目的在于汇报工作情况，报告中不能夹带请示事项。

（4）结尾语用法不同。报告一般会用结尾语，也可省略。请示不能缺少求请性结尾语。

项目 7　批复

知识目标

1. 了解批复的概念、特点
2. 理解批复的结构和要求

技能目标

掌握批复的写作技能，能写出有针对性、态度明确的批复。

一、任务导入

×××公司拟申请成为县重点保护企业，以保护公司的合法权益，使企业有良好的发展环境，促进企业更好更快地发展，并为此递交了请示。××局经过研究之后，同意×××公司的申请。

请代××局撰文回复。

（1）学生分组分析、讨论。

（2）学生拟写初稿。

二、例文借鉴

（一）例文

××总公司关于同意拨款修建停车场的批复

××食品公司：

你司2017年8月9日《××食品公司关于要求拨款建设停车场的请示》（×食字〔2017〕19号）收悉。经总公司办公会议研究，答复如下：

同意你司修建停车场，有关手续请尽快办理。拨款80万元作为你司修建停车场的专项经费，要求专款专用，不得挪作他用。不足部分请自筹解决。

××总公司

2017年8月30日

（二）简析

（1）标题采用“发文机关＋同意＋事由＋文种”的格式，一看标题就清楚上级的态度。

（2）批复正文先引述来文日期、标题和发文字号，要素齐全。然后表明态度，并提出要求。

（3）全文针对性强，态度明确，要求具体。

三、知识储备

（一）批复的概念

批复是“适用于答复下级机关请示事项”的公文。批复属于下行文。

（二）批复的特点

1．被动行文

上级机关只有收到了下级机关的请示后才可以制发批复，是被动行文。

2．意见权威性

对下级机关来说，请示一经批复，上级同意或不同意的批复内容都具有行政约束力，必须严格按照批复的意见执行。

3．答复的针对性

批复是针对请示作出答复，请示没有涉及的问题，批复就不应该涉及。

四、技能掌握

（一）批复的结构与写法

1．标题

（1）发文机关＋事由＋文种，如《××公司关于×××分公司召开工作经验交流会问题的批复》

（2）发文机关＋关于（同意或不同意）＋事由＋文种，如《××集团公司关于同意××公司举办员工培训班的批复》

（3）发文机关＋请示标题＋文种，如《××市人民政府对关于处理沿江路3号商业大厦失火事故请示的批复》

2．主送机关

主送机关为写请示的直属下级机关。

3．正文

（1）批复引语。批复引语一般要写来文日期、标题、字号，必要时还简述来文的请示事项。如：你司2014年8月9日《关于要求拨款修建停车场的请示》（×食字〔2014〕19号）收悉。

（2）批复意见。对请示事项作出具体答复，表明同意与否的态度，有时还阐明不同意的理由。如果是“原则上同意”等，还要把补充、修正意见及加以强调的问题讲清楚。

（3）结尾用语。批复在结尾处常常使用习惯用语“特此批复”“此复”等，也可以省略尾语。

4．落款

落款写发文机关全称或者规范化简称，并写上成文日期。

（二）批复的写作模板

××× 公司关于 ××××××××××××××× 的批复

×××××：

你单位 ×××× 年 × 月 × 日《关于 ×××××××××× 的请示》（×× 字〔20××〕×× 号）收悉。经研究，现答复如下：

根据 ××××××××××××，同意（或不同意）×××××××××××××××××。

此复

××× 公司

×××× 年 × 月 × 日

（三）批复的写作注意事项

（1）收到请示必须予以答复。

（2）批复应有针对性。

（3）批复态度不能模棱两可，措辞要准确。

五、病文析改

（一）病文

××× 总公司关于修建新运动场请示的批复

广茂公司第三分厂：

有关请示已经收到了。关于修建新运动场一事，经研究，还是不建为宜。此复。

（二）修改意见

（1）标题不规范。

（2）批复引语不够完整、准确。

（3）态度含混不清。“还是以不建为宜”态度不明确，让受文单位难以执行。也没有说明不建设的原因。

（4）结尾语没有另起一段。

（5）没有发文机关署名、成文日期。

实训演练

1. 根据报告、请示、批复的写作要求，进行初稿修改。
2. 根据报告、请示、批复的写作要求，修改“病文析改”部分的病文。

3. 请修改以下病文：

关于9份产品质量事故的报告

我第三分厂9份生产的销往上海的产品中，发现混有铁块、钢丝、鱼骨等杂物，给公司造成了影响。本周我厂组织三四车间各个包装班组逐个开会，分析讨论，同时对他们进行了质量意识与工作责任心教育。

原来，钢丝是二次筛网损坏留下的；鱼骨是离心岗位、干燥岗位或是包装岗位人员吃饭时不小心掉到产品中的。

造成这次质量事故的原因，主要是由于员工的质量意识较差、工作责任心不强以及管理不到位所致。

这次质量事故是我们第三分厂全体干部员工的耻辱。我们要接受教训，警钟长鸣，尽力挽回造成的经济损失与不良影响，在此我们愿意接受公司给予的任何处分、扣奖金。

特此报告，请审批。

×××公司第三分厂
2016年11月7日

4. 请阅读下文，指出毛病，并写出修改稿。

宏达公司关于宏达制衣厂翻建房屋的请示报告

×××总公司党委、×××总公司：

我公司下属宏达制衣厂于20××年10月开始翻建汽车库，且已经拆除了司机、装卸工宿舍，保安部办公室，基建科办公室等共计610平方米。因为以上办公用房的拆除，以致汽车无处停放，有关职工无处办公，严重影响正常工作。为缓和厂区占地紧张状况及结合全厂长远规划，故决定一层为汽车库，二层为办公用房。

为解决当前办公用房之急需，决定把已拆除的610平方米面积加在汽车库顶层，资金缺口是150万元。恳请上级支持。

妥否，请批准。

宏达公司
××××年×月×日

××公司关于我公司举办业务培训班的请示报告

××总公司：

为适应改革开放，公司曾办过几期业务培训班，效果很好。为提高本公司人员的业务素质，我们拟于今年10月至明年4月再办一至二期业务培训班，培训时间为3个月左右；招生对象为35岁以下社会各界人士；考试及格者发给毕业证书、承认学历。

以上意见如无不妥，请尽快答复、勿误。

×××××分公司
2017年7月19日

5. 根据下面提供的材料，以××分公司的名义向总公司起草一份情况报告（有关内容可适当展开）。

（1）20××年9月4日凌晨2时40分，××分公司广大百货大楼发生火灾事故。

（2）事故后果：未造成人员伤亡，但该大楼二楼商品全部被烧毁，直接经济损失350万元。

（3）事故原因：二楼某个体裁缝经二楼经理同意从总闸自接线路，夜间没断电导致电线起火。

（4）施救情况：事故发生后，分公司领导马上拨打火警，市消防队出动了8辆消防车，至清晨6点，火灾才被扑灭。

（5）善后工作：分公司经理、副经理多次到现场调查，并对事故进行了认真处理。

6. 请根据以下材料拟写请示。

（1）××市第七变压器厂是××市人力资源招聘网会员，该厂人事处招聘管理人员都是通过此网进行，招聘效果良好。××市第七变压器厂会员资格于20××年2月28日到期。

20××年1月1日××市第七变压器厂进行了公司制改造，原厂名称更为××市变压器有限责任公司。人力资源部（原人事处）建议以××市变压器有限责任公司名义，继续办理××市人力资源招聘网会员资格；经费：2 500元/年。

（2）为进一步发挥滨海新区地理优势，转变企业经营机制，充分享用市、区政府支持滨海地区发展的各项优惠政策，扩大××药业在××地区医药市场占有份额，全面提升企业经济效益，经与××区人民政府充分友好磋商，拟由天津××药业集团股份有限公司与××区人民政府共同发起设立××药业××有限责任公司（暂定名）。

7. 请修改以下批复，并指出错误原因。

关于拨给抢修仓库专款请示的批复

×××××公司：

贵公司的请示收到了。这次特大暴雨的破坏，使贵公司仓库损失惨重，许多物资没地方放。经研究，拟拨55万给你们抢修仓库，专款专用，不足部分请自行解决。

特此批复

××总公司
2014年7月17日

8. 请针对以下请示写一份批复。

××公司关于组织“三八”节活动的请示

××集团公司：

为丰富女员工的文化生活，迎接“三八”妇女节的到来，我司拟在“三八”节前组织全体女员工进行爬山和烧烤活动。具体方案如下：

一、活动时间（本次活动分两批进行）

第一批：3月6日（周五）下午4：00；

第二批：3月7日（周六）下午4：00。

二、集合地点

公司北门停车场。

三、活动内容

（1）爬烟墩山；

（2）海滨泳场烧烤。

四、活动经费

参加活动人员约100人，购买食物支出预算30元/人；需用13个烧烤炉，炉费50元/个。总计约人民币3 650元。请拨款人民币3 650元。

以上请示妥否，请批示。

××公司

2017年7月17日

（联系人：王××，联系电话：×××××××××）

自我测试

一、单选

1. 答复询问的报告是______，它须有上级机关的询问，才针对所询问的内容或交办的事项进行答复。

   A. 主动行文　B. 被动行文　C. 例行反映情况　D. 定时反映情况

2. 反映情况的报告的主体，一般先将情况叙述清楚，然后分析______，最后说明处置措施。

   A. 情况产生的原因　B. 规律性认识　C. 结果　D. 困难

3. 请示的特点是：呈请性、求复性、______和超前性。

   A. 复杂性　B. 政策性　C. 单一性　D. 规范性

4. 请示的标题中不能出现________等词语。

   A. 上级机关　B. 下级机关　C. 请求　D. 申请机关

二、多选

1. 在工作中，遇到以下__________等情况，应该写报告向上级机关反映。

   A. 带有倾向性的新问题、新现象、新动向

   B. 本机关、本地区发生的重大事件

   C. 汇报例行工作、成绩经验、问题教训、今后打算

   D. 汇报完成上级机关交办事项的结果

2. 报告的特点表现为以下几点：__________。

   A. 汇报性　B. 陈述性　C. 倾向性　D. 行文的单向性

3. 一般来说，出现以下哪些情况该使用请示？__________。

   A. 对上级有关方针、政策、指示或法规、规章不够明确或有不同理解，需要上级机关作出明确解释和答复

   B. 从本地区本单位的实际情况出发，需要对上级的某项政策、规定作出变通处理，有待上级重新审定，明确作答

   C. 按上级机关和主管部门有关政策规定，不经有关部门批准，本单位无权自行处理的问题

   D. 工作中出现了一些涉及面广而本部门无法独立解决的困难或问题，必须请示上级领导或综合部门，以求得他们的协调和帮助

4. 请示的写作要符合以下要求__________。

   A. 缘由详尽　B. 可以事后行文

   C. 事项明确　D. 要有附注

5. 批复引语一般要写__________。

A. 来文日期　　B. 标题

C. 字号　　D. 必要时还简述来文的请示事项

三、判断

1. 报告是适用于向上级机关汇报工作、反映情况，回复上级机关的询问的公文

2. 写报告时一般主送一个上级主管机关，可根据需要同时抄送相关上级机关。

3. 写报告时可提出建议或意见，要求上级指示或批准。

4. 报告和请示都是一文一事，也可一文多事。

项目8　函

知识目标

1. 了解函的概念、适用范围、特点和种类
2. 理解函的结构和要求

技能目标

掌握函的写作技能，能熟练拟写结构完整、条理清晰、表述准确、措辞得体的函。

一、任务导入

××市科技局与英国莱切斯公司达成协议，将由科技局在本市选派若干人到英国学习。××集团公司旗下的柏来公司与英国莱切斯公司同是生产羊毛纺织品的公司，××集团公司总经理得知这一消息后，立即指示行政经理致函科技局，希望能选派柏来公司的一名技术人员到英国莱切斯公司学习印染技术，并说明公司将付给科技局一定的劳务介绍佣酬。

请代××集团公司拟写一份商洽函，再为科技局拟写一份复函。

（1）学生分组分析、讨论。

（2）学生拟写初稿。

二、例文借鉴

（一）例文

例文一

××公司关于商洽委托代培涉外秘书人员的函

×函〔20××〕2号

××××学院：

本公司新近上岗的秘书人员缺乏专门的涉外秘书知识，业务素质亟待提高。据报载，

贵院将于今年9月开办涉外秘书培训班，系统讲授涉外秘书业务、公关礼仪、实用文书写作等课程。这个培训项目为我公司新上岗的涉外秘书人员提供了一个难得的在职进修机会。为尽快提高本公司涉外秘书人员的从业素质，我们拟选派3名在岗秘书人员随该班进修学习，委托贵院代培。有关代培费用及其他相关经费，将按照相关规定，按时如数拨付。

可否，恳请函复为盼。

××公司

20××年7月5日

例文二

××××学院关于委托代培涉外秘书人员的复函

××公司：

贵公司20××年7月5日《××公司关于商洽委托代培涉外秘书人员的函》（×函〔20××〕2号）收悉。经学院领导研究，现答复如下：

我院接受贵公司选派3名在岗秘书人员随9月开办的涉外秘书培训班进修学习。有关代培费用及其他相关经费（见附件），请按时如数拨付。

此复

附件：涉外秘书培训班代培费用及其他相关经费的说明

××××学院

20××年7月15日

（二）简析

（1）两篇函结构完整，格式规范。

（2）文章正文内容完备。例文一说明了选派在岗秘书人员进修学习的目的和依据，交代了在岗秘书人员进修学习的相关费用将按时如数拨付，解除了对方单位的后顾之忧。例文二是针对范文一的复函，说明了××××学院的态度和要求。去函和复函都做到了行文简洁，表达准确。

三、知识储备

（一）函的概念及适用范围

函是“适用于不相隶属机关之间商洽工作、询问和答复问题、请求批准和答复审批事项”的公文。

所谓“不相隶属”，是指双方单位不属于同一组织系统，在行政或组织上没有管辖与被管辖的隶属关系。所以，函既不是上行公文，也不是下行公文，而是一种平行公文。

函的适用范围广泛，其内容涉及商洽工作，询问、答复某些问题，请求批准等许多事项。从发文主体看，党政军机关、社会团体、企事业单位均可使用函这一文种。函不受级别、系统、部门、权限的限制，具有平等性、沟通性、广泛性的特点。

函有时也应用于有隶属关系的上下级之间。如上级机关向下级机关询问某些情况、催办某些事情，要求呈报有关材料，这些大多是一般性或事务性的，不宜用其他公文行文。但下级的回复宜用报告行文。

（二）函的类型

函从内容上来看，可分为商洽函、询问函、请示函、答复函等；从公文处理程序来看，可以分为去函和复函两种；从行文规格来看，可分为公函和便函。

四、技能掌握

（一）函的结构与写法

1. 标题

函的标题一般有三种形式。

（1）发文机关 + 事由 + 文种，如《××公司关于商洽×××同志调动工作事宜的函》。

（2）事由 + 文种，如《关于选派技术人员进修的函》。

（3）发文机关 + 事由 + 收文机关 + 文种，如《国务院办公厅关于悬挂国徽等问题给湖北省人民政府办公厅的复函》。

如果是回答或批复来函问题的，则标题的文种用“复函”二字。

2. 主送机关

函的主送机关是指函的受文机关，应写全称或规范化简称。

函是明确、单一的，一般不用抄送其他机关。

3. 正文

函的正文一般包括缘由、事项和结尾语三部分。

去函的缘由主要是说明发函的原因、依据、目的所在；复函则是在缘由部分引述来文的标题、发文字号、日期。这部分结束时常用“现将有关问题说明如下”“现将有关问题函复如下”来承转下文。

函的事项部分是函的核心，去函要写明商洽工作、联系公务、咨询、请批的具体事项。复函必须针对来函的问题进行商议、说明等，不可节外生枝；对请批事项作回复的，要明确表明同意或不同意的态度，并说明相关依据或理由。

函的结尾语。去函往往用“盼复”“望函复”“可否、望大力协助为盼”等作结尾语；复函往往用“特此函复”“此复”等作结尾语。

（二）函的写作模板

模板一

×××××关于（商洽、询问、请求批准）××××××××××的函

或：关于××××××××××的函

×函〔20××〕×号

××××：

××××××××××××××××××××××××××（缘由），×××××××××××××××××××××××××××××××××（事项）。

可否，盼复。

×××××

××××年×月×日

模板二

××××关于××××××××××问题的复函

×××××：

贵公司××××年×月×日《关于×××××××××××问题的函》（×函〔2015〕×号）收悉。经研究，现函复如下：

一、××××××××××××××××××××××××，××××××××××××××××××××××××××××。

二、××××××××××××××××××××××，××××××××××××××××××××××××××。

此复

××××

××××年×月×日

（三）函的写作注意事项

（1）应一函一事。从去函的角度来说，这样可以提高办事效率，以免“一函多事”造成一事误他事的情况。从复函的角度来说，来函一事则答复一事，不在复函时牵扯其他事项。

（2）用词要得体。函主要是商洽事宜、互通信息的，因此用语方面必须讲究礼节，语气要委婉得体，使人感其平等、诚恳。

（3）忌拉杂烦冗。函的写作应开门见山、叙事简明，办什么事，有什么意见，写明白就行，切忌空话、套话。

五、病文析改

（一）病文

××市税务局：

你局×字〔20××〕号文第××条认为："经济技术开发区内合资企业自开业之日起，可享受免税×年的待遇。"文中的"合资企业"是专指中外合资企业，还是也指中外、中中合作企业？请解释！请代我向×××局长问候。

致礼！

××市经发区管委会办公室

20××年×月×日

（二）修改意见

（1）缺少标题。

（2）语言表达不明确，有些地方语气显得生硬，如"请解释！"

（3）作为公文，把个人情感因素掺杂进去不妥当，如"请代我向×××局长问候。"

（4）结语不规范。

六、知识链接

（一）函和请示的区别

函和请示虽然都有"请求批准"的作用，但二者的区别十分明显。请批函的对象是无隶属关系的主管部门，属平行文。所谓有关主管部门，是指对请批的事项有决定权和批准权的部门，主管部门多是职能部门。请示的对象是有隶属关系的直接上级，属上行文。有隶属关系是指在行政方面有法定的领导与被领导关系。

（二）"信函式格式"与"文件式格式"的区别

1. 发文机关标志不同

"信函式格式"只标发文机关全称或规范化简称，不缀"文件"二字。"文件式格式"的发文机关用全称或规范化简称，缀或不缀"文件"二字均可。

2. 所留白边大小不同

"信函式格式"发文机关标志上边缘距上页边的距离为 30 mm。"文件式格式"发文机关标志上边缘至版心上边缘的距离为 35 mm。

3. 间隔横线不同

"信函式格式"在发文机关标志下 4 mm 处有一上粗下细的红色双线，在下页边 20 mm 处有一上细下粗的红色双线，线长 170 mm。"文件式格式"在发文字号之下 4 mm 处有一条与版心等宽的红色分隔线，线长 156 mm；版记中有黑色分隔线，线长也是 156 mm。

4. 各要素位置不同

"信函式格式"的份号、密级和保密期限、紧急程度顶格居版心左边编排在第一条红色双线之下；发文字号顶格居版心右边编排在第一条红色双线下。“文件式格式”的份号、密级、紧急程度、发文字号均在红色分隔线之上。

实训演练

1. 根据函的写作要求，进行初稿修改。

2. 根据函的写作要求，修改“病文析改”部分的病文。

3. 请用公文专用词语填空。

（1）________来函________，关于××一事，我部完全同意________局意见。特此________。

（2）随函附送《情况统计资料》一份，请________。

（3）________局大力协助，我校________研究所各项筹建工作已基本告一段落。

4. 根据以下内容提示，拟写公文标题。

（1）某县工业局为申请购置防暑设备的经费，特向该县财政局制发公文。

（2）某县财政局对本省农业厅申请批准拨款购置办公设备的来文制发复文，批准对方的请求。

5. ××贸易公司给××进出口公司发来一份函件，请求增订大型铝电解电容产品，但因货源紧张，无法满足客户要求，刘经理要求助理小张写一份复函，小张很快写完，给经理过目。如果你是经理，小张的这份复函，你满意吗？请说明理由。如果不满意请修改。

小张的原文是这样写的：

××贸易公司：

6月25日的来信和随信来的大型铝电解电容订单一份，我们都已经收到了。从来信中我们了解到你们向我们提出了增订大型铝电解电容产品的要求。真对不起，我们很难答应你们的要求，至少是目前不能向你们提供。但是请你们放心，以后供应情况如果有可能改善的话，我们一定会告诉你们的。

××进出口公司
2017年7月29日

6. 试指出以下病文存在的问题，并写出修改稿。

××市第七变压器厂抓紧归还劳动服务公司借款的函

××市第七变压器厂：

你厂于二〇一五年一月，从我厂借去资金三万元，作为你厂劳动服务公司开办费，当时双方讲好年内一定偿还。目前已经是二〇一七年一月了，我厂正在编制去年的财务决算，为使我们能及时搞好各类款项的清理结算，要求你厂务必将所借之款于二十日前归还我厂，切不要一拖再拖，给我厂财务工作的顺利进行带来不应有的困难。

此致

敬礼！

××市第一变压器厂
2017年1月10日

××学校：

兹请贵校足球队与我校足球队进行比赛。

请按时参加。

××学校
××××年×月×日

××技术有限公司关于聚丙烯颜料技术转让问题的复函

××手工艺责任有限公司：

由于我们公司的聚丙烯颜料技术还不成熟，现如今可附上曼梦特斯颜料公司的联系方式。望能帮到贵公司，有下次合作机会！

此复

××技术有限公司
2016年12月22日

7. 下面是一则询价函，有几处不妥。请在不变动原文内容的基础上加以修改。

关于要求报价的函

××茶厂经理：

我们对你厂生产的红茶很有兴趣，十分想买一批英德红茶。

我们公司要求不高，只要求该茶叶品质一级，规格为100克一包，望你厂能告诉单价报价和交货日期、结算方式等给我公司。

如果价钱合理，且能给予最好的回扣，我们将做到大批量订货。

××食品公司
××××年×月×日

8. 下面是一篇复函，请据此写一篇去函。

××新华书店关于邮购教材问题的复函

××学校：

近接你校20××年6月7日《关于补订教材与邮购教材的函》（校函字〔2017〕××号），经研究，现答复如下：

一、由于教材征订需提前半年办理预订手续，现预订截止期已过两月有余，因此，难以再承办你校补订教材手续。

二、考虑到你校遭到严重水灾的实际困难，为了帮助你校如期开学，建立正常教学秩序，我店经请示省新华书店教材处并获得支持，已经给你校调配齐所需八种教材及所需数量，不日即可抵运我店，我们将尽快派车专程送达你校。因此，不需办理邮购手续。

特此函复

××新华书店
2017年9月5日

9．下面是一篇去函，请据此写一篇复函。

交通部广州救捞局关于安装拖缆机的函

××造船厂：

贵厂××××年为我局建造的××××马力拖轮“穗救303”轮，出厂至今已经三年了，可是当时欠装的拖缆机至今尚未安装。为此我局曾多次去函催促贵厂尽快给予解决，但贵厂一直未明确答复。该拖轮由于缺乏拖缆机，长期无法正常履行生产任务，已造成我厂经济上很大的损失。为此特再次函请贵厂尽快为我局“穗救303”轮安装拖缆机，以免再耽误该拖轮的正常运营。

盼复

交通部广州救劳局

××××年×月×日

自我测试

一、单选

1．函从内容上来看，可分为______、询问函、请示函、答复函等。

A．商洽函　　B．协商函　　C．商议函　　D．协议函

2．“信函式格式”的发文机关标志应用哪种标注方法？______。

A．看情况考虑是否缀“文件”二字　　B．不缀“文件”二字

C．不受任何限制　　D．缀“文件”二字

3．“信函式格式”的份号、密级和保密期限、紧急程度顶格居版心______编排在第一条红色双线之下。

A．右边　　B．左边　　C．左右均可　　D．任何位置

4．函正文的写作要做到__________。

A．一事几函　　B．一函数事　　C．一函一事　　D．没有任何规定

二、多选

1．以下标题正确的是__________。

A.《××公司关于商洽×××同志调动工作事宜的函》

B.《关于选派技术人员进修的函》

C.《国务院办公厅关于悬挂国徽等问题给湖北省人民政府办公厅的复函》

D.《××公司给×××公司的函》

2．复函的缘由部分一般要写以下内容：__________。

A．来文理由　　B．来文发文字号　　C．来文标题　　D．来文日期

3．以下哪种情况也可以使用函？__________。

A．上级机关向下级机关催办某些事情　　B．上级机关向下级机关询问某些情况

C．上级机关要求下级机关呈报有关材料　　D．下级回复上级的询问

4．以下对函和请示的区别描述不正确的是__________。

A．在行政方面都有法定的领导与被领导关系

B．都有“请求批准”的作用

C．文件格式的设计都用“文件式格式”

D．都是公文

三、判断

1. 函既不是上行文，也不是下行文，而是一种平行文。
2. 函不受级别、系统、部门、权限的限制，具有平等性、沟通性、广泛性的特点。
3. 函既然是平行文，所以在用语、语气等方面不必讲究礼节，可以比较随意。
4. 函的写作既可以开门见山、叙事简明，也可以多写一些客套话。

模块二　告启信息文书

项目1　电子邮件

知识目标

1. 了解电子邮件的概念和特点
2. 理解电子邮件的结构和要求

技能目标

掌握电子邮件的写作技能，能熟练拟写要素齐全、条理清晰、表述准确的电子邮件。

一、任务导入

绿赢新能源有限公司是具有大型太阳能光伏电站整体设计、采购、建设能力的一体化光伏系统集成商。为了更好地服务本高新区优秀青年人才，为忙于工作而疏于交友的适龄青年搭建缘分平台，高新区团工委将于2017年5月10日（周六）主办一次单身青年联谊会，绿赢新能源有限公司参与承办此次联谊会，主要负责联络工作。4月8日上午，总经办主任李明吩咐助理韩莹莹把5月10日活动当天的具体安排和联谊会报名表发给高新区各人公司，要求各公司组织单身青年报名参加活动，并在4月15日之前把报名表寄回绿赢新能源有限公司，以便安排下一步的工作。接到任务后，韩助理很快开始了工作。

请代韩助理拟写电子邮件，附件内容可虚拟。

（1）学生分组分析、讨论。

（2）学生拟写初稿。

二、例文借鉴

（一）例文

收件人：gddlst@126. com；kaichyf@163. com；swchenxi@sina. com；（以下略）

主题：2017餐厨垃圾处理行业发展研讨会邀请函

附件：2个（2017餐厨垃圾处理行业发展研讨会日程安排等）

尊敬的张××经理：

您好！

为了提高餐厨垃圾无害化处理技术与资源化利用水平，探索餐厨垃圾管理、处置创新模式，促进餐厨垃圾处理行业健康发展，由中国环境保护产业协会主办、绿意生态有限公司承办的“2017餐厨垃圾处理行业发展研讨会”将于3月28日（周六）在广州举办。此次研讨会将邀请行业专家秦××为各相关企业解读政策，并让从业人员齐聚一堂，交流技术、分享经验。诚邀您的参与，与您共享成长，共赢未来！

一、会议时间：2017年3月28日（周六）上午9：00—12：00，下午2：00—5：00。

二、会议地点：广州市番禺区市桥××××大酒店八楼会议厅。

三、会议主题：

1. 餐厨垃圾处理政策解读与案例分享；

2. 餐厨垃圾的管理、处置模式探讨。

详情请阅附件。

联系人：郑小姐

电　话：020－34321155－802

传　真：020－34321158

E－mail：gzgb2011@126.com

恭候您的光临！

此致

敬礼！

承办方　绿意生态有限公司

2017年1月5日

附件：1. 2015餐厨垃圾处理行业发展研讨会日程安排

2. 2015餐厨垃圾处理行业发展研讨会参会回执表

（二）简析

上文是一份格式规范的电子邮件。全文有如下几个特点：

（1）邮件头核心要素完备，收件人地址清晰，邮件主题明确，附件栏放入研讨会相关文件，附件命名准确，顺序安排合理。

（2）邮件体要素齐全，内容完整、简练，简要介绍了举办研讨会的原因及研讨会的时间、地点、主要内容。

（3）正文语言既说明了研讨会的简要信息，还兼顾了邀请函的礼仪色彩。

三、知识储备

（一）电子邮件的概念

电子邮件是通过计算机网络技术在互联网上进行信息沟通联系的一种方式，也是一种告启类文书。电子邮件是当代企业对内对外沟通非常有效的工具，企业工作人员必须熟练掌握电子邮件的结构与写法。

（二）电子邮件的特点

1．方便快捷

电子邮件的传递不受时间、空间限制，任何一个用户都可以利用电子邮件系统在全球任何一个地方与业务往来者进行沟通；电子邮件的传递时间非常短，几乎可以实时交流；通过简单的设置，电子邮件还可以实现一对多的同时发送，也可以进行抄送、密送等。

2．内容丰富

电子邮件可以发送文字、语音、图像、视频等各类信息资料。通过编辑，可以把各类信息集中到一个邮件中，作为附件一次性地进行传送。邮件传送的内容直观、生动、形象、丰富，接收邮件者也可以据此更全面、立体地了解信息。

3．成本低廉

只要交纳上网费用，就可以利用网络实时发送邮件，不需要额外的其他附加费用，这可大大降低传递信息的成本，节省日常办公经费。

四、技能掌握

（一）电子邮件的结构与写法

1．邮件头

（1）发件人栏。在邮件发送时自动生成发件人的电子邮箱地址。

（2）收件人栏。此处填写收件人的电子邮箱地址。或手动输入，或在地址簿中查找点击生成。可输入多个收件人的地址，收件人之间用英文逗号或分号隔开。

（3）抄送栏。此处填写需要了解邮件内容的其他单位或个人的电子邮箱地址。可以输入多个电子邮箱地址，彼此之间需用英文逗号隔开，收件人能据此了解到所收邮件还被抄送给了谁。

抄送时，尽量精简抄送人的数量，避免造成垃圾邮件的问题。

（4）暗送栏。暗送又叫密件抄送，即秘密地把邮件发送给某个收件人，其他收件人、抄送人无法看到所抄送的对象。此处填写暗送对象的电子邮箱地址。

（5）主题栏。此处输入要发出邮件的信息主题，它概括所传送信息的主要内容，要求准确、简洁。主题将显现在收件人的收件箱中，收件人打开邮箱就可以通过主题栏来了解邮件的主要内容，有利于及时处理重要信件，提高邮件的处理效率。

（6）其他工具栏。包括邮件优先等级、打印、变化字体、信纸选择等相关辅助性功能。

2．邮件体

邮件体主要由正文栏和附件栏两个部分构成。具体如下：

（1）正文栏。

参照信函格式，除了可以省略标题，其他要素应齐全。电子邮件正文一般包括：称谓、问候语、正文、祝颂语、署名、日期等。

写作时，以上各要素可以省略某些信息。比如日期，在发送邮件时会自动生成，大多时候不需写。但在发电子邮件给外单位或某些重要的人物时，应尽量完整。

由于电脑屏幕的限制，邮件内容要简明扼要，注意分条列项，方便接收者阅读和理解。

（2）附件栏。

这部分主要是正文之外的一些附加内容，比如与正文内容相关的文件、图片、视频等。一般通过粘贴附件的形式来实现该功能。如果附件过大，邮件发不出去，则要压缩之后再发送。

（二）电子邮件的写作模板

发件人：××××××@×××.com

收件人：××××××××@×××.com

抄送：×××××@×××.com，××××@×××.com，×××@××××.com

密送：××××××@×××.com

主题：×××××××××××××

附件：×个（××××××××等）

尊敬的×××：

您好！

为了××××××××（缘由），本公司××（事项）。

此致

敬礼！

××××××公司

××××年×月×日

附件：1. ××××××××

2. ××××××××

（三）电子邮件的写作注意事项

（1）主题要准确精练。

（2）正文内容要简明扼要。

（3）如带有附件，附件的命名要准确。

（4）语言简洁明了、直接坦率，措辞要符合商务沟通的礼仪要求。

五、病文析改

（一）病文

收件人：chengong 08 @ sina. com

主题：续会

附件：1 个（续会申请表 . doc）

方大中经理：

你们公司是本公司的会员单位。现在通知你，你公司的会员资格将于 2015 年 1 月 31 日到期。为了让贵公司节约招聘的时间和精力，获得良好的招聘效果，请及时办理续会手续。办理程序是填写《续会申请表》一式两份，盖上公司印章，将材料寄送到我公司。请及时汇款，以免延误我们的工作。

联系地址：广州市荔湾区 × × 路 112 号 × × 大厦 9 楼（邮编：510500）

联系人：陈小姐　　　联系电话：34126528

（二）修改意见

（1）主题不明确，没有概括该邮件的具体内容。

（2）附件命名不准确。应该加上公司名称，让收件人下载后容易识别和使用。

（3）正文要素不齐全。正文没有致敬语、落款和日期，应该补充完整。

（4）正文措辞不得体，部分内容没有体现出对对方的尊重。称谓没用敬语，正文中还用了“你们公司”“现在通知你”“以免延误我们的工作”等语句。电子邮件对外使用时要注意礼貌，在措辞中体现协商、平等等特点。

项目 2　传真稿

知识目标

1. 了解传真稿的概念、种类和特点
2. 理解传真稿的结构和要求

技能目标

掌握传真稿的写作技能，能熟练拟写结构完整、条理清晰、表述准确的传真稿。

一、任务导入

绿赢新能源有限公司于 2017 年 3 月 24 日与新华商贸有限公司签订了合同，购买 10 台打印复印传真扫描一体机。4 月 10 日，该批一体机运抵绿赢新能源有限公司。绿赢新能源有限公司自行试用后发现其中一台存在问题，马上申请了换货，对方也接受了这一申请。4 月 16 日，绿赢新能源有限公司通过物流寄出有问题的一体机，对方也于 4 月 19 日收到了该货物。但是，对方一直没有寄出更换的货物。而且，合同中规定新华商贸有限公司有义务对绿赢新能源有限公司的相关人员进行一体机使用及维护的相关培训，但新华商贸有限公司没有对此事作出安排。4 月 30 日上午，总经办主任李明让助理韩莹莹拟写一份传真稿，请新华商贸有限公司尽快发出符合要求的一体机，并派员前来公司培训，并要求对方在 5 月 8 日前回复一体机重新发货的时间、方式，以及派员的人数、时间及培训具体安排等问题。

请代韩助理拟写一份传真稿，有关要素可自拟。

（1）学生分组分析、讨论。

（2）学生拟写初稿。

二、例文借鉴

（一）例文

华美生物科技集团公司传真稿

收件人：李斌	发件人：马敏雯
单位：华美生物科技集团公司上海分公司	日期：2017. 5. 11
抄送：	电话：020 – 34558018
传真号：021 – 68532166	传真号：020 – 34558015
主题：集团梁耀辉总经理考察安排	页数：共 1 页

□ 紧急　□ 请审阅　□ 请批注　☑请答复　□ 请传阅

上海分公司：

为了进一步了解分公司扩建下属生产基地的设想，为分公司的扩建工作出谋划策，集团梁耀辉总经理将于 6 月 15 日抵达分公司及周边生产基地进行考察，行程安排如下：

6 月 15 日下午 5：15	抵达上海虹桥机场
6 月 16 日上午	听取分公司汇报，了解分公司扩建生产基地的设想
6 月 16 日下午	参观分公司及生产基地
6 月 17 日全天	实地走访与分公司扩建生产基地工作有关的 2 ~ 3 家重要客户
6 月 18 日上午	与分公司高层座谈，进一步确定分公司扩建生产基地的工作计划
6 月 18 日下午 2：00	返程

望做好接待及工作准备，请于 5 月 22 日前将具体接待方案发至集团总经办邮箱。

华美生物科技集团公司（印章）

2017 年 5 月 11 日

（二）简析

上文是一份格式规范的传真稿，从整体内容来看，有如下几个特点：

（1）传真稿首部套用了规范的首页信息，使得传真各要素清楚、明白。

（2）正文内容简洁明了、条理清晰，把所需联络的事情作了清楚的陈述。

（3）正文中指明了需要对方配合的事项，并明确地提出了回复的方式和时限。

三、知识储备

（一）传真稿的概念

传真稿是各级机关、企事业单位与社会团体利用传真机传送的一种文书。

（二）传真稿的特点

（1）方便快捷。传真稿通过传真机传送，操作方便，传送快捷。

（2）真实可靠。传真稿真实还原原文内容或图案，不存在被修改或篡改的情况，非常真实可靠。

四、技能掌握

（一）传真稿的结构与写法

1. 标题

通常是“单位名称＋文种”，如《××公司传真》。

2. 正文

正文由首部和主体两个部分组成。对于经常使用传真的单位来说，应编制和印刷专用的传真信纸。在传真信纸上印公司名称、地址及公司的标志图案，在信纸上部制作传真首部的规范格式，使用的时候填入有关内容即可。

（1）传真稿首部。

传真稿首部包括：收件人姓名、单位、抄送单位、传真号，以及发件人的姓名、发件日期、电话、传真号，传真总页数、主题及回复要求选项等。其中主题要概括所传送信息的主要内容，方便对方理解、阅读和处理。

（2）传真稿主体。

传真稿主体写明所传输的内容，一般包括以下几项：

①称谓。写明接收传真者的称谓，包括姓名和职务，可在名字前加“尊敬的”等敬语。

②问候语。写问候、寒暄用语，如“您好”。

③正文。写明传达的具体事情，通常包括缘由、事项、处理方式等，可参照一般信函的写作要求去拟写。

④结尾。提出答复要求。

⑤落款。在文尾右下方标明发文单位名称和成文日期。一般商务往来文书需加盖公章，以示负责。

⑥附件说明及附件。如果传真的具体内容已经准备好，可以简单写明正文，然后在落款和日期下写明附件说明，列明附件名称，把附件附在正文后一起传真给对方。

（二）传真稿的写作模板

××××××公司传真稿

收件人 To	发件人 From
单位 To	日期 Date
抄送 Cc	电话 Phone
传真号 Fax	传真号 Fax
主题 Re	页数 Page

☐ 紧急 Urgent　☐ 请审阅 For Review　☐ 请批注 Comment　☐ 请答复 Reply　☐ 请传阅 Recycle

尊敬的×××：

您好！

为了××××××××××××××××（缘由），我司××××××××××××××××××××××××××××××××××（事项）。

由于本公司业务之急需，希望能够在××××年×月×日前得到贵公司的答复。

××××××公司（印章）
××××年×月×日

（三）传真稿的写作注意事项

（1）传真稿的内容要简洁明了，格式要规范，提出的要求要具体明确。

（2）发送机密的传真件时，应该先打电话给接收者，告知对方传真件的机密性，请对方在传真机旁等待并及时取走传真件。

五、病文析改

（一）病文

佳翔物流有限公司传真稿

收件人：赵海平总经理	发件人：李鸣
收件公司：四海机械设备有限公司	日期：2017年4月2日
传真号：020－86341665	电话：020－39181852
抄送：	页数：1
主题：答复传真	

☐ 紧急　☐ 请审阅　☐ 请批注　☐ 请答复　☐ 请传阅

贵公司的传真已经收到，特此作复。本公司是一家集公路运输、航空货运代理、城际配送于一体的跨区域、网络型、信息化并具有供应链管理能力的综合型物流企业。此次贵公司委托本公司运输了一批设备，本公司在约定的时间内于3月18日送到了目的地，对方检查后也签收了，但最近贵公司向本公司索赔。本公司虽然非常同情贵公司的遭遇，但是本公司并不认为这个责任应该由本公司来承担。

贵公司在传真中指出，贵公司的设备均经过检测才出厂，之所以对方客户使用后出现故障，是由于本公司在运输过程中装卸货物不规范所导致的，本公司表示不敢苟同。本公司在整个运输过程中均严格按照物流行业相关操作规程和标准进行，因此不存在操作不规范导致贵公司设备受损的问题。

另外，需要指出的是，设备需要运送，这是个常理。如果贵公司包装不合格，导致设备在我公司运输过程中出现损伤，那么设备故障的起因完全是贵公司管理不当，而非本公司员工操作不当。因此，本公司不能接受贵公司的索赔要求。

希望贵公司从设备本身及设备包装方面去查找原因，不要直接把责任推给本公司，谢谢！

（二）修改意见

（1）首部的主题未能说清是针对什么事项所作的答复，也没有写明对方传真的日期或事由，不容易识别。

（2）主体要素不齐全，开头缺乏对对方的尊称，最后缺单位印章和回复日期。

（3）态度不诚恳。主体内容的第一个段落就表明了不愿意承担责任的态度，但后面段落中没有任何材料证明自己可以免责，且把责任推到对方公司的包装不合格上面，也并未提供解决问题的方法，而让人感觉只是一味推卸责任。

（4）措辞不当。主体有很多官方的外交辞令，没有表达出恳切和真诚的一面。尤其是最后一个段落，直接指责对方推卸责任，容易导致矛盾的加剧。

项目3　条据

知识目标

1. 了解条据的概念、种类和特点
2. 理解各类条据的结构和要求

技能目标

掌握各类条据的写作技能，能熟练拟写结构完整、条理清晰、表述准确的条据。

一、任务导入

3月10日早上8：40，绿赢新能源有限公司总经办助理韩莹莹到达公司办公室，开始了一天的工作。上午9：00，她先到财务部，替张副总借5 000元现金用于出差，并把写好的借条交给了财务部。刚回到行政部，销售部助理马海玲送来了上月报表，一共有3页，韩助理收下了这份报表，并给马助理开具了收条。上午10：30，皇冠鲜花店送来了公司明天开会所租用的绿色植物，韩助理指挥花店人员把花送到会场安置好，并给花店打了欠条，费用准备月底结清。下午2点多，韩助理接到家中母亲的电话，说家中有紧急事情，要她马上回家。于是她赶紧写了一个请假条，呈给总经办李明主任，办妥了请假事宜；又征得李主任同意，由总经办秘书袁敏华代替自己做下午3点的办公会议记录，由于袁助理因事不在办公室，韩助理写了一个留言条告知袁秘书下午做会议记录的事情及注意事项。

请代韩助理拟写以上的借条、收条、欠条、请假条、留言条等条据。

（1）学生分组分析、讨论。

（2）学生拟写初稿。

二、例文借鉴

（一）例文

例文一

请假条

张主任：

昨天晚上我突然呕吐、腹泻、发烧，经市第一人民医院医生检查，系急性肠胃炎，需休息三天（3月20—22日）。因21—22日为周六和周日，特请假一天（3月20日），请予批准。

附：医院证明

方×× 上

2017年3月19日

例文二

留言条

晓飞：

今天上午10点我来你公司找你，不巧你不在，手机一时也打不通。因我家中有急事，急需用钱。你曾从我处借去伍仟圆整，约定本月15日归还。如果你手头宽裕，能否尽快还我。请看到留言后与我联系。谢谢！

强 子

2017年5月5日

例文三

借　条

今借到宣传科索尼 HDR－PJ820E 摄像机壹台及创见 64GB 闪存卡壹张，2017 年 4 月 10 日培训讲座使用。次日归还。

此据。

秦××
2017 年 4 月 8 日

例文四

欠　条

今欠新实商贸有限公司购物款人民币贰仟叁佰伍拾圆整（￥2 350.00 元），2017 年 6 月 30 日前结清。

此据。

嘉美集团办公室　孙××
2017 年 6 月 10 日

例文五

今收到

茂丰纸品有限公司送来 Double A 80 克 A4 复印纸伍箱、80 克 A3 复印纸壹箱、70 克 A4 复印纸拾箱，各种规格复印纸均为每箱伍包，业经点收无误。

此据。

经手人：常××
2017 年 7 月 15 日

（二）简析

上面 5 个范例均为格式规范的条据，其中请假条、留言条为说明性条据，借条、欠条、收条为凭证性条据。它们有如下几个特点：

（1）格式规范，要素齐全。如请假条说明请假原因，并有附件（医生证明）；借条和收条都用“此据”结尾，防止添加内容。

（2）内容简洁明了，事项交代清楚。部分条据也注意了特定的情形，如留言条既动之以情，用语委婉，又表明了态度。

（3）措辞严谨准确。如请假条写明了请假的具体日期，借条、欠条、收条这类凭证性条据，数字部分均用汉字大写标明。

三、知识储备

（一）条据的概念

条据是“便条”和“单据”的合称。条据是单位或个人在日常交往中，为了处理事务或财物往来而拟写的情况说明或作为某种凭证的字据。

条据以较少的文字在人们之间互通信息、处理事务，具有很高的实用价值。条据的作用，一是便于查证，二是备忘，三是使对方知情，四是作为有一定约束力的凭据。

（二）条据的种类

按照性质的不同，条据一般分为两大类：

（1）说明性条据，简称便条，是人们在临时遇到某种事情时，需告知对方某个信息或向对方说明某件事情的条据。常见的便条包括留言条、请假条、约见条等。

（2）凭证式条据，简称单据，是单位与个人之间、个人与个人之间，在收到物品或借出钱物时，写给对方作为凭证的单据。常见的包括收条、借条、欠条等。

（三）条据的特点

（1）事项单一。条据要求一条一事，每个条据写明一件事务，易于办理和处理。

（2）时间性强。条据一般用于处理具体事务，要求及时拟写，以便办理相关手续或传达相关信息。

（3）简洁明了。条据一般短小精悍，把事情交代清楚即可。

（4）措辞严谨。条据往往涉及财物问题，所以要注意措辞的严谨，以免造成纠纷。

四、技能掌握

（一）各类条据的结构与写法

1．说明性条据

（1）标题。

在便条正文上方中间写明便条名称，如“留言条”“请假条”等。“留言条”有时也可以不加标题。

（2）称谓。

另起一行顶格写明称谓，后加冒号。称谓可以写姓名或姓名后加称呼，如“秦晓雯”“赵芬芳女士”等；对熟人也可以采用平时的称呼，如“李大哥”“王姐姐”“老陈”等；给上司、领导的条据，可在姓后面加上职务，如“李厂长”“王主任”“陈老师”等；对年长者也可以使用尊称，如“陈老”“吴老”等。

（3）正文。

另起一行空两格，写明要告知、说明的事项。这部分内容要写得具体明确：如托人办事，要交代清楚具体事项以及办理方法；如约见某人，要写明约见的时间和地点等；如因病或因事请假，要写明请假缘由和请假的具体时间，请病假或长假，还应该附上医院证明或其他有关证明。

正文结尾，写上表达期望的语言，如“请看到留言后与我联系”“恳请准时赴约”“特此请假，请批准”“请予准假”等，最后还可以加上表示礼貌的敬语，如“谢谢”“拜托”“敬礼”等。

（4）落款。

在正文右下方署上姓名。有时为保密也可只写一个字，但必须让对方知道留言者是谁。给上司、领导、长辈的便条，往往在姓名后面加上“敬上”或“上”等字样，以示尊敬。姓名下方标注日期，有两种写法：一是写年月日（时分），二是只写“即日”二字。

2. 凭证式条据

（1）标题。

单据的标题可以由两种方式构成：

①直接由文种名构成，即在单据正文上方居中写上“借条”“欠条”“收条”等字样；

②在单据正文上方居中或在单据第一行空两格后写上“今借到”“今欠”“今收到”作为标题，而正文的其他内容放在下一行顶格写。

（2）正文。

对应第一种标题，另起一行空两格，用“今借到”“今从××处借到”“今欠××”“今收到××公司送来”等字样开头。

对应第二种标题，顶格写单据的相关内容。

具体来看，不同类型的单据写作要求不同：

借条、欠条要写明：①向何单位何部门何人借到何种名目的款项或物品，有多少金额或多少数量；欠何单位何部门何人多少金额的款项或多少数量的物品。②归还或结清的具体日期或大致时间。有较为复杂的情况，则要写明具体归还的方法。

收条要写明：收到何单位何部门多少金额的款项或多少数量、什么种类或规格的物品。

（3）结语。

结尾加“此据”字样，亦可省略。

（4）落款。

在正文右下方写上“借款人”“经手人”等字样，后空一格或加冒号，写上姓名。有时要在个人姓名前加写单位名称，必要时还要加盖公章，视具体情况而定。

在署名下方写明日期。

（二）条据的写作模板

模板一

请假条

×××：

本人因××××××××××××××××（原因），需请假×天（×月×日—×月×日），请予准假。

此致

敬礼！

附：××××证明

×××　敬上

××××年×月×日

模板二

留言条

×××：

今天由于×××××××××××××××（原因），需请您帮忙××××××××××××××××（具体事务）。

请看到留言后与我联系。

×××
××××年×月×日

模板三

借　条

今从××××××（单位或部门或个人）借到×××××××××（财物的数量和种类），定于××××年×月×日（日期或时间段）×××××××××（何种方式）归还。

此据。

借款人：×××
××××年×月×日

模板四

今　欠

××××××（单位或部门或个人）×××××××××（财物的数量和种类），定于××××年×月×日（日期或时间段）×××××××××（何种方式）结清。

此据。

经手人：×××
××××年×月×日

（三）条据的写作注意事项

（1）内容要简明，写明事实即可。

（2）书写时要用黑色钢笔或签字笔，文字要工整、清楚、容易辨认。

（3）凭证式条据钱物的数量要用汉字大写，款项金额要写明币种，后面要加“整”字，以防篡改或添加。如涉及重大财物，单位应加盖公章，个人应加盖私章或打右手拇指（食指）指模。

（4）凭证式条据写成后不得涂改。若有涂改，须出据方在改动处加盖公章或私章或签名。

（5）说明性条据要交代写给谁、什么事、谁写的、何时写这四个要素。

（6）具名应是亲笔签的真实姓名。

（7）条据只能一纸一条。还借（欠）款时，借方从收方拿回借（欠）条核对后销毁。

五、病文析改

（一）病文

病文一

张老师：

我因家中有事，请假两天回家，望批准。

李兰兰
2017年8月13日

病文二

留言条

李经理，我来找你，没见到你，下午再来。

小王
即日

病文三

借　条

今借到小李800元，年后归还。

陈笑芳
即日

病文四

收　条

今收到人民币500元整，此据。

2017年5月6日

（二）修改意见

1．请假条

缺少标题。请假原因不详。请假时间不具体。措辞不当，“望”是上对下的措辞，应该改为“请”或“恳请”。

2．留言条

称谓应顶格书写。事由、时间不清楚。

3．借条

被借款人姓名不详。没写明币种，且数字没有用汉字大写，“元”后没写上“正”或“整”。语言表述不清楚，如“年后”具体指什么时间，落款处日期没写清楚。

4．收条

数字没有用汉字大写。没写收款对象的名称或姓名。落款处没有写经办人或代办人姓名。

项目4　备忘录

知识目标

1. 了解备忘录的概念、种类
2. 理解各类备忘录的结构和要求

技能目标

掌握各类备忘录的写作技能，能熟练拟写结构完整、条理清晰、表述准确的备忘录。

一、任务导入

2017年5月12日，绿赢新能源有限公司总经办主任李明给助理韩莹莹写了一份备忘录，内容涉及：为5月18日与德国诺达公司进行的谈判活动做好准备，提前通知参加谈判的相关人员，打印相关资料，准备录音笔、照相机等，检查现场的投影等设备。

2017年5月18日上午，德国诺达公司的代表来到绿赢新能源有限公司，双方就合资经营项目展开了友好协商，助理韩莹莹负责记录。2017年5月19日中午，韩莹莹把谈判内容整理成谅解备忘录，呈给李明主任审核。

请分别代替李明和韩莹莹，写一份个人备忘录和一份商务备忘录。

（1）学生分组分析、讨论。

（2）学生拟写初稿。

二、例文借鉴

（一）例文

例文一

备忘录

发给（To）：周娜秘书

发自（From）：高明铭主任

日期：2017 年 4 月 20 日

主题：公司第一季度工作报告会

---

4 月 23 日将要召开公司第一季度工作报告会，请办理下列事项：

1. 通知各部门负责人于 4 月 23 日上午 9 时在第一会议室集中开会，听取总经理第一季度工作报告；

2. 打印总经理已经审核过的第一季度工作报告，准备会上发给各位与会者；

3. 会议需拍摄影像，请提前检查相关设备，准备会议使用。

谢谢！

例文二

中国丝佳公司与法国索菲公司谈判备忘录

中国丝佳公司（以下称甲方）与法国索菲公司（以下称乙方）的代表，于 2017 年 5 月 12 日在甲方总部所在地广州市番禺区××路××号××大厦就兴办合资项目进行了初步协商，双方交换了意见，达成了谅解，并作出有关承诺。为便于将来继续洽谈，形成备忘条款如下：

一、甲乙双方一致同意共同兴办合作经营企业，生产系列服装。

二、关于投资金额和投资方式，乙方同意投资总金额约为×××万美元，投资方式包括资金和技术等，有待进一步磋商。甲方用厂房、场地、机器设备作为投资，其作价原则和办法，亦待进一步协商。

三、关于利润分配的原则，没有取得一致意见。乙方认为己方的投入既有资金，又有技术，应占利润 60% ~70%；甲方则认为应按投资比例分成。乙方代表表示，利润分配比例愿意考虑甲方的意见，希望另定时间协商确定。

四、关于合作经营企业所生产产品的销售，乙方承诺利用其在国际市场上的销售渠道销售年产量的 45%。甲方希望乙方将销售量提高到 70%，其余产品在中国市场上销售。乙方代表表示销售量问题愿意考虑甲方的意见，另约时间商定。

五、关于合作经营企业的名称、组织机构、生产规模、合作年限以及其他有关事项，尚未详细讨论，双方都认为待利润分配问题向各自的董事会汇报确定后，再行商议。

六、此次洽谈虽未能解决主要问题，但双方都表达了合作的愿望。期望在今后的两个月内再行接触，以便进一步协商洽谈具体的合作事宜。再次洽谈的具体时间待双方磋商后另定。

甲方：中国丝佳公司　　　　　　　　乙方：法国索菲公司
代表：×××（签名）　　　　　　　　代表：×××（签名）
日期：______年____月____日　　　　日期：______年____月____日

（二）简析

例文一是办公室主任写给秘书的个人备忘录，格式规范，要素齐全，内容简洁明了，能起到提醒、备忘的作用。

例文二是谅解备忘录，在商务谈判结束后根据谈判内容整理而成，结构完整，要素齐全。备忘录真实反映了谈判的情况，既体现了双方经初步协商达成的谅解和共识，又在存在分歧的问题上分别阐述了双方的观点和立场，为进一步洽谈打下了基础。此备忘录写得比较规范，文字简洁，观点鲜明。

三、知识储备

（一）备忘录的概念

备忘录是记录有关活动或事务，起揭示或提醒作用，以免忘却的一种记事性文书。

备忘录所记录的事项有两类：一类是为了避免忘却而提前记下计划办理的事项，如上级发给下级的工作要点备忘录，记录上级要求下级完成的工作；另一类是如实记录现实中曾经发生过的事实真相，如商务谈判中使用的商务谈判备忘录，记录商务谈判中双方所表达的承诺、一致或不一致的意见等。

（二）备忘录的种类

按照使用场合，备忘录可以分为两大类：

（1）个人备忘录，通常有个人事务式备忘录、交往式备忘录、计划式备忘录等。个人事务式备忘录主要记录个人的事情，其他人不参与；交往式备忘录主要记录人与人之间的活动，有时带有商务性质；计划式备忘录即提醒将来之事的备忘录。

（2）公务或商务备忘录，通常有面交备忘录、送交备忘录、谅解备忘录等。面交备忘录是会谈后直接交给对方或向对方当面宣读之后交给对方的备忘录；送交备忘录是在会谈之后另行送达对方的备忘录，可以直接行文，也可以答复来文；谅解备忘录是将双方的会谈内容合在一起而形成的一份备忘录，需经双方签字盖章，具有协议性质。

四、技能掌握

（一）各类备忘录的结构与写法

1. 个人备忘录的结构与写法

（1）标题：以文种名称“备忘录”为题。

（2）正文：内容概述＋具体事项。

①内容概述：写明接收者、发出者、日期和主题。

②具体事项：具体写明要备忘的事情。

2. 公务或商务备忘录的结构与写法

（1）标题。

标题有 4 种形式。

①以文种名称“备忘录”为题。

②双方单位名称 + 事由 + 文种，如《中华人民共和国政府和英国政府关于香港问题的备忘录》。

③事由 + 文种，如《关于 × × × 国际机场的谅解备忘录》。

④双方单位名称 + 文种，如《中华人民共和国科学技术委员会和加拿大国际发展研究中心备忘录》。

（2）前言。

前言写明双方单位名称及人员职衔，会谈的时间、地点、事由和内容，用“双方达成如下谅解”“双方达成了谅解，承诺如下”等过渡句过渡到下文。

（3）正文。

摘要记录双方会谈中的主要问题或有争议的问题，达成共识的写其大意，存在分歧的则分别写明各自的观点、意见及承诺。

正文的最后一条往往写明有无继续合作的意向，以及下一步的计划、安排等。

（4）落款。

包括署名、盖章和日期。

不同类型的备忘录对签章的要求不同。面交备忘录可不签署，不盖章；送交备忘录既要签署，又要盖章；谅解备忘录需双方单位签署、盖章。

（二）备忘录的写作模板

1. 个人备忘录的写作模板

备忘录

发给：× × ×

发自：× × ×

日期：× × × × 年 × 月 × 日

主题：× × × × × × × × × × × ×

内容：（即具体事项）

× ×。

2. 公务或商务备忘录的写作模板

备忘录

×××公司（以下称甲方）与×××公司（以下称乙方）的代表，于××××年××月××日在××市××酒店就××事宜进行了初步协商，双方交换了意见，达成了谅解，并作出如下承诺：

一、双方一致同意×××××××。

二、关于投资金额和投资方式，××××××××××××××××××××，×××××××××××××××××××。

三、关于利润分配的原则，×××××××××××××，×××××，×××××××。

四、关于合作经营企业所生产产品的销售，××××××××××××××，××××××××××，××××××××××××，×××××××××××××××××。

五、关于合作经营企业的名称、组织机构、生产规模、合作年限以及其他有关事项，××××××××，×××××××××××××××。

六、此次洽谈虽未能解决主要问题，但双方都表达了合作的愿望。期望×××××××××××××××××××，以便进一步协商洽谈具体的合作事宜。再次洽谈的具体时间待双方磋商后另定。

甲方：×××公司（盖章）　　乙方：×××公司（盖章）
代表：×××（签名）　　代表：×××（签名）
日期：______年____月____日　　日期：______年____月____日

（三）备忘录的写作注意事项

（1）内容要具体、翔实。备忘录必须真实地写明或记录各种情况，公务或商务备忘录应包括双方不同的观点、意见，达成的谅解和承诺等。

（2）语言要朴实、准确。备忘录不需要客套语言，要表达准确，避免歧义。

五、病文析改

（一）病文

备忘录

××村村委会（以下称甲方）与飞洋绿色食品公司（以下称乙方）的代表，就兴办合资项目进行了初步协商，双方达成了如下意见：

一、甲乙双方一致同意共同兴办合作经营企业，合作年限10年，年产量超过20万吨。

二、关于投资金额和投资方式，乙方同意投资总金额为××万元，投资方式包括资金和技术等。甲方用厂房、场地、原材料作为投资。

三、关于利润分配的原则，乙方认为自己的投入既有资金，又有技术，应该占60%；甲方则认为自己的投入包括厂房、场地和原材料，应该占60%。双方争执不下，最后希望另定时间协商确定。

四、关于合作经营企业所生产的产品，双方一致同意由乙方负责销售。

五、关于合作经营企业的名称、组织机构以及其他有关事项，尚未详细讨论，双方都认为待利润分配问题向各自的上级汇报确定后，再商议。

（二）修改意见

（1）文章最后没有写明有无继续合作的意向，以及下一步的计划、安排等。

（2）结构上缺少签章和日期。此文为谅解备忘录，需要单位盖章、代表签名及写明日期。

（3）部分内容写得过于明确，比如合作年限、年产量、投资总金额等，应该留有余地，力求简洁。

实训演练

1. 根据电子邮件、传真稿、条据、备忘录的写作要求，进行初稿修改。

2. 根据电子邮件、传真稿、条据、备忘录的写作要求，修改“病文析改”部分的病文。

3. 为下列事件拟写主题。

（1）澳美服装有限公司准备为一线员工举办一次健康讲座，与省中医院的王××医生接触后，王医生初步同意考虑这个讲座，要求发一份电子邮件，里面写明举办讲座初定的时间、规模、主题等具体内容。

（2）为了援助旱灾地区，清苗农用设备有限公司准备支援××县100台打井抽水设备。和几个物流公司初步接洽后，清苗农用设备有限公司姜总决定委托中铁快运广州分公司合作运输，因此要求助理小章尽快拟写一份传真稿与对方联系。

4. 完成下列工作。

（1）风扬体育拓展有限公司业务部助理肖潇收到了宏达机械设备有限公司工会吴助理的电话，对方询问户外拓展项目及收费问题。肖助理答应对方发一封电子邮件过去，详细介绍相关信息，包括活动项目、收费情况、服务内容等，并向对方表示如果确定了大概时间和费用，公司可以为其设计活动方案。请代肖助理拟写一封电子邮件。

（2）嘉美商贸有限公司与供货商新光电子有限公司签订了购买一批多功能一体机的买卖合同，收货后一个月，在一次仓库清点中发现部分商品与合同条款不符，KRV－400的数量多了8台，KRV－500的数量多了2台，KRV－580的数量少了10台。嘉美商贸有限公司夏总要求助理小吴发一份传真稿，请对方公司收回错发货物、重发短少货物。请代小吴拟写这份传真稿。

（3）2017年5月9日早上，莉丽服装有限公司总经办助理王梅芳在工作岗位感觉身体不适。她就写了下午请假看病的请假条，去找总经办张主任请了假。接着王助理为孟副总准备了下午拜访客户所需要的资料，放在孟副总的办公桌上，并写了一张留言条。公司下午要组织讲座，王助理联系公关部，借了一台照相机，并给公关部写了借条。做完这些工作后，王助理才离开了公司。请代王助理拟写情境中提到的各类条据。

（4）瑞士科恩集团与中国光明造纸有限公司就合资经营项目展开了会谈，双方经过友好协商，达成了谅解，在合作方式、投资金额、投资方式、利润分配、所生产产品的销售等问题方面，部分达成了一致意见，部分存在分歧，尤其是利润分配这个关键问题，双方均持不同意见。此次洽谈虽没有在关键问题上达成一致，但为下一次洽谈奠定了基础。请代中国光明造纸有限公司拟写一份备忘录。

自我测试

一、单选

1. 邮件头中，除了收件人，还必须有________。

A. 抄送人　　B. 密送人　　C. 主题　　D. 附件

2. 以下________不是传真能传送的真迹。

A. 文件　　B. 图像　　C. 照片　　D. 视频

3. 单位或个人在日常交往中，为了处理事务或财物往来而拟写的情况说明或作为某种凭证的字据是________。

A. 传真稿　　B. 电子邮件　　C. 条据　　D. 启事

4. 常见的便条，不包括________。

A. 留言条　　B. 请假条　　C. 约见条　　D. 借条

5. ________是记录有关活动或事务，起揭示或提醒作用，以免忘却的一种记事性文书。

A. 传真稿　　B. 电子邮件　　C. 条据　　D. 备忘录

6. 谅解备忘录________。

A. 只需写明双方达成共识的内容　　B. 省略双方分歧的内容

C. 需经双方签字盖章　　D. 不具有协约性质

二、多选

1. 电子邮件正文一般包括________、署名、日期等。

A. 称谓　　B. 问候语　　C. 主体　　D. 祝颂语

2. 传真的首部，除了发件人的信息，还应该包括________。

A. 收件人信息　　B. 传真总页数　　C. 传真主题　　D. 回复要求选项

3. 条据的作用包括________。

A. 备忘　　B. 便于查证

C. 使对方知情　　D. 作为有一定约束力的凭据

4. 写借条时，______。

A. 钱物数量要用汉字大写　　B. 绝对不能涂改，否则作废

C. 要写明归还日期　　D. 要写上致敬语

5. 请假条正文应该写明______。

A. 称谓　　B. 请假时间　　C. 请假缘由　　D. 返回时间

6. 公务或商务备忘录，通常有______等。

A. 面交备忘录　　B. 送交备忘录　　C. 交往备忘录　　D. 谅解备忘录

三、判断

1. 传真所传输的都是原件的图像信息，不存在被修改或篡改的情况。

2. 如因病请假，请假条要写明请假缘由和请假具体时间，并附上医院有关证明。

3. 请假条正文写完后，不需写“请批准”这样的请求语。

4. 凭证性条据，钱物的数量要用汉字大写，以防篡改或添加。
5. 代表单位写的条据，姓名前一定要写单位名称，姓名后一定要按手印，以示负责。
6. 条据书写时不能用铅笔，也决不允许涂改。

项目5　启事

知识目标

1. 了解启事的概念、种类和特点
2. 理解启事的结构和要求

技能目标

掌握启事的写作技能，能熟练拟写结构完整、条理清晰、表述准确的启事。

一、任务导入

绿赢新能源有限公司因公司规模扩大，拟招聘2名行政文员。5月12日行政部杨之刚部长让助理陈晓婷拟写一份招聘启事，职位要求：女性；35岁以下；大专以上学历，中文、文秘、管理等专业优先；具有较强的文字写作能力；具有良好的协调和沟通能力；能熟练使用office办公软件；身体健康（无慢性及传染性疾病），相貌端正；性格开朗，具有亲和力；有办公室文秘工作经验者优先。月工资不低于2 000元，面试合格后签订劳动合同，办理“五险”。应聘者在6月30日前将简历发至公司人事部邮箱，并要求附上照片。

请代陈助理拟写一份招聘启事。

（1）学生分组分析、讨论。

（2）学生拟写初稿。

二、例文借鉴

（一）例文

例文一

寻物启事

本人不慎于×月×日上午9时左右在××路公交车×××站附近遗失黑色卡包一个，内有身份证、医疗证、工作证等证件以及各类优惠卡若干张。拾获者请打手机×××××××××××与我联系。重酬。

×××

×月×日午

例文二

广州××环保科技有限公司招聘启事

广州××环保科技有限公司成立于2008年，公司专注于为全球制造业提供各类化工创新材料，在光电触控屏、外表装饰、汽车新材料等核心市场处于领先地位，公司自成立以来一直秉承“专注、严谨”的企业精神，努力增强企业的竞争力。因业务扩展，现招聘行政助理2名。

一、职位要求

1. 限女性，相貌端正，活泼开朗，待人热忱；

2. 文秘、行政等相关专业，大专以上学历；

3. 具有良好的沟通能力、协调能力，有一定的文娱活动策划组织能力，有团队意识，能够吃苦耐劳；

4. 熟练使用各种办公自动化设备；

5. 普通话流利，具有一定的英语表达能力。

二、岗位职责

1. 负责面试接待、客户接待、电话接听；

2. 收发传真，复印文档，收发信件、报刊、文件等；

3. 协助上级购置办公设备、办公用品，负责办公设备等的发放及管理；

4. 会务安排，协调会议时间，下发会议通知，布置会议室；

5. 完成上级交办的其他工作。

三、福利待遇：全勤奖励 + 社保齐全 + 年底双薪 + 带薪年假 + 节日福利 + 公费培训 +体检

具体工资待遇面议。

四、报名办法：应聘者将个人简历于2017年5月15日前发送到公司邮箱，并附上照片。

地址：广州市××区××路125号××大厦6楼

联系人：陈小姐　　联系电话：38286869　　公司邮箱：chener@126. com

2017年4月15日

例文三

××服装店开业启事

经过精心装修和布置，本店将于2017年4月8日正式开始营业。

本店主要经营韩国服装及配饰，欢迎广大顾客前来选购。

4月8—10日期间，本店将举办开业大酬宾活动，全场服装八折优惠，满300随机赠送精美配饰1份，满500随机赠送精美配饰2份。优惠多多，满意多多。

热忱欢迎广大顾客光临本店！

营业时间：早10:00~晚9:00

地址：美姿商场 C 区 C15 铺
联系电话：158××××××××

××服装店
××××年×月×日

（二）简析

上面三篇是不同类型的启事，有如下几个特点：

（1）标题准确、醒目，写明了事由和文种。

（2）事项清晰、要素完整。三则启事，或写明丢失物品的时间、地点和失物的具体特征，或写明招聘人员的条件、待遇和报名办法，或写明开业时间、经营范围、开业优惠活动和营业时间、地点等。

（3）用语简洁明了，态度热忱恳切。

三、知识储备

（一）启事的概念

启事是机关、团体、企事业单位或个人向公众公开说明事情、请求帮助或参与的实用性文书。

“启”即“陈述”，“事”即“事情”，启事就是公开陈述事情。“启事”和“启示”不能混淆。“启示”是启发示意、使人明白的意思。

启事在生活中的使用频率很高，应用范围很广。启事有的可以张贴在路边等公共场所（如寻人、寻物启事），有的可以根据需要贴在特定地点（如迁址启事、招领启事），但绝大多数启事会刊登于报刊上。

（二）启事的种类

（1）寻领类，如寻人启事、寻物启事、招领启事等。

（2）征招类，如征稿启事、征婚启事、招聘启事、招租启事、招生启事、招标启事、招商启事等。

（3）知照类，如遗失启事、作废启事、更名启事、开业启事、停业启事、庆典启事、迁址启事等。

（三）启事的特点

（1）公开性。启事是为了让公众知道，并得到公众的参与、配合和协助。因此，公开发布是它的基本特点。

（2）单一性。通常一则启事只告知一件事情，事项单一，表达明确，不掺杂无关内容，以方便公众迅速理解和记忆。

（3）求助性。启事主要是期望得到公众的了解、支持和参与，没有强制性和约束力。

四、技能掌握

（一）启事的结构与写法

1. 标题

启事的标题要求醒目，反映启事的主要内容。

启事的标题有 3 种方式：

（1）发文机关 + 事由 + 文种。如“《××杂志》征稿启事”“××公司招聘启事”。

（2）事由 + 文种。这是最常见的启事标题，如“××国际马拉松比赛启事”“寻人启事”等。

（3）只标明文种，即“启事”。

2. 正文

启事的正文内容一般应包含两个方面：

（1）启事的缘由。开头以简明的文字交代发布启事的目的、原因，必要时可对告启者作简单介绍。

（2）启事的事项。不同种类的启事，写作重点有所不同，但总体来说，应具体说明启事的事项、要求、联系方式、联系人等。如果内容多，应分条列项，逐一写明。

3. 落款

正文右下方署告启者的单位名称或个人姓名，署名之下写明日期。

如标题或正文中已写明单位名称或个人姓名，可省略署名只写日期。以机关、团体、单位名义张贴的启事，一般要写明单位全称和日期，且加盖公章。

（二）启事的写作模板

××××××（发文机关）+事由+启事

为了××××××××××××××（缘由），×××××××××（过渡句）：

一、×××××××××××××××××××××××××××××××××。（具体事项）

二、×××××××××××××××××××××××××××××××××。（具体事项）

三、×××××××××××××××××××××××××××××××××。（具体事项）

联系信息：××× ×××××××××××

××××××

××××年×月×日

（三）启事的写作注意事项

（1）标题要准确、醒目。启事标题力求简短醒目，主旨鲜明突出，以吸引公众注意力。

(2) 内容要集中、单一。启事应当一事一启，内容集中，以便公众获取和记住相关信息，并根据提供的信息进行相应操作。

(3) 事项要清楚、完整。告启事项要清楚明白，各项信息要齐备完整。

(4) 用语要简明、恳切。文字要通俗、浅显，态度要庄重、恳切，平易而不失热情，以使公众产生信任感。

五、病文析改

(一) 病文

寻物启事

各位亲爱的同学：

本人今天上午在一栋教学楼丢失花色小包一个，里面有很多重要的东西，请拾到者送到兰园615宿舍。谢谢！

钟××

××月×日

(二) 修改意见

(1) 格式不规范。启事不需要称呼。

(2) 事项不完整。丢失物品的时间、地点不具体，丢失物品的特征也不详。除了宿舍地址，没有提供联系方式。

(3) 请求帮助的方式不当，显得不够恳切、礼貌、客气。

项目6 声明

知识目标

1. 了解声明的概念和特点
2. 理解声明的结构和要求

技能目标

掌握声明的写作技能，能熟练拟写结构完整、条理清晰、表述准确、态度明确的声明。

一、任务导入

绿宝太阳能热水器有限公司最近遇到了一个侵权问题。自2014年7月以来，市场上出现一些不法的伪劣商家，假冒“绿宝太阳能热水器有限公司”的名义，进行批量贴牌生产，严重损害了广大客户以及公司的利益。情况查明后，绿宝太阳能热水器有限公司总经办主任赖海文要求助理黄莉莉起草一份声明，刊登在当地报纸及公司网站上。声明指出：公司绿宝IVS－51型系列太阳能热水器取得了国家专利（专利号：ZL2012 2 003××××.X），“绿宝”商标通过中华人民共和国工商行政管理总局商标局的批准取得了商标注册证（第7053×××号）。假冒绿宝产品进行生产和销售属于坑蒙消费者的行为，触犯了中华人民共和国相关法律。公司已经对涉嫌假冒绿宝公司的部分厂家、个体户、个人进行了举报，有关涉嫌人已经被调查。声明还郑重警告涉嫌侵权人，公司保留依法起诉的权利。

请代黄助理拟写一份声明。

（1）学生分组分析、讨论。

（2）学生拟写初稿。

二、例文借鉴

（一）例文

严正声明

近期，根据群众举报，发现有人多次冒用我设计院的名义在××市的部分开发区进行民用建筑的设计，此行为严重损害了我单位的社会声誉和经济利益。为此，我院严正声明：此类设计与我院无关，我院将保留追究其法律责任的权利。

特此声明。

××建筑设计院

2017年6月15日

（二）简析

例文态度明确，表述严谨，要素齐全，严肃庄重，简洁明了。

三、知识储备

（一）声明的概念

声明是就某个事件或问题向社会郑重表明自己的原则立场、处理态度，强调拥有的权益或承担的义务、责任的告启类文书。

声明不能写成“申明”。

（二）声明的特点

（1）公开性。声明就是向社会公开宣布，让公众知晓，通常还要在媒体上发布。

（2）表态性。声明通常对相关事项或问题进行事实披露或澄清，并表明自己的立场和态度。

（3）警示性。一些声明具有警告和警示他人的作用，用于保护自己的合法权益。

四、技能掌握

（一）声明的结构与写法

1. 标题

（1）发文机关＋事由＋文种，如《腾讯集团关于反商业贿赂行为的声明》。

(2) 发文机关 + 文种，如《中国工商银行股份有限公司网站声明》。

(3) 事由 + 文种，如《知识产权声明》。

(4) 态度 + 声明，如《郑重声明》。

(5) 文种，即《声明》。

个人发表声明时，标题一般采用后两种形式。

2. 正文

(1) 发表声明的原因，包括作者对基本事实的认定。

这是发布者表达自己立场和态度的基础，要写得准确而简洁。如果是授权律师发表声明，开头必须写清楚受谁的委托。

(2) 发布者的立场和态度，有时直接写明下一步将要采取的行动。

写作重点要视声明的内容而定。如果重在披露或澄清事实，可以采取概述的方式，针对发表声明的原因（即社会上出现的错误认识）简要介绍客观事实，表明发布者严肃庄重的态度；如果重在说明问题，可以针对存在的问题，依照一定的顺序或以条款式逐一表达清楚；如果因为被侵权而重在主张某项权利，可以向对方提出警告、要求，并说明为制止事态的继续发展将要采取的措施。

(3) 结尾。

有的声明以"特此声明"作为结尾，以示再次强调自己的态度；也可以自然结尾。

3. 落款

有的声明必须署名（如断交声明）；有的不言自明，一般不署名（如遗失声明）。署名下方写上日期。

声明一般刊发在报刊上或在广播电视上播放，所以往往可省略日期，如要写明，则年、月、日要齐全。

（二）声明的写作模板

××××××（发文机关）+事由+声明

最近，×××××××××××××××××××××××××（客观事实）。为此，我公司郑重声明：

一、××××××××××××××××××××××××××××。

二、×××××××××××××××××××××××××××××××××。

特此声明。

××××××

××××年×月×日

（三）声明的写作注意事项

(1) 内容要真实，态度要明确，表述要简洁。

（2）措辞要庄重、严肃、得体。声明一般都是为了维护自己的合法权益而发布的，在表明自己的态度、立场的同时，不能侵犯他人权利；在严肃庄重的同时，还要注意基本的礼貌。

（3）遗失声明在报纸上一般是作为广告业务刊登，登载时另有格式。

五、病文析改

（一）病文

关于假冒我公司产品的声明

各顾客敬启：

据个别代理商反映，有公司假冒我公司名义生产销售我公司产品，请注意不要买错货，不要被误导。

××食品有限公司

××××年×月×日

（二）修改意见

（1）格式不规范。声明不需要称呼。

（2）发表声明的原因不明确。假冒公司产品的情形发生在何地域、是何品种被假冒等都没有写清楚，不方便顾客识别。

（3）态度不够鲜明。没有强调自身的权利并向侵权方提出警告、要求，也未说明为制止事态的继续发展将要采取的措施。

六、知识链接

声明和启事的区别

声明的内容比较重要，往往针对某一重大事件或重大问题，有时还有一定法律效力，因此往往态度严肃慎重，措辞较强硬，有时也会迭次使用。而启事主要用于告知某一具体事情，并请求公众协助或参与，措辞比较委婉，且通常只是一次性使用。

项目7　海报

知识目标

1. 了解海报的概念、种类和特点
2. 理解海报的结构和要求

技能目标

掌握海报的写作技能，能熟练拟写结构完整、条理清晰、表述准确、简洁美观的海报。

一、任务导入

经济危机、银行降息、股市低迷，如何管好我们的钱袋子？为了丰富员工的金融知识，有效提升员工的家庭科学理财观念，绿赢新能源有限公司准备举办一期家庭理财讲座。时间定在6月20日（星期五）下午3:00—4:30。地点在行政楼805。主讲人冯伟江，澳大利亚昆士兰州立大学MBA，获澳大利亚理财规划师协会颁发的多项理财规划证书、澳大利亚证券交易委员会颁发的从业证书。曾就职于花旗银行、民生银行、太平洋保险公司，近五年服务多家金融机构，兼任《金融时报》《广州日报》理财专栏撰稿人。

6月10日上午，行政部部长杨之刚让助理陈晓婷设计海报进行宣传，欢迎广大员工踊跃参加此次讲座。

请代陈助理拟写并设计一份海报。

（1）学生分组分析、讨论。

（2）学生拟写初稿。

二、例文借鉴

（一）例文

例文一

海　报

你想一睹成功者的风采吗？你想学习如何创业吗？你想了解大企业家的创业历程吗？你想与创业成功者分享成功的喜悦吗？你想感悟创业的酸甜苦辣吗？请听著名企业家林××的精彩报告。

主讲人：林××，×××有限公司董事长兼总经理，白手起家，将一个手工小作坊转变为本区50家骨干企业之一，公司目前年产值达2 200万。

报告题目：我的创业心路

地点：××社区服务中心大礼堂

时间：6月1日下午2点30分

欢迎大家踊跃参加！

××区××社区区委会
2017年5月23日

例文二

（资料来源：http：//sc. jb51. net/Design/Poster/46131. html）

（二）简析

上面是不同种类的海报，有如下几个特点：

（1）契合需要，向公众告知相关事项，并动员公众参与。有的以文字为主，重在交代清楚事项，让观众了解并参加活动；有的配合图片，文字简洁，图文相得益彰，富有鼓动性。

（2）文字简明扼要，篇幅短小精悍。例文一语言富于鼓动性，例文二形式美观醒目。

三、知识储备

（一）海报的概念

海报是向公众告知将要举行的文化、体育、娱乐等活动，并动员公众参与时所使用的一种告启类文书。

海报通常注意内容和形式的搭配，往往图文并茂，语言也富有鼓动性，具有较强的号召力与艺术感染力。

海报通常张贴在活动场所附近，或较为醒目的地方。

（二）海报的种类

海报从形式上可分为两大类：文字海报和美术海报。

海报从内容上可以分为三类：戏剧电影类海报、文体活动类海报、讲座演讲报告类海报。

（三）海报的特点

（1）告知性。海报的作用是向社会公开告知有关活动事项，往往公开刊登、播放、张贴，希望社会各界积极参与。

（2）事务性。海报通常只为某项活动作前期宣传，其目的是让人们参与其中，不具备法规性或约束性。

四、技能掌握

（一）海报的结构与写法

大致来说，结构为：标题＋正文＋落款。不过这三部分的位置随整体布局而定，并不完全固定。

1. 标题

（1）文种，即“海报”。

（2）活动内容，如《 ××篮球赛》等。

（3）举办单位＋活动内容＋文种，如《××公司消防知识讲座海报》。

2. 正文

除了少数以图片为主的海报，一般用简洁的文字交代清楚三个方面：

（1）活动的缘由、目的或意义。

（2）活动的内容、时间、地点。

（3）参与对象、参加办法、注意事项等。

3. 落款

署上主办单位的名称及发布日期。

（二）海报的写作模板

×××××××××（举办单位）＋活动内容＋海报

为了××××××××××××××××（缘由），×××××××××××××（过渡句）。

时间：××××××××

地点：×××××××××××××

内容：××××××××××××××××××

参与对象：××××××××××××××

注意事项（或要求）：××××××××××××××××××××××××

××××××

××××年×月×日

（三）海报的写作注意事项

（1）内容要具体准确。一定要具体地写明活动的地点、时间及活动内容。文中可以用一些鼓动性的词语，但不可以夸大事实。

（2）文字要简明扼要，篇幅要短小精悍。

（3）形式要美观醒目。可以采用精美的美术设计的形式，配上简明的文字，以吸引观众。

五、病文析改

（一）病文

海　报

为了欢庆五四青年节，丰富我公司青年员工的生活，我公司拟于5月4日晚，在公司综合活动室，与××公司联合举办"庆五四晚会"，欢迎参加。

（二）修改意见

（1）部分内容不够具体。如时间没有具体到几点。

（2）要素残缺。海报中没有落款和日期。

（3）语言鼓动性不足。没有对舞会节目作任何介绍，不足以吸引受众参与。

六、知识链接

海报与启事的异同

相同之处：都具有告知性，不具有约束性，可以公开张贴。

不同之处：启事可运用于政治、经济、文化、生活等领域，写作时以文字说明为主，除张贴外还可在报刊、广播、电视、网络等大众媒体上加以公布；而海报一般用于文化、体育、娱乐等领域，除了文字说明以外，还可进行美术设计，有很强的鼓动性，一般张贴在公共场所。

实训演练

1. 根据启事、声明、海报的写作要求，进行初稿修改。
2. 根据启事、声明、海报的写作要求，修改"病文析改"部分的病文。
3. 修改下列标题或句子。

（1）启事标题：《××鞋业有限公司招聘文员、质检员、仓库管理员等员工的启事》

（2）海报标题：《讲座》

（3）启事正文：本人今天下午于公司内丢失饭卡一张，请拾到者速与第一车间章××联系。

（4）海报正文：本周四晚上将有行业内著名的专家在会议室做专题讲座，敬请期待。

4. 修改下列文书。

征稿启事

为了丰富厂刊的内容，特征求下列稿件：领导侧影、部门新事、工作心得、培训感受、改革建言，有关本厂的其他文艺创作等。必须是原创作品。

来稿要求：观点鲜明，主题突出，文字简洁，内容积极向上，感情真挚朴实，篇幅以不超过1 000字为宜。要求署上真实姓名和部门名称。手写打印均可，但要求字迹清晰。

祝大家工作愉快，万事如意！

××市金工机械厂《金工时代》编辑部

走过路过，请勿错过

“化装舞会”闪亮登场

曾经有一个超级欢乐的舞会摆在面前，我没有珍惜，等到失去的时候才追悔莫及。如果重新给我一次机会，我一定会毫不犹豫地冲过去大喊：我要参加！

为了欢庆双旦，我公司拟于12月26日晚在公司第一会议室举办“化装舞会”，各位帅哥淑女切勿错过此次活动。舞会还有神秘嘉宾哟！一定不会让大家失望的！

5. 完成下列工作。

（1）××商贸有限公司业务部专员李旺连续一个月未正常上班。公司也无法与他联系。据悉，李旺临走时未交还公司的介绍信、空白合同等文件。按照劳动合同规定，公司对李旺的离职已履行了相关手续。为了避免不必要的损失，公司需登报声明李旺已经离开公司的情况，请代拟一份声明。

（2）兴发铸造设备有限公司与宏成电子有限公司将在本周五下午16：00举办篮球友谊赛，地点在兴发铸造设备有限公司室内篮球场，请提前贴出海报邀请观众助兴。

自我测试

一、单选

1. ________是机关、团体、企事业单位或个人向公众公开说明事情、请求帮助或参与的实用性文书。

A. 启事　　B. 声明　　C. 公告　　D. 海报

2. 征稿启事、征婚启事、招聘启事、招生启事、招商启事等属于________启事。

A. 知照类　　B. 寻领类　　C. 征招类　　D. 广告类

3. ________是就某个事件或问题向社会郑重表明原则立场、处理态度，强调拥有的权益或承担的义务、责任的告启类文书。

A. 启事　　B. 声明　　C. 广告　　D. 海报

4. ________是向公众告知将要举行的文化、体育、娱乐等活动，并鼓动公众参与时所使用的一种告启类文书。

A. 启事　　B. 声明　　C. 公告　　D. 海报

5. 以下对海报和启事的表述，正确的是________。

A. 启事以文字说明为主，海报以美术加工为主

B. 启事和海报除了张贴以外，还可在大众媒体上公布

C. 启事和海报都有广告的性质

D. 海报的文字具有很强的鼓动性，启事则相对比较平实

二、多选

1. 启事的标题形式，可以是________。

A. 文种　　B. 事由＋文种

C. 事由　　D. 发文机关＋事由＋文种

2. 启事的正文，一般包括________。

A. 称谓　　B. 缘由　　C. 事项　　D. 结束语

3. 无论哪一类声明，正文一定有的要素包括________。

A. 发表声明的原因　　B. 发布者的立场和态度

C. 下一步将要采取的行动　　D. 结束语

4．与声明相比，启事________。

A．具有一定法律效力　　B．态度严肃慎重

C．请求公众协助或参与　　D．措辞比较委婉

5．海报的正文包括________。

A．活动的缘由、目的或意义　　B．活动的内容、时间、地点

C．致敬语　　D．参与对象、参加办法、注意事项

6．海报和启事相同的地方________。

A．都具有告知性　　B．不具有约束性

C．可以公开张贴　　D．带有鼓动性和广告性

三、判断题

1．启事和启示含义相同，两者可以互换使用。

2．启事的标题可以省略文种。

3．招领启事要把拾物的名称、数量、特征详细而具体地写清楚。

4．声明通常要表明自己的立场和态度，维护自己的合法权益。

5．海报标题必须明确文种，不能随便省略。

6．海报可以使用鼓动性、号召性的语言。

项目8　消息

知识目标

1．了解消息的概念、种类和特点

2．理解消息的结构和要求

技能目标

掌握消息的写作技能，能熟练拟写结构完整、条理清晰、表述准确、内容充实的消息。

一、任务导入

为了贯彻《全民健身条例》，加强员工体育活动的开展，增强员工身体素质，4月18日，绿赢新能源有限公司广州总部举行了第三届羽毛球比赛。比赛展现出了各部门的风采，增加了各部门的交流，增进了公司的凝聚力。此次比赛由公关宣传部负责组织。

比赛得到了公司员工的积极响应，共有80多名员工报名参赛。为了提升大家的水平和规范比赛行为，赛前公关宣传部还聘请了专业教练，对选手和裁判员进行了培训。

当天下午，此次比赛在××羽毛球俱乐部举行。比赛分男单、女单、混双三种比赛形式，小组循环赛、半决赛均采用21分一局定胜负，决赛才采用21分三局定胜负，这种赛制节省了选手的体力，也更加考验了选手们在短时间内的爆发力和稳定性。

经过激烈紧张的比赛，决出了各项比赛的冠亚季军。男单比赛，冠亚季军分别由李×

×、陈××、郑××获得；女单比赛，冠亚季军分别由何××、金××、江×获得；混双比赛的冠亚季军分别为营销中心的李××和金××、生产1部的方××和何××、研发中心的范××和秦××。

活动结束后，公关宣传部部长马丽芳要求助理朱晨峰拟写一则消息，登载在公司网站上。

请代朱助理拟写一份消息。

（1）学生分组分析、讨论。

（2）学生拟写初稿。

二、例文借鉴

（一）例文

厉行节约　掀起头脑风暴

格力“军营年会”谋篇布局2015

2015年2月1日至5日，围绕“新常态·新思路·新突破”这一主题，格力电器独树一帜的第3次军营年会如期举行。公司总部、各生产基地、各子分公司共计1 000多位骨干力量代表参加了此次会议。各单位通过2014年度工作总结，查缺补漏，统一思路，进一步完善2015年度工作规划。

这样的年会形式已成为格力电器这家千亿企业的新常态。军营年会不仅符合国家倡导厉行节约、反对浪费的精神，也进一步强化了企业的实干精神，提升员工的纪律性与执行力。更重要的是，通过封闭式环境中的行动密集互动与思维激烈碰撞，格力骨干人员之间、骨干与公司领导之间有了更深刻的相互认知与理解，进一步强化了企业文化的认同感，增强了企业的凝聚力与战斗力。

除了首日的军训与次日董明珠董事长、企管部和审计部的年度报告，格力为期5天的军营年会最主要的内容便是年会代表发言。相比而言，今年与会代表最多，会期也最长。会上，代表们发言热烈，内容丰富，干货不断。一人抛出的问题与观点，会引发无数人的分析讨论。此外，每晚以宿舍为单位的分组讨论更进一步拉近了彼此的距离，深化了会议的精神。

年会最后一晚，格力电器还举办了“2015年迎春晚会”，节目精彩纷呈，其中情景剧《逐梦格力》及全体合唱《格力之歌》更是引起了全场格力人的强烈共鸣。

2014年，格力营业总收入达到1 400亿，纳税和利润双双突破140亿元。管中窥豹，军营年会无疑是格力在经济下行时“逆增长”的精彩解读。在如今浮躁与喧嚣的年代，格力别开生面的年会似一股清冽的甘泉，让人顿觉分外清爽。

（资料来源：http：//www.gree.com.cn/public/201502/pop_jsp_catid_1261_id_47634. shtml，2015年2月11日发布，有改动）

（二）简析

上文有如下几个特点：

（1）结构完整。由标题、导语、主体、背景、结尾五部分组成，是一篇规范的消息。

（2）标题点出了客观事实，简洁明了；导语采用开门见山的写作方法，把最重要的事实首先揭示出来，吸引人们的注意，引起阅读兴趣；主体部分详细展开内容，还加入了背景材料；结语阐述了本次军营年会的意义所在。

（3）正文采用倒金字塔的结构形式，按照新闻事实的重要程度安排内容。

（4）语言简明，逻辑严密，条理清晰，放在公司网站上能塑造公司良好的形象。

三、知识储备

（一）消息的概念

消息是用概括叙述的方式、以简明扼要的文字，迅速及时地报道最新事实的短篇新闻。

消息一般有六要素，可概括为五个“W”和一个“H”：何时——When，何地——Where，何人——Who，何事——What，何因——Why，如何发生——How。

（二）消息的种类

按照消息的内容来分，可分为：

（1）动态消息。以报道单一事实为主，能够显示某一事物、某一领域、某项工作的新情况、新动态、新成就和新问题。

（2）综合消息。一般就某一方面的问题，把发生在不同地点、不同单位、各具特色、性质类似的新闻事件综合起来进行报道。它从不同侧面去表现一个共同的主题，报道面宽，材料丰富多样，可以给读者全局性的认识。

（3）典型消息。即对一些具体部门、单位、行业的典型经验、成功做法、先进事迹进行集中报道，用以带动全局，指导一般。

（4）述评消息。是边叙边评、夹叙夹议展开内容的消息。它介于消息和评论之间，既报道新闻事实，又对新闻事实的性质、特点、发展前景等作出分析、解释和评价。

（三）消息的特点

（1）内容真实准确。真实准确是消息的生命。消息报道要有根有据，反映事物的本来面目，对所写的人物、时间、地点、事情发生和发展的经过作如实报道，不虚构、不夸大每个事实，且每个细节都要准确无误。

（2）报道迅速及时。西方新闻界流行这样一句口头禅：“今天的消息是金子，昨天的消息是银子，前天的消息是垃圾。”消息是对新发生或新发现的事实的记录，最讲究反应快。如果迟写慢发，消息就会贬值甚至失去意义。

（3）篇幅短小精悍。消息切忌长篇大论，应该用简洁、概括的文字把事实要点表达出来，使读者在有限时间内了解到更多信息。

四、技能掌握

（一）消息的结构与写法

除了短讯，消息一般由标题、导语、主体、结尾和背景组成。

1. 标题

消息的传播效果如何，很大程度上取决于消息标题反映的内容是否重要、标题语言是否生动、标题是否吸引人等。

标题有引题、正题和副题，表现形式有三种：

（1）单行式标题，即只有正题，直接揭示消息的核心内容。如：

广药白云山入选广东省2014年第一批高新技术企业

（2）双行式标题，引题+正题，或正题+副题

引题，又叫眉题或肩题。它放在正题上面，字号比正题小。引题的字数不能多，一般一行就够了。引题起到铺垫和引导的作用。如：

100万美元卖出去　2 000万美元买进来（引题）

我国生物产业面临尴尬（正题）

副题，又叫辅题或脚题，在正题下面，对正题的内容进行补充。由于副题是对正题的补充、说明和评价，通常比正题要具体，与正题“虚实结合”，相辅相成。如：

旱旱旱　渴渴渴　水水水（正题）

江苏句容百天未见滴雨，7万多人饮用水告急（副题）

（3）三行式标题，由引题+正题+副题组成。如：

亿元级“大叔”进场　蒙查查“小白”入市（引题）

A股上周急增百万新股民（正题）

开户要排一小时，全民炒股时代疑再现，机构再出“万点论”（副题）

拟写消息标题，应当力求做到：内容新颖，形式醒目。具体采用哪一种标题形式，要根据消息内容和报道的需要来设计。

2. 导语

导语是一篇消息的第一自然段或第一句话，要用简明生动的文字，写出消息中最主要、最新鲜的事实。

导语是新闻的纲领和中心所在，拟写导语要求简明扼要、重点突出、概括性强，往往用一个单句或复句将时间、地点、事件的发生者、起因、影响等重要因素交代清楚。如：

今日，伴随着第15届古镇灯博会的开幕，灯饰行业新一年采购旺季也正式来临。记者获悉，由星光联盟集团打造的全球灯饰行业规模最大的灯饰照明展览与采购活动，已经于3月15日启动，古镇全新灯饰综合体——光立方LED城也在今日盛大开业，并与星光联盟LED灯饰照明博览中心一起，以全新的演绎方式为全球客商呈现出精彩的灯光秀。

除了以上的叙述式导语写法外，根据导语表达方式和修辞手法的不同，还可以把导语分为描写式、提问式、引语式、对比式、评论式等5种。

3. 主体

在消息中，主体是导语的展开或续写部分，所占文字最多，是消息写作中不可忽视的重要部分。

消息的主体为导语展开丰富的材料，把导语简括的内容加以展开，提供事件的全部过程，包括翔实的数据和丰富的细节。

主体的写作要注意四点：一是必须与导语相辅相成，导语是主体的提要和浓缩，主体是导语的展开和深化，二者不能脱节。二是主题要集中鲜明。三是材料必须典型充分。四是结构要严谨，层次要分明。

4. 结尾

有的消息安排结尾，目的是对前面内容作补充、概括，或深化主题。有的消息没有结尾，事实按重要程度由高到低地进行排列，叙述完毕，就自然结尾了。

5. 背景

（1）背景的概念和作用。

所谓背景，就是作者在文中对新闻事件产生的相关条件和有关知识所作的必要的交代和介绍。

背景可以延伸思路，深化主题；注释解说，帮助理解；丰富内容，增加趣味。因此要重视消息背景的写作。

（2）背景的种类。

依据写作手法的不同，可把背景分为三种类型：

①对比性背景材料：就是在报道某一新闻事实的时候，为了突出它的性质、特点和意义，运用今—昔或者正—反的思路，对新闻事实的历史真相或相反的情况进行介绍。如：

马永顺是新中国的第一代林业工人，曾靠弯把子锯在一个冬天采伐木材1 200立方米，1人完成6人的工作量，创下全国手工产量最高纪录。

（资料来源：1994年11月17日《工人日报》消息《昔日伐木建功　今朝栽树“还债”》）

②说明性背景材料：就是对新闻事实产生的相关条件，主要包括历史、地理、经济、政治、文化等方面的相关条件进行交代，以及对新闻事件的来龙去脉作出阐述。如：

30年前的国庆节，北京建成了从苹果园到北京站全长23.6公里的地铁一号线，结束了中国无地铁的历史。

15年前的国庆节前夕，北京又开通运营了16.1公里的地铁第二期环线。

早在5年前，北京地铁的年客运能力就已突破5亿。

（资料来源：1999年9月29日《人民铁道》报消息《中国地铁列车今天穿过天安门广场》）

③注释性背景材料：就是对概念、术语、著名历史事件和人物、有关科学知识进行注释。如：

究竟什么是“可燃冰”，它对人类有何影响呢？据能源所海洋专家介绍，透明无色的“可燃冰”外形似冰，能够燃烧，学名叫“天然气水合物”，是天然气（甲烷类）被包进水分子中，在海底低温与压力下形成的透明结晶。美国和日本最早在各自海域发现了它，中国近年才开始对其进行研究。

与石油和天然气相比，“可燃冰”的优点更为突出。一立方米的“可燃冰”所释放的能量相当于164 立方米的天然气。目前全球公认的“可燃冰”总能量是所有煤、天然气、石油总和的两到三倍。

（资料来源：2000 年 8 月 11 日《科技日报》消息《南海海底发现巨大宝藏——“可燃冰”》）

背景材料不仅使新闻事实更完整清晰，还能开阔眼界，扩大读者知识面。

(3) 背景的写作要求。

写作背景材料时应注意：紧扣主题，言简意赅，位置灵活。

6. 关于消息的结构形式——倒金字塔结构

消息的结构，从外部看，由标题、导语、主体、结尾组成，这是消息共同的结构形式。每一篇消息的内在构造形态，即内容安排次序，又存在很大的差异，最常见的结构形态是倒金字塔结构。倒金字塔结构，就是把最重要的材料放在篇首，不重要的材料放在篇末，从导语至结尾按重要程度递减的顺序来组织安排新闻材料。

这种写法便于写稿、编辑，也便于阅读，因此在消息写作中一直占据主导地位。

（二）消息的写作模板

××××××公司举办××××××××

××××年×月×日（时间），××××××公司于×××××（地点）举办×××××××（事件），×××、×××、×××、×××等共××人（人员）参加了此次××，收到了良好的效果（结果）。（导语）

当天，×××××××××××××，×××××××××××××。××××××，××××××××。

×××××，××××××××××，××××××。（主体）

×××××××××××××××××××××××××××。（结尾）

（三）消息的写作注意事项

(1) 必须用事实讲话，要选择典型事例对事实进行报道，处理好议论与叙述的关系。

(2) 必须真实可靠，分寸得当。

（3）新闻要新，要做到时间新、内容新、角度新。

（4）要有可读性，既要顾及思想性、知识性，又要注意趣味性。

五、病文析改

（一）病文

员工生日会

公司领导历来十分关心公司员工，一年四季都会深入群众之中，详细询问干部职工的工作生活情况，嘱咐大家保重身体，为大家送去各类慰问品，受到广大职工的一致好评和欢迎。在领导的关心和支持下，由各处室、部门和中心轮流牵头，定期为员工举办集体生日会，为员工送温暖。今年也不例外，员工生日会闪亮登场。

2017 年 2 月 6 日下午，由销售中心牵头，在会议室举办了 1—2 月快乐生日会。公司工会主席陈楠、副主席林芳碧和销售中心分工会主席方夏新出席了此次活动。全公司 1—2 月份生日的 45 位员工来到了生日会。

此次生日会的主题是“新年快乐”。出席生日会的员工要求穿上传统服装庆祝生日。生日会现场，气球、彩带把会议室装饰一新，蛋糕、水果、瓜子、蜜饯摆放满桌，优美的音乐荡漾在整个会议室，大家都穿戴一新，营造了快乐而喜庆的气氛。生日会在点蜡烛共唱生日歌的时候达到高潮，每位员工都从工会主席手中领到了一张生日贺卡和一个生日红包。

此次生日会让广大一线员工深受感动和鼓舞，面对公司领导无微不至的关爱，他们纷纷表示，一定要克服困难，确保各项生产经营目标的圆满完成，为公司更大的发展作出自己的新贡献。

（二）修改意见

（1）标题不够准确，也不够醒目、吸引人。

（2）导语未涉及主要事实。

（3）主体内容不够具体。没有提供活动现场的细节和参与者的表现，写得过于概括粗疏。

（4）结尾有点夸张。通过一次生日会就激发了员工为企业贡献之心，显得夸大其词。

项目 9　简报

知识目标

1. 了解简报的概念、种类和特点
2. 理解简报的结构和要求

技能目标

掌握简报的写作技能，能熟练拟写结构完整、格式规范、条理清晰、表述准确的简报。

一、任务导入

2 月 12—13 日，绿赢新能源有限公司在广州总部召开第五届第一次职工代表大会暨 2017 年工作会议。集团公司董事长张都峰，总经理张大川，公司党组书记石勇祥，公司领导陈卫青、陈一帆、何方御、何为鑫、丁江风等出席了会议。董事长张都峰发表重要讲话，充分肯定了过去一年来公司取得的各项成绩，并指出了公司去年工作中的众多亮点，分析了新能源行业面临的形势和发展趋势，对 2017 年的重点工作提出了具体要求。总经理张大川作了 2016 年度工作报告，全面回顾了公司 2016 年各项工作，深入分析了公司的新形势和新任务，提出了 2017 年工作的总体思路。党组书记石勇祥总结了会议基本情况，对贯彻落实会议精神提出了要求。会议期间，各代表围绕工作报告进行了分组讨论，代表们认为工作报告总结了公司一年来的工作成绩，振奋人心，催人奋进。工作报告也清晰地分析了当前形势，全面地部署了 2017 年的各项工作，对于做好 2017 年的各项工作具有重要的指导作用。会议审议通过了六项议案；表彰了 2016 年度公司先进集体和先进个人。会后，总经办主任李明要求助理韩莹莹编制一份简报，以便于交流。

请代韩助理编制一份简报。

（1）学生分组分析、讨论。

（2）学生拟写初稿。

二、例文借鉴

（一）例文

工作简报

（2017 年第 15 期）

××公关顾问公司总经办编印　　　　　　　　　　　　2017 年 2 月 27 日

互联网引领传播变革，××公关项目成绩显著

——公司第十届优秀公关项目案例大赛圆满结束

2 月 25 日，××公关第十届优秀项目案例大赛在广州××宾馆隆重举行。××公关顾问机构广州公司、上海公司、北京公司全体员工齐聚一堂，倾情奉上了一场公关人的年度智慧盛宴。

董事长李××先生在开幕词中表示，公关项目案例大赛体现了我们坚持“专业立心，经营立身”的使命，通过优秀案例的分享和学习，激励公关人在专业追求的道路上努力探索、不断前行。

本次参赛案例涵括了娱乐营销、社会化媒体营销、新品上市推广、公益传播、整合营销等诸多领域。与往届案例大赛相比，今年参赛案例的显著特点是以“互联网思维”进行整合传播，通过对微信、微博、微视频、影视剧和网络剧植入、图片、漫画、豆瓣、空间、搜索、专业垂直网站、社区论坛、门户等一系列组合，进行多屏互动、跨界营销。

案例大赛中，各参赛部门展开了精彩激烈的角逐，代表们进行了声情并茂的案例演讲，极力展现各项目的智慧创意和完美执行力。其中客户一部的××××案例演讲，内容创意十足，紧扣“互联网思维”，讲述条理清晰，主题鲜明突出，采用多媒体方式，形式丰富多彩，语言诙谐幽默，赢得了满堂彩。客户三部关于××××的案例演讲，……（略）

公司领导为本届大赛进行了点评和总结，并对案例大赛这个知识分享平台予以了充分的肯定。最后，大赛的一等奖由客户一部获得。二等奖和三等奖分别由××××、××××获得。××××、××××、××××、××××获得了优秀奖。

优秀公关项目案例大赛是公关文化建设和品牌构建的重要举措之一，迄今为止，已成功举办了10届。通过案例评选，总结了公关实务经验，提炼了公关专业成果，提升了××公关人的专业技术和服务水平。

（总公司客户部供稿）

报：李董、秦副董、孙副董、张总、隆副总、何副总。

送：各分公司，总公司各部门。

（共印28份）

（二）简析

上述例文有如下几个特点：

（1）格式规范，报头、报核、报尾基本要素具备。

（2）报核部分，标题采用双标题式，正标题呈现了简报的核心观点，副标题补充了基本事实；导语部分介绍了此次活动的时间、地点、活动名称、参加人员、活动效果；主体部分结构严谨、条理清晰，对比赛的过程和结果作了简要介绍；结尾归纳总结，生发意义。

（3）编制及时。有利于公司内部沟通信息、交流情况。

三、知识储备

（一）简报的概念

简报是国家机关、企事业单位、社会团体为汇报工作、交流经验、反映情况、沟通信息、报道动态而编发的内部文书。

简报也叫“动态”“简讯”“摘报”“情况反映”“工作通讯”“内部参考”等。

（二）简报的作用

（1）下情上达：下级向上级反映日常的工作情况和所辖范围内出现的一些值得注意的动向，或者召开一些重要会议时用来向上级领导反映会议的进程和结果。

（2）上情下达：上级用来向下属单位转达某些领导意图，或是带指导性、倾向性的意见，或是一些重要会议的情况。

（3）内部交流：一些单位用来交流内部情况，或一些大型会议用来交流会议情况。

（4）外部交流：平级或不相隶属单位之间交流情况。可以由上级转发，也可以抄送本系统兄弟单位或其他城市的同行单位，以便互通情况、交流经验。有些简报甚至还可以抄送新闻单位，以提供报道线索。

（三）简报的特点

（1）简，即简明扼要。篇幅简短、文字简练、内容简要、意思简明，这是简报的固有属性，不简不称其为简报。简报就要将最新的信息快速地报道出来，要做到言简意明。

（2）快，即报道迅速快捷，讲究时效性。简报具有新闻性，有点像新闻中的“消息”，不求全，不求广，而求快。简报要便于有关部门及时掌握动向和趋势，作出判断以指导下一步工作。会议简报的时效性尤其突出。

（3）新，即内容新鲜，有新意。简报要反映新情况、提出新问题、介绍新经验。善于捕捉工作、社会生活中的“新”，使简报具有更强的指导性和交流性。

（4）实，即真实准确。简报内容一定要真实可靠，准确无误。特别是事件、地点、具体数据一定要经过认真的核实，不能凭想象和虚构，不能随意夸大或缩小。

（四）简报的种类

简报按照不同划分标准可以分为不同类型：

（1）按时间分，有定期简报（或称例行简报）、不定期简报。

（2）按性质分，有综合简报、专题简报。

（3）按内容分，有工作简报、会议简报、生产简报、教学简报、动态简报等。常用的有三种：

①工作简报，这是最常见的一种简报，主要反映本系统、本部门、本单位的日常工作或问题的经常性简报。它包含的内容较广，如工作情况、成绩、问题、经验教训、表扬批评，对上级某些政策或指示执行的步骤、措施等都可以反映。它常以定期的形式出现，在一定范围内发行。

②会议简报，就是举行某一会议期间为了反映会议情况而专门编发的简报，内容包括会议的进行情况、讨论发言及会议决定等，属于临时性简报。规模较大、时间较长的会议经常要编发多期简报，以起到及时反映会议动态、交流信息和经验的作用。

③动态简报，包括情况动态简报和思想动态简报。主要用于报道单位的内部消息或向上级反映社会情况、群众思想情绪。这类简报时效性、机密性较强，阅读范围有较严格的限定。

四、技能掌握

（一）简报的结构与写法

1．报头

报头部分在首页上端，约占首页1/3版面，下边用间隔线与报核部分隔开。共有四项内容，分别是：简报名称、期号、编制单位和编制日期。

（1）简报名称。一般用套红印刷的大号字体居中排印，如“工作简报”“情况简报”等。

（2）期号。在当年内，单位编发简报总数中的顺序编号。标注在简报名称正下方下一行，居中，用阿拉伯数字标注“第×期”，外加圆括号。按期序编写，有的还注明总期数。

（3）编制单位。在期号下、间隔线上居左书写编印简报的具体部门名称。

（4）编制日期。用阿拉伯数字标注于与编印单位平行的右侧。

2．报核

（1）按语。部分简报在标题上端加注编者按语，以说明编发简报的目的，或对文中所列事项进行评价。

（2）标题。每篇简报都必须有标题。它类似于消息的标题，要揭示主题或内容，简短醒目。

（3）正文。简报正文的结构与写法类似消息的结构与写法。

①导语。在开头部分用一句话或一段话作总括说明，简明扼要地概括全文的主旨或主要内容，给读者一个总的印象。

导语一般要交代清楚几要素：为了什么原因，谁（某人或某单位），什么时间，什么地点，干了什么（事件），结果怎样等。可以根据实际情况省略某些要素。

②主体。承接开头，用典型而有说服力的材料将导语的内容加以具体化，起到说明中心观点的作用。

③结尾。是全文内容的总结，用一个自然段或一句话概括全文，起到画龙点睛的作用，也有的指出事物发展的趋势，给人以鼓舞；还有的提出希望及今后打算，发出号召。事情单一的，也可以不写结尾。

（4）供稿者，即提供稿件的单位或个人姓名，写在正文结尾右下方，用圆括号标明。如果作者即编发单位，则可不具名。

3．报尾

位于简报末页下端，用两条平行横线相夹，与报核部分隔开。报尾包括两个项目：发送对象和印刷份数。两横线间居左写明发送对象，底部一条横线下居右注明共印多少份。

（二）简报的写作模板

××简报

（第×期　总第××期）

××××××××××　　　　　　　　　　××××年×月×日

××××××举办×××××××××活动

××××年×月×日，×××××在××××××××举办××××××××。（导语，概括基本要素、交代中心）

××××××××××××××××××××××××××××。（主体，介绍活动的过程和结果）

本次活动××××××××××××××××××××××××××。（结尾，揭示意义所在）

（×××）

报：×××××××××（上级）

送：×××××××××（同级或不相隶属）

发：×××××××××（下级）

（共印××份）

（三）简报的写作注意事项

（1）文字简练，篇幅简短。如果文字冗长，就成了“报告”，失去了简报的意义。

（2）内容真实、准确。简报所反映的应该是客观存在的事实，所涉及的时间、地点、人物、数据等都要做到准确无误。

（3）快写快发。简报具有一定的新闻性，类似于新闻中的“消息”。快写快发才能及时发挥其指导作用。

五、病文析改

（一）病文

×× 集团有限公司简报

（2016 年第 12 期）

×× 集团有限公司　　　　2016 年 11 月 28 日

×× 集团有限公司年终总结表彰大会筹备情况

在各级领导的重视和关心指导下，×× 集团有限公司将在 12 月下旬举办年终总结表彰大会。每年的年终总结表彰大会都是公司非常重要的一次会议，会上将全面总结这一年来的主要工作，安排部署下一年工作任务，表彰先进集体和先进个人。而每次年终总结表彰大会的成功，都有赖于会前周密的筹备工作。

为了办好今年的年终总结表彰大会，11 月 20 日，×× 集团有限公司召开会议，为此次大会讨论筹备工作。

会上确定了此次大会筹备工作领导小组成员，由 ××× 副总担任组长，××× 主任担任执行组长，×××、××、××× 任副组长，组员为 ×××、×××、×××、×××、××、×××、××××、×××、×××、×××。

会上宣布了领导小组下设的三个分组，分别是综合协调组、文秘宣传组、后勤服务组。

组长 ×× 副总、执行组长 ×× 主任均在会上发言，与会人员也认真听取了发言，并进行了讨论。

此次会议后，将会定期召开会议，直至会议正式召开。

（二）修改意见

（1）导语写法不符合要求。导语应该概括何时、何人、何事、何果等四大要素。

（2）主体内容过于概括。简报主体应提供具体事实，充实导语的内容。但是上文主体像记流水账，难以起到沟通信息、交流情况的作用。

（3）没有结尾，没有对全文内容进行提升。简报结尾应该总结此次会议的价值和意义，并为下一步的工作奠定基础。

（4）设计上少了报尾。

六、知识链接

简报是简要地报道已经发生的事实，与消息有相似之处，但是简报只在一定范围内传播，并且所报道的一般都是与工作有关的事情。而消息作为新闻文体之一，传播范围更广，可涉及社会生活的方方面面。

实训演练

1. 根据消息、简报的写作要求，进行初稿修改。

2. 根据以上文种的写作要求，修改“病文析改”部分的病文。

3. 指出下列消息标题排列的不当之处，并作修改。

（1）

××市评出见义勇为十勇士（引题）

人民盼望安居乐业　社会呼唤见义勇为（正题）

（2）

本省十几个县市调整猪肉各品种之间的差价（引题）

知否？知否？应是贱“肥”贵“瘦”（正题）

爱吃瘦肉者，请您多付钱（副题）

（3）

100万美元卖出去　2 000万美元买进来（正题）

我国生物产业面临尴尬（副题）

4. 为下列事实拟写标题。

（1）3·15消费者权益日即将到来，作为中国彩电领导品牌的×××将于3月13—15日期间，在全国各区域连锁门店、城市体验店，重磅推出“携手真彩　畅享3·15”大型主题服务活动，为消费者倾情打造“预约24小时免费上门安装调试服务”“大转盘，赢畅享服务红包大奖”等“100分的服务”，带领消费者畅享×××最便捷、最极致、最贴心的优质服务体验。

（2）美国《财富》杂志日前公布2010年全球500强排行榜，××××公关有限公司目前服务的30家客户进入此榜单，比去年同比增加5家，成为服务500强客户最多的国内公关公司。××××公关有限公司目前服务的500强企业包括排名第2的皇家壳牌石油、排名第5的丰田汽车，以及位居前列的通用电气、家乐福、西门子、思科、佳能、辉瑞、渣打银行等等，分别涵盖了高科技、消费品、汽车、金融、工业产品、医疗保健等多个行业领域。

5. 为下列事实拟写导语。

（1）德国iF设计奖创立于1954年，由德国历史最悠久的工业设计机构——汉诺威工业设计论坛（iF Industrie Forum Design）举办。作为国际著名奖项之一，iF设计奖被誉为“设计界的奥斯卡”，每年在汉诺威cebit展览期间举行颁奖典礼。此次iF国际产品设计大奖云集了利勃海尔、MELE（美诺）、西门子、TCL、三星、索尼等众多国际家电行业奢侈品牌，奔驰、宝马、IBM、LG等国际巨头也纷纷带来最新的设计产品。我司的“大眼·晶”WIFI智能滚筒洗衣机从海量的参赛作品中脱颖而出，成为设计金奖中的一匹黑马，摘得iF国际产品设计奖，并将参与2015年10月在汉堡Hafen City举行的iF设计展。

（2）2015年1月23日，中国乳制品工业协会在北京首都大酒店召开了新年的第一个会议——“2014年度中国乳制品行业质量安全工作会议”。会议全面总结了2014年中国乳制品行业质量安全状况、部署了新的一年产品质量安全监管的重点。会上隆重举行了“2014年度婴幼儿配方乳粉质量优秀的企业颁奖仪式”。国家食品药品监督管理总局食品安全监管一司司长马纯良、监管三司副巡视员王三虎、国家质检总局进出口食品安全三处处长徐丽艳和国家食品安全风险评估中心监测与预警部主任杨大进等出席了会议，并分别就“乳品行业2014年质量安全监管、监测，进出口检验检疫监管，风险评估情况和2015年行业质量安全监管工作重点”作了重要讲话。××乳业集团公司陈××副总裁1行5人参加了此次会议，陈××副总裁代表本企业同与会代表交流了产品质量管理的经验、存在的问题和困难。

6. 完成下列工作。

（1）围绕校园生活，写一篇动态消息或一篇综合消息。

（2）围绕校园生活，分组编写一期校园简报。

自我测试

一、单选

1. 下列同一新闻事实的4个标题中，可以作为正题的是________。
   A. 无锡今年4 000多困难户向贫困告别　　B. 改革春风吹　同走富裕路
   C. 无锡被称为脱贫致富模范市　　D. 天下寒士俱欢颜
2. 按消息的倒金字塔结构，写在消息第一层的是______。
   A. 标题　　B. 导语　　C. 主体　　D. 结尾
3. 会议简报是单位内部编发的________文书。
   A. 事务性　　B. 商务性　　C. 章程性　　D. 决策性
4. 下列____________的简报具有较强的时效性和机密性。
   A. 会议简报　　B. 动态简报　　C. 工作简报　　D. 综合简报
5. 在简报中，用来说明编发这份简报的目的，或对文中所列事项进行评价的部分是________。
   A. 按语　　B. 导语　　C. 主体　　D. 结尾
6. 简报中用简洁的语言概括交代谁，在什么时间，做了什么，结果怎样等，这个内容应属简报的__________部分。
   A. 按语　　B. 导语　　C. 主体　　D. 结尾

二、多选

1. 消息的特点，包括________。
   A. 内容真实准确　　B. 文字简明扼要
   C. 报道及时迅速　　D. 内容生动有趣
2. 消息的背景性材料可以放在________等位置。
   A. 标题　　B. 导语　　C. 主体　　D. 结尾
3. 简报可以用来汇报工作、________等。
   A. 交流经验　　B. 反映情况　　C. 沟通信息　　D. 报道动态
4. 简报的报头部分，包括________等要素。
   A. 简报名称　　B. 期号　　C. 编印单位　　D. 印刷份数
5. 简报报核部分的各要素中，________可以根据实际情况选择是否使用。
   A. 按语　　B. 目录　　C. 标题　　D. 供稿者
6. 简报的报尾部分，包括________等要素。
   A. 发送对象　　B. 印发日期　　C. 编印单位　　D. 印刷份数

三、判断

1. 消息以叙述和描写为主要表现手法。
2. 消息“倒金字塔”式的结构是指消息内容的安排，由次到主、由轻到重。
3. 消息的副题是用来补充、说明、解释正题的。
4. 简报是一种内部事务文书，但也可以用来向上级领导汇报工作、反映情况，还可以和其他单位进行交流。
5. 简报是简明扼要、短小精悍的文字材料，一定要注意简明扼要，不用报道具体事件，概括主要观点即可。
6. 简报比较简单，不受格式限制，编排比较自由，可以按照内容变更形式。

项目 10　商品说明书

知识目标

1. 了解商品说明书的概念、种类和特点
2. 理解商品说明书的结构和要求

技能目标

掌握商品说明书的写作技能，能熟练拟写结构完整、条理清晰、表述准确、通俗易懂的商品说明书。

一、任务导入

广州金果食品有限公司位于广州市番禺区大石街××村××路××号，主要生产各类坚果炒货，生产许可证编号：QS3307 1801 0149，联系电话：020－84790086　84780066。最近，公司开发出一种新口味炒货：黑金刚瓜子。该产品原料采用来自南非的黑金刚瓜子，配以食用盐、味精、甘草、八角、食品添加剂（甜蜜素、安赛蜜），奶油提香，片片酥脆。其营养成分，每 100 克的营养素参考值百分比，分别为：能量 1 934 千焦，占 24%；蛋白质 27.4 克，占 46%；脂肪 29.5 克，占 49%；碳水化合物 6.5 克，占 3%；钠 95 毫克，占 5%。产品类别为烘烤类。产品标准号为 GB/T22165。保质期为 300 天。实用方法：开封后去壳食用。储藏方法：置于阴凉干燥处。

生产部部长林元力让助理罗芳写一份商品说明书。

请代罗助理拟写商品说明书。

（1）学生分组分析、讨论。

（2）学生拟写初稿。

二、例文借鉴

（一）例文

×××学生榨菜（酱腌菜）

特点：乳酸发酵、香鲜味美、鲜脆可口。

配料：精选榨菜、食用盐、食用油、芝麻、香辛料、谷氨酸钠、乳酸、冰醋酸、柠檬酸、安赛蜜、5’－呈味核苷酸二钠。

产品标准号：Q/WJT0002S

出口食品备案号：5100/01056

食品生产许可证编号：QS5114 1601 0006

营养成分表

项目	每份（60g）	营养素参考值%
能量	84 千焦	1%
蛋白质	1.1 克	2%
脂肪	0.7 克	1%
碳水化合物	2.3 克	1%
钠	1 008 毫克	50%

净含量：60 克　固形物：不低于 85%
本企业通过 HACCP、ISO9001 管理体系认证
生产日期：见封边喷码
保质期：15 个月
食用方法：开袋即食，亦可佐食米饭、面条，烹饪调味。
贮存条件：请置于阴凉干燥处贮藏（冷藏更佳），开封后请冷藏保存。
生产商：四川省××市×××食品有限公司
地址：中国·四川·××市××路 369 号×××生态工业园
电话：+86 28 36888888
服务热线：400 88888 98
邮编：620010
网址：www. wjtfood. com
如有胀气、漏袋请勿购买食用

（二）简析

上文是一份格式规范的商品说明书，有如下特点：

（1）正文内容完整，要素具体明确。正文包括食品的特点、配料、营养成分、产品标准号、食用方法、贮存条件等。

（2）结尾部分有产品生产厂家、联系信息等。

三、知识储备

（一）商品说明书的概念

商品说明书是对商品的性能、规格、用途、保存和使用方法等进行说明的文书。它的作用是指导和帮助用户正确地理解、掌握、使用和维护被介绍的商品。

（二）商品说明书的种类

（1）根据内容和用途的不同，可分为民用商品说明书、专业商品说明书、技术说明书等。

（2）根据表达形式的不同，可分为条款式说明书、短文式说明书和文字图表结合式说明书等。

（3）根据印制包装形式的不同，可分为外包装式说明书和内包装式说明书。

（三）商品说明书的特点

（1）实用性。商品说明书的目的是方便人们了解产品，正确使用产品，因此要特别强

调其实用性，主要围绕产品的性能、特点、功用、使用方法、注意事项、维护保养等具有实用价值的内容来写。

（2）科学性。商品说明书是指导人们正确地认识和使用产品的，因此说明书的内容必须真实可信，有科学依据，不能为了推销产品而任意夸大其功用，或为了某种目的而有意回避、隐瞒某些信息，要力求客观、准确，实事求是。

（3）说明性。商品说明书的性质决定它在表达上要采用科学、准确的说明方式，表述要条理清楚，层次分明，便于读者理解。

四、技能掌握

（一）商品说明书的结构与写法

商品说明书的写法因商品而异，没有固定的格式，一般包括标题、正文和具名三部分。

1. 标题

一般写明商品名称再加上“说明”“介绍”“说明书”“使用说明”等字样即可。如：《××牌数码照相机使用说明》。

2. 正文

正文是商品说明书的主要部分，包括产品的性质、特点、原料配方、功效、适用范围、注意事项、使用方法等应该让消费者了解的信息。根据写作需要，可以采用条款式（分条列款逐项说明）、图表式（用图表直观说明）、文章式（用概括、叙述的方式进行介绍和说明）和综合式（综合以上几种形式）。

3. 具名

正文结束后，在正文正下方或右下方，写上产品生产、经销单位的有关信息，如企业名称、详细地址、联系方式等，便于消费者联系咨询或购买。

（二）商品说明书的写作模板

×××××说明书

××××××××××××××××××××××××××××××××××××。（简介商品的主要特点）

商品名称：×××××××。

成分或构成：××××××××××××××××××××××。

规格型号：××××××××××。

适用对象：××××××××××××××。

使用方法：

1. ××××××××××××××××××××××××××。

2. ××××××××××××××××××××××××××。

……

注意事项或警告：

1. ××××××××××××××××××××××××。

2. ××××××××××××××××××××××××。

……

有 效 期：×××××××

生产企业：×××××××××

生产地址：×××××××××××××

邮政编码：××××××

电话号码：××××××××

传真号码：××××××××

邮箱或网址：××××××××

（三）商品说明书的写作注意事项

（1）内容要全面真实。为了使消费者正确认识产品，避免因不了解产品导致错误使用从而造成产品损坏，甚至造成人身伤害，商品说明书应对产品的有关内容作全面、真实、客观的介绍。

（2）说明要突出重点。突出重点是指消费者急切想要了解的内容必须说明清楚，写作时应简明扼要，一目了然，不要画蛇添足，废话连篇。

（3）语言要通俗易懂。产品销售的最终目的是供大众消费使用，因此商品说明书的用语应当通俗易懂，即使是非用不可的专业术语，也应该尽量用平实的语言来解释清楚，有时还需用图示的方式来说明操作的步骤和方法，以便于理解和接受，切忌故弄玄虚。

五、病文析改

（一）病文

金星牌电热杯使用说明书

（编号：92－1－HC－78）

我厂电热杯产品历史悠久，样式新颖，美观大方，质量优良，安全可靠，经济实惠，誉满全球，世界一流。

警告：在没有阅读完和理解透本说明书前，不得将电热杯接在电网上，否则后果自负。

使用：为了确保该电热杯的正常使用和寿命的延长，请核对本地区电压，以免电热杯一开始就受到损害。

以下为本说明书的具体要素，请注意阅读和理解：

一、本电热杯电源电压为220 V交流，消耗电力300W。

二、自售出之日起，一年内如损坏，本厂负责退换，或免费修理。但不包括因使用不当而引起的损坏。

三、使用时首先插上电源插头，将电源线一端插入杯子插座处，用完后先拔掉插头，以免触电。

四、电热杯容量1 000毫升，灌得太满，煮沸时会溢出杯外，导致漏电事故。

五、电热杯不得磕碰、摔打，不能随意打开底部加热部件，不能空烧、干烧，以免损坏。

六、煮沸饮料倒出后，杯中应加入少量冷水（因杯底余热太高），否则会影响杯子寿命。

七、本产品经中国家用电器工业标准化质量测试中心站鉴定合格。

欢迎您提供宝贵意见。我们对提出好建议者实行抽奖。

我厂宗旨：质量第一　用户至上　销往全球　永久服务

本厂地址：中国广东佛山市顺德区××路××号

（二）修改意见

（1）正文首段没有抓住重点（电热杯的特点和最突出的功能、属于合格产品等要素）。首段试图介绍产品，但泛泛而谈，空而不当。

（2）正文主体没有依次分段说明基本要素、使用方法、注意事项、保修问题等。

（3）正文多处语言不够准确。如“灌得太满，煮沸时会溢出杯外”没有明确怎样是“灌得太满”。

（4）正文中存在不适合说明书的语言。如“否则后果自负”，语言过于强硬。

（5）缺少尾部要素。

实训演练

1. 根据商品说明书的写作要求，进行初稿修改。

2. 根据商品就明书的写作要求，修改“病文析改”部分的病文。

3. 修改下列句子。

（1）某小家电的说明书，绪论部分内容：本产品是目前市场上数一数二的好产品，销售量非常大，一般产品望尘莫及。

（2）某冷冻食品的说明书，内容：本产品需冷冻，加热后食用。

4. 完成以下工作。

绘美文具有限公司生产各类文具，其中有一类是彩色油画棒。规格分为12色、18色、24色、36色、48色。产品采用精选优质颜料严格调配研制，色彩纯度极高，色泽饱满，无异味，具有颜色亮丽、覆盖力强、涂画鲜艳的优点，适用于绘画平涂、叠涂、渐变涂、混涂、刮画等各种技巧方法，美术效果极佳。产品符合国家质量标准，执行标准为：GB21027－2007，QB2586－2003。作为儿童产品，外包装需列明警告要素，即“本产品不适合三岁以下儿童使用”，并在醒目位置呈现该标志。请代拟一份说明书，公司信息等可虚拟。

自我测试

一、单选

1. ________ 是商品的生产者向消费者或用户介绍其产品的特点、成分、性质、构造及注意事项等有关知识的说明文。

   A. 广告　　B. 消息　　C. 报告　　D. 商品说明书

2. 商品说明书的特点不包括________。

   A. 真实性　　B. 科学性　　C. 条理性　　D. 逻辑性

3. 以下有关商品说明书的写作，正确的是________。

   A. 商品说明书的写作可以像广告，稍稍夸张商品的性能以吸引读者

   B. 介绍商品时，商品说明书必须面面俱到，不能突出其特点

   C. 商品说明书应通俗易懂，少用专业术语

   D. 商品说明书应专业严肃，让消费者信服，不能太浅显明白

二、多选

1. 下列对商品说明书的表述准确的是________。

   A. 商品说明书是以说明为主要表达方式，概括介绍产品用途、性能、特征、使用和保管方法等知识的文章。

   B. 商品说明书是对产品的结构、性能、规格、用途、使用方法、维修保养等进行说明的文字。

   C. 商品说明书是商品生产者向消费者或用户介绍产品的特点、成分、性质、构造及注意事项等有关知识的说明文。

   D. 商品说明书是介绍商品资料的小册子。

2. 商品说明书正文包括________。

   A. 联系方式　　B. 保养维修方法

   C. 商品特点、用途　　D. 商品性能

3. 关于商品说明书以下描述不正确的是________。

   A. 为了推销产品可以夸大产品的功用

   B. 商品说明书要尽量用专业术语

   C. 商品说明书要突出重点

   D. 为了某种目的可回避、隐瞒某些信息

三、判断

1. 商品说明书以说明为主要表达方式，还可以结合描写和抒情。
2. 商品说明书一般是介绍商品性能、特征、特点、用途、使用方法和保养维修方法等，生产厂家或经销商的情况如厂址、电话、网址等可写可不写。
3. 商品说明书要简洁准确、通俗易懂。

模块三　公关礼仪文书

项目 1　邀请信

知识目标

1. 了解邀请信的概念、特点
2. 理解邀请信的结构和要求

技能目标

掌握邀请信的写作技能，能熟练拟写结构完整、条理清晰、表述准确的邀请信。

一、任务导入

2014 年 10 月 10 日，××××集团公司成立 50 周年。为了充分展示该集团公司 50 年发展的丰硕成果，继承和发扬公司的优良传统，进一步扩大社会影响，凝聚各方力量，促进发展，集团公司决定举办隆重而热烈的成立 50 周年庆祝活动。届时将邀请省部级有关领导出席庆典大会，邀请合作单位负责人同贺，邀请离退休人员共聚。同时还邀请知名学者、大学教授为企业顾问等。

为此集团公司专门成立了庆典筹备办公室，并将你借调到该办公室。现要求你针对不同对象写出邀请信。（客户发回回执的最后期限是 2014 年 9 月 20 日）

（1）学生分组分析、讨论。

（2）学生拟写初稿。

二、例文借鉴

2016 中国国际品牌发展论坛邀请函

各有关单位及企业：

由中国国际贸易促进委员会主办，北京市贸促会等单位协办的“2016 中国国际品牌发展论坛”将于 2016 年 12 月 13 日 14：00—17：00 在北京国际饭店××厅举办。

2016 中国国际品牌发展论坛将以实施国家自主品牌战略、转变经济发展方式和提高经济增长质量为契机，通过举办论坛、专题研讨会、企业洽谈会等系列活动，构建集政策解读、专业研讨、国际交流、对接合作于一体的综合平台，帮助中国企业加快自主品牌建设，促进更多优秀的国际品牌进入中国市场。本届论坛以“中国自主品牌国际化”为主题，邀请国内外品牌建设方面的有关政府部门、研究机构、商协会组织、品牌企业、广告公司、知名媒体的负责人，共同探讨如何实施中国自主品牌战略，塑造中国品牌的良好形象，提升品牌的内在价值，推动中国品牌的国际化，促进更多中国本土品牌的涌现和崛起。

诚挚欢迎有志于加强自主品牌建设、提升品牌影响力、开拓国际市场的国内品牌企业，以及有意进入中国市场的国际品牌企业莅临大会、共襄盛举。

联系人：×××

电　话：×××××××

此致

敬礼

中国国际贸易促进委员会经济信息部

2016 年 12 月 3 日

（二）简析

这是一篇会议邀请函。因为没有明确的邀请对象，所以称谓用了泛称。正文开门见山交代了论坛的组织单位、召开的时间和具体地点；然后，介绍了论坛的基本情况，以及本届论坛的主题、参会对象和召开的目的、意义；最后，向受邀者发出了诚挚的邀请。为方便联络，落款下还注明了论坛组织单位的联系人和联系方式。邀请函突出介绍了论坛的重要地位和参会的价值，对被邀请对象有很强的吸引力。

三、知识储备

（一）邀请信的概念

邀请信，又称邀请函、邀请书，是机关、团体、企事业单位举办重要活动、召开重要会议时为邀请单位或个人参加而制发的专用信函。

（二）邀请信的特点

邀请信除了说明邀请的原因和活动的意义、内容，往往还会介绍活动安排的细节。

四、技能掌握

（一）邀请信的结构和写法

1. 标题

标题可有两种写法，一是单写文种，即《邀请函》；二是“事由＋文种”，或“活动名称＋文种”，如《关于参加国际人才交流大会的邀请函》《第二届中医药国际发展论坛邀请函》。

2. 称谓

有明确对象的邀请信，应在邀请信开头顶格书写被邀请单位的全称或个人姓名，后加全角冒号。个人姓名前面一般加上“尊敬的”等敬语词，后缀“先生”“女士”“同志”“经理”等称呼。

网上或报刊上公开发布的邀请信，如果没有明确的邀请对象，可省略称谓或用“敬启者”“各有关单位”等统称。

3. 正文

正文部分应逐项写明具体内容，如举办活动的缘由、目的、事项及要求，活动的日程安排、时间、地点等，并对被邀请方发出得体、诚挚的邀请。这是邀请信的写作重点，条理一定要清楚，可采用序号加小标题的形式写作。

如果有关活动安排的说明篇幅较长，一般应将其作为附件，以免邀请信显得过于冗长。

为采集受邀方有价值的信息，了解和掌握受邀方的参会情况，邀请信往往还附有回执。回执常采用表格的形式，将需要受邀方填写的信息逐项列出，一般包括受邀方的单位名称，参加人员的姓名、性别、职务、民族、联系电话、电子邮件地址等。回执随邀请信同时发出，受邀方应如实填写并在一定期限内回复，以便于主办方根据回复情况作出相应安排。

4. 结尾

结尾一般要写邀请惯用语，如“敬请光临”“敬请莅临指导”“敬请届时出席”之类的请语。也可用“此致敬礼”“顺致节日问候”等语句。

5. 落款

在正文右下方署上发函单位的名称或发函者个人姓名，并署上发函具体日期。

如果是单位发出的邀请信，一般应加盖公章，以示庄重。

（二）邀请信的写作模板

邀请信

尊敬的__________女士/先生：

您好！

为了××××××××××××××××××××××（活动的意义、目的），现定于××××年×月×日×时×分在×××××饭店举办××××××××××××××××××××××××××××××××××。（活动的内容、具体安排等）

现诚邀您参加××××××××××××××××××××。恭候您的光临！（发出邀请）

联系人：×××

电　话：×××××××××

此致

敬礼！

××××公司（章）

××××年×月×日

（三）邀请信的写作注意事项

（1）标题要规范。要注意“邀请函”与行政公文中的“函”的区别。“邀请函”三个字是一个完整的文种名称，与行政公文中的“函”是两个不同的文种，不宜将“邀请函”拆开，写成“关于邀请××的函”。

（2）信息要准确。称谓、邀请缘由、活动内容、活动时间、活动地点、相关事宜、联系方式、落款等都应交代清楚，做到准确无误。邀请信如果有回执，设计时一定要考虑周详。要尽可能准确详尽地采集受邀方与活动相关的信息，避免因信息不全而导致准备不足。

（3）措辞要讲究。邀请信用语要简短、热情、文雅，宜用期盼性语言，突出邀请之意，不能生硬强求，避免用“务必”“必须”等强制性词语。

五、病文析改

（一）病文

邀请信

彭世杰先生：

现诚邀您于2017年10月15日在滨海市沿海路12号会展中心，出席我集团举办的展览会开幕式活动。如果您能接受邀请，我们将万分感激。等待您的回音。

此致

敬礼！

××××（章）
2017年9月15日

（二）修改意见

（1）称谓没有用敬语。

（2）正文没有信首问候语；没有交代活动的目的、意义，活动的时间、地点不够具体；个别地方用词不恰当；语气不够诚恳、热情。

项目2　请柬

知识目标

1. 了解请柬的概念、特点
2. 理解请柬的结构和要求

技能目标

掌握请柬的写作技能，能熟练拟写结构完整、条理清晰、表述准确的请柬。

一、任务导入

见前述“项目1　邀请信”任务情景。请你针对不同对象写出请柬。（客户发回回执

的最后期限是 2017 年 9 月 20 日）

（1）学生分组分析、讨论。

（2）学生拟写初稿。

二、例文借鉴

（一）例文

请　柬

尊敬的__________女士/先生：

兹定于 2017 年 7 月 19 日（星期六）上午 9 时在广州市×××路××号广州会展中心 A1 区展览大厅举办产品展销订货会。敬请拨冗光临指导！

恭请

莅临

明达灯具股份有限公司

2017 年 7 月 4 日

（二）简析

这是一封格式规范的请柬，称谓用了敬语，正文交代清楚了活动名称、时间、地点，语言简洁而庄重。

三、知识储备

（一）请柬的概念

请柬也叫请帖，是机关、团体企事业单位和个人在邀请客人时，为表示庄重而使用的一种告知性礼仪文书。请柬使用范围很广，召开庆祝会、联欢会、洽谈会、纪念会、订货会、研讨会、交流会以及举行宴会、婚礼、开业典礼、招待会、茶话会等都可以发请柬。有时，请柬也用作入场或报到的凭证。

（二）请柬的特点

（1）使用范围广泛。

（2）语言庄重雅致。

（3）有时作为入场和报到的凭证。

四、技能掌握

（一）请柬的结构和写法

请柬一般分为封面、封里两部分，又分横式、竖式两种。请柬可以自己制作，也可以到文具商店购买空白请柬打印或填写具体内容。

请柬的结构一般为“标题＋称谓＋正文＋结尾＋落款”。

1．标题

标题一般写在封面或页面上部居中位置，写“请柬”或“请帖”二字，字号略大，要醒目美观。标题如果设置于封面，往往用美术字或其他手写体，多数要烫金，周围以吉祥的图案、花纹等作装饰。

2. 称谓

另起一行或一页，顶格书写受邀单位的名称或受邀者的姓名。姓名前缀敬语，姓名后应当有职务、职称等称呼，如“经理”“教授”“女士”“先生”等。称谓后加全角冒号。

3. 正文

正文部分应写清楚活动内容、时间、地点等。有需要交代的其他信息或要求，也应简要说明，让对方提前做好某方面的准备。

4. 结尾

通常写“恭候光临”“敬请光临”“敬请光临指导”“敬请莅临”“敬请出席”等请语，或用“此致敬礼”等敬语。结尾语可紧接正文书写，也可另起一行书写。

5. 落款

落款在正文右下方（竖写的在左下方），写发请柬的单位名称或个人姓名，以及发请柬的日期。

有些请柬可能还要加上附注，如一些舞会、音乐会、大型招待会的请柬，写有“每柬一人”“请携带请柬入场”“请着正装”等。

（二）请柬的写作模板

请　柬

尊敬的__________女士/先生：

兹定于××××年×月×日×时×分在××××酒店××××厅举办××××××××活动。敬请拨冗光临指导！

恭请

莅临

××××公司

××××年×月×日

（三）请柬拟写要点

(1) 语言要典雅得体。请柬是我国传统的礼仪文书，一般用于重要活动和庄重场合，在语言上要庄重典雅、谦敬得体，以表现出对被邀请者的尊重，同时也表明邀请者对该活动的重视。

(2) 信息要交代准确。写作请柬时，活动的名称、时间、地点，邀请者的姓名、头衔等必须准确无误；如果有需要交代的其他事项，如交通路线、联系人、联系电话等，也一定要清楚准确。

(3) 篇幅要简洁短小。请柬的正文一般只需交代活动内容及具体时间、地点等信息，对活动本身一般不作具体说明。

（四）请柬的写作注意事项

（1）请柬的适用场合。请柬一般用于邀请对方作为宾客参加重大的活动，公务与私人场合皆可。比较隆重的喜庆活动，邀请客人时都应发请柬，而不可电话或口头邀请。一般的聚会、会议，或对方不作为宾客参加的活动，不用制发请柬。

（2）请柬的设计制作。请柬的设计制作一般都比较精美，无论是版面制作还是文字设计都讲究艺术性。制作请柬一般都选用红色或色彩比较鲜艳的彩色纸，封面一般用花边、图案进行装饰。越是隆重的活动，请柬的制作就越讲究。请柬设计精美，制作讲究，也是尊重被邀请者的表现。

（3）请柬的递送方式。请柬制作好以后，一般应装入信封，派专人送达，或直接邮寄给被邀请者；如果是邀请客人看演出、比赛等需要凭票入场的活动，还应随请柬送上入场券。

（4）请柬的投递时间。请柬一定要提前送出，给被邀请者留出足够的准备时间。对于重要的宾客，在递送请柬之后，还应适时以打电话等方式进行提醒和确认。

五、病文析改

（一）病文

请　柬

×××教授：

在我们中文系2007届同学毕业10周年之际，为了感谢您对我们辛勤培育与亲切教诲，兹定于9月1日晚在东方宾馆举行师生联欢会。敬请您务必准时光临。

此致

敬礼！

蔡燕等同学

2017年8月30日

（二）修改意见

（1）称谓没有用敬语。

（2）正文不必写活动的目的、意义。

（3）活动的时间、地点不够具体。

（4）个别地方用词不当。结尾语不恰当。

（5）发出请柬的主体不恰当，发请柬的时间也太迟。

六、知识链接

邀请信与请柬的异同

（1）相同点：都是邀请某人、某单位参加某项活动。

（2）不同点：邀请信是邀请对方参加某项实质性的活动，而不是例行的礼仪活动；为了使对方对活动有基本了解，邀请信往往还对活动本身的作用、意义等作介绍。而请柬只需用一句话点明活动的内容或名称。

项目3　贺信（电）

知识目标

1. 了解贺信（电）的概念、特点和类型
2. 理解贺信（电）的结构和要求

技能目标

掌握贺信（电）的写作技能，能熟练拟写结构完整、条理清晰、表述准确的贺信（电）。

一、任务导入

内容见“项目1　邀请信”任务情景。受到邀请的省级领导黄××因工作繁忙未能前来参加××××集团公司成立50周年庆典活动，但发来了一封贺信。

请你代为写这封贺信。

（1）学生分组分析、讨论。

（2）学生拟写初稿。

二、例文借鉴

（一）例文

贺　信

××中心：

值此××中心成立5周年之际，谨向中心表示热烈的祝贺！向中心的全体同志表示诚挚的问候！

××中心作为从事劳动法律援助的专业社会组织，自成立以来，积极贯彻落实做大做强做优法律援助工作的要求，办理法律援助案件3 000多件，为超过10万群众提供法律帮助和法律援助，为维护困难群众合法权益、维护和谐稳定社会作出了积极贡献！

希望××中心继续坚持“围绕中心、服务大局”的宗旨，坚持以人为本、服务为民，进一步做好劳动法律援助工作，为服务困难群众和弱势群体、保障和改善民生，作出新的更大贡献！

××××公司

2016年11月22日

（二）简析

本文首先写明了祝贺的缘由，然后对该中心几年来取得的成绩进行了高度赞扬，最后对中心的未来发展提出了希望和要求。贺信通过列举数字，直观地展示了对方5年来所取得的社会效益，使赞扬之情有根有据。贺信言之有物，感情真挚，读来令人振奋。其措辞与发信单位性质相符，语气也与双方关系相称。

三、知识储备

（一）贺信（电）的概念

贺信（电）是在正式的喜庆仪式上对主人或主办方表示祝贺的话。以函件形式发送的贺词通常称作贺信，以电报发出的贺词通常称作贺电。

（二）特点

（1）篇幅可长可短。少则几个字，多则几百字甚至上千字。

（2）贺信种类繁多，风格多种多样。在不同的场合和不同的节日要用不同的贺信，如贺乔迁、贺开业典礼、贺当选领导人等。

（3）祝贺性。表示祝贺或赞颂要感情真挚，符合身份，用语得体。

（三）贺信与贺电的区别

贺信、贺电都是表示庆贺的应用文书，在内容和结构上区别不大。国家重大庆典、工程顺利竣工、单位或个人作出突出贡献、重要会议召开、重要人物寿辰等喜庆之时，都可用贺信或贺电表示庆贺。贺信是发信函庆贺，贺电为发电报或登报庆贺。

无论是贺信还是贺电，都要及时发送给对方，这样才显得热情真诚。贺信、贺电一定要赶在举行庆典之前寄到或公布，否则就失去了庆贺的意义。

四、技能掌握

（一）贺信（电）的结构和写法

1. 标题

（1）只写文种“贺信”或“贺电”。

（2）写谁发出的贺信（电），如《××公司贺信》。

（3）写给谁发的贺信（电），如《致××公司的贺电》。

（4）写谁给谁发的贺信（电），如《××协会致××公司的贺信》。

2. 称谓

顶格写被祝贺单位的名称或个人姓名，后加冒号。写给个人的，要在姓名前加“尊敬的”等敬语，后加相应的称呼，如“总经理”“先生”“女士”等。

3. 正文

正文在称谓下一行，左空两格。开头部分用简练的语言表示祝贺，如“值此……之际，谨代表……向……表示热烈祝贺”！

主体部分一般要陈述祝贺原因，说明对方取得的成绩及其意义，表示热烈的祝贺和殷切希望，表达真诚的慰问和祝福。根据事由及对象不同，贺信（电）的内容与措辞也有所区别。

（1）典礼类。如开业典礼、剪彩仪式、奠基典礼等，可简略叙述当前的形势和取得成绩的社会背景、参加典礼的激动心情，评价和褒扬相应组织的重要地位和影响，回顾创业的艰辛和事业的辉煌，提出良好的展望和祝愿。

（2）会议类。可简略叙述重要会议召开的背景、参加会议的喜悦心情，评价和褒扬会议的重要意义和作用，评价和褒扬相应组织的重要成就和地位，表达对大会圆满成功的良好祝愿。

（3）人物类。如祝寿、祝酒、祝新婚等，可表达参加庆祝活动的激动心情，评价和褒扬对方的地位、业绩或品德，回顾与对方的交往和友谊，展望美好的未来，提出良好的期望和祝愿。

4. 结尾

一般以祝愿词结尾。在正文之后，通常根据情境写上表示祝愿、鼓励和希望的话，如“祝大会圆满成功”“祝取得更大的业绩”“向您致以崇高的敬礼”“祝您健康长寿”等。

5. 落款

在正文右下方，写发贺信（电）的单位名称或个人姓名，署名下写发贺信（电）的具体日期。

（二）贺信（电）的写作模板

贺　信（电）

尊敬的××××，女士们、先生们，朋友们：

大家好！

在×××××××××之际，××××公司隆重开业了！在这美好的时刻，我谨代表×××××向××××公司表示最热烈的祝贺！祝××××公司事业红红火火、财源滚滚而来、前程辉煌灿烂！

××。（对公司的工作业绩、贡献等予以赞扬、祝贺，表达良好愿望）

再一次热烈地祝愿××××公司隆重开业！祝愿×××公司迈向更加美好的明天！

谢谢！

×××××××××

××××年×月×日

（三）贺信（电）的写作注意事项

（1）定位要准确。写贺信（电）时先要弄清楚双方的关系，明确各自的身份。地位高低、关系远近、往来疏密等因素都会直接影响贺信（电）的措辞用语。只有定位准确，才能保证贺信（电）措辞妥帖，周全得体。

（2）感情要饱满。贺信（电）用于喜庆之时表达祝贺之意，因此在语言上要体现出强烈的感情色彩。感情真挚诚恳，才有利于加深双方的友谊，促进双方的合作。

（3）评价要得当。贺信（电）都需要赞扬对方的成绩，但一定要注意分寸，要实事求是，言之有物，符合对方实际，不可过分拔高，言过其实。

五、病文析改

（一）病文

贺 信

正值我市大力调整产业结构之际，物贸商场落成开业，这是我们商业界，也是全市人民的一件喜事。

商业部门是搞活经济的中坚力量。作为营业面积居我市前列的贵物贸商场的开业，对扩大商业销路，满足人民群众的物质需求，繁荣我市经济贸易，推动市场结构调整，都会产生巨大作用。

此致

敬礼！

（二）修改意见

（1）贺信没有称呼。

（2）正文开头没有表达祝贺之意。主体没有回顾创业的历程，没有提出良好的展望和祝愿。文章最后也没有祝贺语。没有落款。

（3）贺信在语言上没有体现出强烈的感情色彩。

项目4 祝酒词

知识目标

1. 了解祝酒词的概念、特点和类型
2. 理解祝酒词的结构和要求

技能目标

掌握祝酒词的写作技能，能熟练拟写结构完整、条理清晰、表述准确的祝酒词。

一、任务导入

内容见“项目1 邀请信”任务情境。在庆典之后的宴会上，集团公司董事长余××做了简短讲话。

请你代为写发言稿。

（1）学生分组分析、讨论。

（2）学生拟写初稿。

二、例文借鉴

（一）例文

祝酒词

尊敬的×总经理，各位来宾：

大家好！

此刻，我们为×××产品购销协议的成功签订而欢欣鼓舞、共聚一堂！相信我们公司和×××公司今后在平等互利、真诚合作的基础上，将取得圆满的成果，实现双赢的目标！

现在，我提议：

让我们为协议的顺利签订

为我们两家公司今后更深入的合作

为我们的美好前景

干杯！

×××公司经理

××××年×月×日

（二）简析

例文是一篇公司庆功酒宴上的祝酒词，先简单介绍双方共同关心的问题的商议结果（祝贺的理由），接着表达良好的愿望，最后提议干杯。祝酒词内容简洁，语气诚恳。

三、知识储备

（一）祝酒词的概念

祝酒词是在较为正规的宴会上，宾客双方相互敬酒时表示祝愿的话。其内容以叙述友谊为主，要求篇幅短小，文辞庄重、热情。祝酒词又可写作祝酒辞。

祝酒词分短式和长式两类。短的祝酒词往往是现场即兴所致。长的祝酒词主要是在公务活动的大型酒会上由负责人所致，一般事先写好。

（二）特点

（1）主要表达美好祝愿。

（2）篇幅短小，简洁、热情而有感染力。

四、技能掌握

（一）祝酒词的结构和写法

（1）标题：活动名称＋文种，如《在欢迎×经理前来洽谈业务宴席上的祝酒词》。也可仅用文种做标题。

（2）称谓：一般要突出客（主）人中的代表人物，又要兼顾所有来宾，可以用泛称，但都要注意用尊称。

（3）正文：表达主客双方的友好情谊，也可提及双方商谈或共同关心的问题。一般来说祝酒词篇幅不宜长。

（4）结尾：要说明干杯的理由，祝语既要突出客（主）人中的代表人物，又要考虑其他各方面因素，或兼顾所有来宾 。

（二）祝酒词的写作模板

祝酒词

尊敬的×××，各位来宾：

此刻，我们为××××××××××××××××××××××××而欢聚一堂！相信我们公司和×××公司今后×××××××××××××××××××××××××××！（表达主客双方的友好情谊，也可提及双方商谈或共同关心的问题）

我提议：

让我们为×××××××××

为×××××××××

为×××××××××

干杯！

×××

××××年×月×日

五、病文析改

（一）病文

在“中国科技博览会”开幕酒会上的祝酒词

（2014 年 7 月 8 日晚）

各位：

晚上好！今晚，我们有机会同各界朋友相聚，感到很高兴。

“中国科技博览会”自上午开幕以来，已引起了我市及外地科技人员的浓厚兴趣。这次展览会在广州举行，为来自全国各地的科技人员提供了一个良好的交流平台。

今晚，各地朋友相聚一堂，将共同度过一个愉快的夜晚！干杯！

（二）修改意见

（1）称谓没有用尊称。

（2）正文没有提及大家共同关心的问题。

（3）最后没有说明干杯的理由。

（4）用语不够热情，没有感染力。

六、知识链接

贺信（电）与祝酒词的异同

从文体结构上来说，贺信（电）与祝酒词基本一样，但表述有些不同。贺信（电）内容较详细，语气殷切，感情色彩更浓厚。祝酒词内容更简洁，语气更诚恳。

实训演练

1. 根据邀请信、请柬、贺信（电）与祝酒词的写作要求，进行初稿修改。
2. 根据邀请信、请柬、贺信（电）与祝酒词的写作要求，修改“病文析改”部分的病文。
3. 请指出以下病文的不当之处，并进行修改。

邀请函

尊敬的××先生/女士：

新年即将来临，我们倾情实现××公司大家庭的快乐相聚。为了感谢您多年来对我们公司的大力支持，兹定于2015年1月10日在会展中心×厅举行2015年公司成立20周年庆典暨新一届董事会就职典礼，并敬备酒宴，届时将有精彩的节目和丰厚的奖品等着您，不要错过哦！

让我们同叙友谊，共话未来，迎接来年更多的财富、更多的快乐！

××公司
2015年1月5日

请　柬

××女士/先生：

在你的帮忙下，我厂生产的电视机在今年的全国质量评比中获奖。现定于2015年1月9日在花园酒店开个庆功会，诚邀你赴会。

××公司
2015年1月5日

贺　信

××房地产公司全体职工：

听闻十月二日是贵公司成立十周年纪念日，我们表示热烈祝贺！

十年来贵公司全体职工发扬了艰苦创业、自力更生、增产节约、多作贡献的可贵精神。贵公司在技术力量方面，给我司以无私的帮助和支援。为此我们表示衷心的感谢，并决心以实际行动向贵公司全体职工学习，努力钻研技术，提高产品质量，为达到同行业的先进水平而努力。

最后，祝贵公司全体职工在新一年的项目开发中取得更大的成绩。

在县公安局办公大楼落成典礼上的祝酒词

各位领导、各位来宾、同志们：

县公安局办公大楼从2015年开始建设，历时两年多时间，今天正式入驻使用。在工程建设过程中，我们得到了社会各界的大力支持，也得到了兄弟县区及社会各界的鼎力相助。办公大楼的建成，极大地改善了我县公安机关的办公条件，为我县今后更好地发展提供了载体，同时也为我们与周边县区加强合作、增进友谊提供了广阔的发展平台。

现在，我提议：为了我们的精诚合作，为了我们的事业发达，为了各位领导的身体健康、事业有成、家庭幸福，干杯！

4. 阅读材料并完成写作任务。

世界最长跨海大桥——杭州湾跨海大桥建成通车

据新华社宁波慈溪2008年5月1日电（记者　方益波　李亚彪）杭州湾跨海大桥通车仪式1日下午在位于桥中央的海中平台附近桥面举行。中共浙江省委书记赵洪祝15时40分宣布，杭州湾跨海大桥通车。

杭州湾跨海大桥是目前世界上已建和在建的最长的跨海大桥。北起嘉兴市海盐郑家埭，跨越杭州湾海域，止于宁波市慈溪水路湾，全长36公里。作为国道主干线——沈海高速跨越杭州湾的便捷通道，大桥将缩短宁波至上海间的陆路距离120余公里。

杭州湾跨海大桥是中国自行设计、自行管理、自行投资、自行建造的特大型交通基础设施。按双向六车道高速公路设计，设计时速100公里，设计使用年限100年，概算总投资约118亿元。大桥于2003年11月14日开工，于2007年6月26日全桥贯通。目前依法通过交工验收，经浙江省交通厅同意开始试运营通车。

工程指挥部副总指挥金建明列举说，大桥在国内第一次提出了设计使用寿命大于或等于100年的耐久性要求；大桥50米箱梁“梁上运梁架设”技术，使架设运输重量从900吨提高到1 430吨，居世界第一，刷新了目前世界上同类技术、同类地形地貌桥梁建设“梁上运梁架设”的纪录；大桥深海区上部结构采用70米预应力砼箱梁整体预制和海上运架技术，为解决大型砼箱梁早期开裂的工程难题，在国内第一次成功实施了“二次张拉技术”，彻底解决了这一工程“顽疾”；大桥采用整桩螺旋钢管桩，最大直径1.6米，单桩最大长度89米，整桩螺旋钢管桩长度在国内外桥梁钢管桩中位居第一；大桥南岸10公里滩涂底下蕴藏着大量的浅层沼气，对施工安全构成严重威胁，在滩涂区的钻孔灌注桩施工中，第一次采用有控制放气的安全施工工艺，此工艺在世界同类地理条件中属首创。

据了解，大桥开工以来，共获得了250多项技术革新成果，取得了以九大核心技术为代表的自主创新成果，攻克了在强潮海湾建设跨海大桥的技术难题，累计节约成本约11亿元。目前已有6项关键技术通过了国家鉴定，其成果总体达到国际领先水平。仅用了3年零7个月就实现了全桥贯通，提前工期8个月全线试运营通车。

大桥建成通车后，上海、杭州、宁波之间将形成“两小时交通圈”。大桥的建设有利于推动长三角地区的合作与交流，使宁波、温州、台州等长三角南翼城市与上海的关联度、紧密度得以提升，对整个长三角地区的经济社会发展都将产生重大的影响，并进一步促进长三角“世界第六大都市圈”的形成。

杭州湾跨海大桥建设的另一亮点，是在国内率先引入了民营资本参与国家特大型基础设施建设。

根据上述材料完成下列任务：

（1）拟写贺信。

得知杭州湾跨海大桥通车庆典将于2008年5月1日举行的信息后，中国××省桥梁建设总公司决定发出一封贺信。发文日期，2008年4月25日。收文单位：杭州湾跨海大桥通车庆典组委会。

（2）拟写贺电。

以中华人民共和国交通部的名义拟写一封贺电，祝贺杭州湾跨海大桥建成通车，收电单位：杭州湾跨海大桥通车庆典组委会。时间：2008年5月1日上午。

（3）拟写邀请信。

以杭州湾跨海大桥通车庆典组委会的名义写一封邀请信，邀请曾参与大桥设计论证的著名桥梁专家、××大学教授张××出席杭州湾跨海大桥通车庆典活动。

（4）拟写请柬。

以杭州湾跨海大桥通车庆典组委会的名义，邀请参与杭州湾跨海大桥建设的主要设计人员、投资方代表、建设单位主要负责人等出席杭州湾跨海大桥通车庆典活动。

（5）以杭州湾跨海大桥通车庆典组委会的名义写一篇通车庆典活动的祝酒词。

5. 你所在的公司要举办新产品发布会，准备邀请同行业的企业和媒体前来参加，用哪种文种邀请？请完成写作任务。

自我测试

一、单选

1. 邀请信的正文部分除了说明邀请的原因和活动的意义、内容，往往还会介绍__________。

A. 活动安排的要求　B. 活动议程　C. 会议日程　D. 活动安排的细节

2. 邀请信的正文在逐项写明活动内容后，应对被邀请方发出诚挚的__________。

A. 要求　B. 问候　C. 邀请　D. 祝贺

3. 贺信（电）需要赞扬对方的______，但一定要注意分寸，要实事求是，言之有物，符合对方实际。

A. 地位　B. 成绩　C. 合作　D. 友谊

4. 祝酒词的称谓一般要突出客（主）人中的代表人物，又要兼顾______。也可以用泛称。

A. 工作人员　B. 所有来宾　C. 主办方　D. 主持人

二、多选

1. 对于邀请信称谓的写法，以下__________是正确的。

A. 写被邀请单位的全称或个人姓名

B. 个人姓名前面一般加上敬语

C. 不需写称谓

D. 个人姓名后缀“先生”“女士”等称呼

2. 邀请信的写作要注意以下方面__________。

A. 信息要准确　B. 一定有回执

C. 措辞要讲究　D. 标题可写“关于邀请××的函”

3. 以下贺信标题正确的是__________。

A. 贺信　B. ××公司贺信

C. 致××公司的贺信　D. ××协会致××公司的贺信

4. 典礼类贺信的内容应包括__________，回顾创业的艰辛和事业的辉煌，提出良好的展望和祝愿。

A. 对方取得成绩的社会背景　B. 褒扬对方的重要地位和影响

C. 己方参加典礼的激动心情　D. 己方的决心

三、判断

1. 为采集受邀方有价值的信息，了解和掌握受邀方的参会情况，邀请信往往还附有回执。
2. 单位发出的邀请信，一般应加盖公章，以示庄重。
3. 邀请信和请柬都要交代活动内容及具体时间、地点等，并对活动本身的目的、意义等作具体说明。
4. 请柬的语言要庄重典雅、谦敬得体。
5. 请柬一般用于邀请对方作为宾客或一般工作人员参加重大的活动，公务与私人场合皆可。

模块四　会务文书

项目1　会前文书（一）：会议通知

例文、知识储备及技能要求等部分，参阅本书“模块一常用公务文书　项目1　通知”。

项目2　会前文书（二）：会议议程

知识目标

1. 了解会议议程的概念、种类和特点
2. 理解会议议程的结构和要求

技能目标

掌握会议议程的写作技能，能熟练拟写编排合理、结构完整，条理清晰，表述准确的会议议程。

一、任务导入

2017年是新创科技有限公司成立10周年，公司亦在这一年成功上市。为了感谢公司员工、股东和社会各界多年来对公司的支持和帮助，同时对外树立公司良好的企业形象，公司决定在2017年11月20日举办“新创科技有限公司成立10周年暨上市庆典大会”，邀请全体员工、股东、供应商、经销商、政府相关部门、若干媒体参加，并邀请行业专家就科技行业的市场前景进行主题演讲。

请代为编写会议议程。

（1）学生分组分析、讨论。

（2）学生拟写初稿。

二、例文借鉴

（一）例文

2017 年童车市场趋势及新品发布会会议议程

一、会议时间

2017 年 4 月 9 日上午 9：30—11：30

二、会议地点

广州市新港东路保利世贸博览馆三楼会议中心

三、会议主持

××电视台经济频道节目主持人××

四、会议进程

1. 9：00—9：30　会议签到。

2. 9：30—9：35　大会致辞：中国玩具和婴童用品协会副主席×××。

3. 9：35—9：50　中国童车产业现状及市场趋势分析：浙江平湖永华公司总经理李××。

4. 9：50—10：10　从商场销售特点看童车市场消费变化：孩子王儿童用品（中国）有限公司采购总监李××。

5. 10：10—10：20　特别嘉宾经验分享：金童辉玩具百货有限公司总经理莫××。

6. 10：20—10：35　国外大品牌童车精品鉴赏：至上产品设计有限公司总经理江××。

7. 10：35—11：10　多家童车企业新品发布。

8. 11：10—11：30　商务交流。

9. 11：30　论坛结束。

（资料来源：广州玩家展会议网站，http：//www. chinatoyfair. com/mail/2013meeting/3. html，有改动）

（二）简析

议程要素齐全、结构完整、行文规范，而且条理清晰、语言简洁、详略得当，整体编排合理，体现了“轻重缓急”的原则。

三、知识储备

（一）会议议程的概念

会议议程是为了完成议题而作出的顺序计划，是对会议要讨论、解决的问题的步骤和次序所作的安排，是制定会议日程的根据。

通过会议议程，与会者可更好地把握会议所要讨论的问题、清楚会议顺序，及时获得有效信息。

（二）会议议程的特点

（1）实效性。会议议程注重实效，目的在于向与会者提供需要事先知道的有关信息，使得与会者在参加会议前就做好相应的准备。

（2）条理性。会议议程的撰写要条理清晰，尤其是持续多日的会议议程，必须条理清晰地写清楚会议每天的活动程序。

四、技能掌握

（一）会议议程的结构和写法

1. 标题

会议名称＋“会议议程”。如《上海物资贸易股份有限公司 2017 年度股东大会会议议程》。

2. 正文

会议议程有两种写法：

（1）简单的会议议程：简单地将会议的步骤逐一分条列出，并冠以序号。

（2）详细的会议议程：将会议的各种程序（讲话、审议、选举、表决等）详细列出，按会议持续的时间逐日编排。一般而言，会议议程应包括以下内容：时间、地点、内容、进行形式（如全体大会、研讨会、论坛、座谈会、专题讨论会、讲座等）、责任者（如讲话人、主持人、嘉宾等）、注意事项等。

（二）会议议程的写作模板

××××大会会议议程

一、会议时间

××××年×月×日（星期×）×时×分

二、会议地点

××××××××

三、会议主持

××××（职位或职务）

四、会议进程

1. ×月×日×时×分—×月×日×时×分　　议程一×××××××
2. ×月×日×时×分—×月×日×时×分　　议程二×××××××
3. ×月×日×时×分—×月×日×时×分　　议程三×××××××

（三）会议议程的写作注意事项

（1）按轻重缓急的原则来编排会议议程。

（2）尽量将同类议题集中排列在一起，以便于讨论以及有关列席人员的到会和退席。

（3）用语要简洁、准确，条理要清晰。

五、病文析改

（一）病文

会议议程

各位股东：

大家好！

欢迎大家前来参与本次股东大会，以下是本次大会的会议议程：

一、会议时间

1月10日上午

二、会议地点

公司会议室

三、会议主持

公司董事长

四、会议进程

1. 与会人员签到入席。

2. 宣布大会参加人数、代表股数、会议有效；介绍会议出席人员，介绍律师事务所见证律师。

3. 宣布会议开始。

4. 公司董事会和高管人员与参会股东就关心问题进行交流。

5. 股东发言。

6. 审议如下议案：

（1）关于昌茂集团有限公司2016年度利润分配的议案。

（2）关于昌茂集团有限公司购买××大厦办公用房的议案。

（3）关于修订《昌茂集团有限公司章程》部分条款的议案。

7. 宣读《股东大会议案表决办法》。

8. 宣布计票员名单、通过监票员建议名单。

9. 对上述议案进行逐项表决。

10. 宣布表决结果。

11. 见证律师宣读法律意见书。

12. 签署、宣读2016年度股东大会决议。

13. 主持人宣布大会结束。

昌茂集团有限公司（印章）
2017年1月10日

（二）修改意见

（1）标题不明确。

（2）格式不规范，将会议议程与会议通知的格式混淆了。

（3）会议时间、会议地点和会议主持不明确。会议程序没有标示起止时间。部分程序没有标示责任者。

（4）没有按轻重缓急的原则来编排会议议程。

六、知识链接

会议议程与会议日程的区别

（1）功能不同。会议议程涉及对会议要通过的文件、要解决的问题的概略安排，冠以序号将其清晰地表达出来，会前发给与会者。而会议日程涉及会议在一定时间内（通常以天为单位）的具体安排，一般用简短文字或表格形式，将会议时间设定在每天上午、下午、晚上三个时间段，使人一目了然。

（2）会议议程编制在前，一旦确定则不应变更。会议日程在时间、地点、人员等问题上，可根据变化相应调整。

项目3　会中文书（一）：讲话稿

知识目标

1. 了解讲话稿的概念、种类和特点
2. 理解讲话稿的结构和要求

技能目标

掌握讲话稿的写作技能，能熟练拟写结构完整、条理清晰、表述准确、情感丰富的讲话稿。

一、任务导入

为了打破传统的管理、经营模式，提升集团公司的现代化水平，真正实现公司的创新、转型发展，运华集团有限公司决定召集总公司各直属部门及各分公司的负责人召开一次改革创新工作会议。公司董事长将在会议上发表讲话，讲话围绕改革创新、市场化等关键词，核心精神是“进一步解放思想，全面推进市场化改革”，要求与会人员正确认识改革创新的重大意义，全面部署改革创新工作。

请代为拟写讲话稿。

（1）学生分组分析、讨论。

（2）学生拟写初稿。

二、例文借鉴

（一）例文

4G 星火，可以燎原

——新浪执行副总裁、新浪网总编辑陈彤在 2014 新浪科技 4G 暨虚拟运营商高峰论坛上的讲话

（2017 年 9 月 11 日）

陈　彤

尊敬的各位来宾：

早上好！

“久有凌云志，重上井冈山”，当年毛主席在这里写下名篇《水调歌头》，五十年后，很高兴有机会能与各位怀有凌云之志的领军人物，在革命圣地井冈山聚首，以 4G 为契机共同就行业的现状和未来进行探讨。

今年是 4G 元年。新一代的移动通信技术，势必掀起移动行业新的革命。三大运营商大规模铺设高速网络已经拉开帷幕；国产手机厂商纷纷加码 4G 手机，4G 智能手机进入了增长爆发期。同时，为了激活市场，电信运营商向民营资本开闸，虚拟运营商的入局更添变数。

对于国内 4G 产业而言，政策和人口红利均具备，新的机遇千载难逢。前途再光明，道路一定也会有曲折，挑战总与机遇同在。

井冈山，是个转型求胜之地。1927 年，毛主席率领“三湾改编”后的秋收起义部队到达井冈山，后与朱德、陈毅率领的部队胜利会师，这也成为中国革命走上以农村包围城市、最后夺取全国胜利的道路的开端。在井冈山上，毛主席创立并发展了新的革命政权和武装斗争理论。

这也是我们选择在这里召开此次峰会的原因之一。今天三大运营商、主流的国产手机厂商、新崛起的虚拟运营商和我们相聚在此，共商如何构建更好的 4G 产业生态系统，希望各位高屋建瓴的意见和交流，能帮助 4G 发展找到星火燎原的道路和方向。

“世上无难事，只要肯登攀。”相信只要携手共进，必定能够推动 4G 事业走向胜利。

最后，感谢吉安市委市政府相关领导、三大运营商、各位手机和虚拟运营商嘉宾对此次会议的支持！感谢大家对新浪的长期支持！预祝大家“谈笑凯歌还”！

（资料来源：新浪科技网，http：//tech. sina. com. cn/t/2014 – 09 – 11/0938960584l. shtml，有改动）

（二）简析

文章以毛主席诗词开篇，巧妙地把会议精神和井冈山革命精神联系在一起，紧扣会议主题。文章开头向与会嘉宾表示热烈的欢迎。主体部分回顾了 2014 年 4G 技术发展的态势，并用井冈山作为一个转型求胜之地，引出了国内 4G 产业面临的机遇和挑战。最后简单介绍了这次峰会的任务，对来宾提出希望。在结语部分对有关单位、来宾表示感谢和祝福。全文言之有物，结构完整，条理清晰，语言简洁生动，感情丰富。

三、知识储备

（一）讲话稿的概念

讲话稿是在各种会议或公共场合发表讲话前事先准备的书面文稿，是讲话者发表见解、表明态度的依据。

（二）讲话稿的分类

（1）按内容不同，可分为政治的、军事的、经济的、学术的讲话稿等。

（2）按目的不同，可分为祝贺性的、说服性的、鼓动性的、凭吊性的讲话稿等。

（3）按讲话者身份不同，可分为领导讲话稿、来宾讲话稿、群众代表讲话稿等。

（4）按场合不同，可分为会议讲话稿、集会讲话稿、电视讲话稿、广播讲话稿等。

（三）讲话稿的特点

（1）内容针对性强。讲话稿往往要根据场合的不同，以及听众的身份、职业、心理、文化程度来选择不同的材料和语言风格。在内容上要围绕活动主题，做到有的放矢。

（2）有效沟通性。讲话稿是沟通讲话者与听众的文字材料，要符合讲话者的讲话风格，同时也要切合听众的特点和兴趣，达到有效沟通的效果。

（3）语言大众化。讲话稿的语言讲求简明准确、生动活泼，力戒生涩隐晦。要让听众容易明白、接受。

四、技能掌握

（一）讲话稿的结构和写法

1．标题

（1）“在” + 会议名称 + “上” + “的讲话”。如《在2015年春节团拜会上的讲话》。

（2）讲话者 + “在” + 何时（何地） + “的讲话”。如《宏升公司董事长在接见2015年宏升公司十佳优秀员工时的讲话》。

（3）正标题 + 副标题。正标题阐述讲话的主旨、意义、中心内容；副标题交代讲话者、场合和文种。如《努力改进领导作风，切实抓好工作落实——×××董事长在××企业负责人年会上的讲话》。

2．讲话发表日期

在标题之下另起一行，居中标示讲话发表的日期，用圆括号括起。年、月、日要完整，用阿拉伯数字书写。

3．署名

在讲话发表日期之下另起一行，居中标示讲话者的姓名。可在署名前加上讲话者的职务或职称。

日期和署名先后位置不固定，以文面美观为原则。

4．称谓

对听众的称呼，顶格书写，其后标注冒号。一般通用的称呼有“女士们、先生们”“朋友们”“各位来宾”“各位代表”等。称谓要注意符合场合和听众的身份，要注意先后次序，如有需要特别提出的重要嘉宾，也可以在称谓中对其单独称呼，以示尊重。

5. 正文

（1）导语。

导语部分必须简短、有鼓动性，常见的写法有：

①概述式。简要说明会议或活动的背景、目的、内容、意义、作用等。

②表态式。对与会人员表示热烈的欢迎，对承办者表示感谢。

（2）主体。

这是开幕词的核心部分，往往承接导语部分所提出的观点展开阐述，通常包括：

①阐明会议的意义：包括会议召开的形势（对以往工作情况的概括总结和对当前形势的分析）、会议将要讨论解决的问题、会议的意义、会议的任务、会议要达到的目的等。

②提出会议的任务、要求，并对会议作预示性的评价。

（3）结尾。

对讲话的主要内容加以概括，再次点明主旨，常见的写法有：

①希望式。对与会者提出希望。

②展望式。对未来前景进行展望。

③总结式。对讲话的内容加以概括。

（二）讲话稿的写作模板

在×××××上的讲话

（2017年×月×日）

×××公司总经理　×××

女士们、先生们，朋友们：

大家好！

我是×××公司总经理×××。由×××主办×××承办的×××会议（活动）今天在这个美丽的×××××地方召开！我谨代表×××××向×××××表示热烈的欢迎和真诚的问候！（交代会议或活动的相关情况，或说明讲话要领，或表示感谢）

×××××，×××××，×××××，×××××××××××，××××××××××。（主体内容，可用条款式结构）

一、×××××

二、×××××

三、×××××

希望×××××，×××××××××××，×××。（提出希望、号召和要求）

（三）讲话稿的写作注意事项

（1）内容要集中、观点要鲜明。根据讲话的场合和目的，把握会议或活动的性质、主旨和精神，表明讲话者的立场和态度。

（2）内容应有针对性，要紧扣会议或活动主题，并结合听众的基本情况、接受习惯，篇幅不宜过长。

（3）语义清楚、不能出现歧义的词句。适宜宣读，让听众能迅速、准确地理解讲话者的观点。

（4）语言生动通俗，能把抽象的概念形象化、具体化。

（5）感情丰富，充满热情，有鼓舞性。

五、病文析改

（一）病文

发布会讲话稿

各位听众：

大家好！××家具公司自2000年成立以来，始终坚持以人为本、改革创新的企业精神，坚持严格的质量标准，成为家具行业的经典品牌。旗下拥有×××××、×××××、×××××和×××××四大系列。产品畅销国内外，涵盖全球很多国家和地区，市场网络已覆盖很多城市，构成了多层次、全方位的网络体系。

本次发布会公司将推出××××系列产品。这个系列的家具都采用榆木、黑胡桃混搭，通过不同材料和色调的搭配，令其保留自身的纹理和质感，××××××××。这个系列产品的成功推出，要感谢过去一年努力工作的全体员工以及给予我们帮助的社会各界朋友。

今年是本公司快速发展的一年，相信这次发布会将会为本公司带来很多商机。

谢谢！

××家具公司董事长　何××

（二）修改意见

（1）标题没有写清会议名称。

（2）称谓不恰当。

（3）导语部分写作不规范。主体部分没有围绕听众的需求来写，详略不当，事实表述不清晰，逻辑性不强。结尾不规范。

（4）语言枯燥，情感不丰富，缺乏感染力。

（5）未标示讲话发表日期，署名的格式不规范。

实训演练

1. 根据会议议程和讲话稿的写作要求，进行初稿修改。

2. 根据会议议程和讲话稿的写作要求，修改“病文析改”部分的病文。

3. 德昌集团公司为了更好地了解各地分公司“××”系列产品上半年度的销售情况，并且共同商讨公司“××”系列产品下半年度的销售计划、促销方法和宣传策略，决定于2015年10月15日召开一次销售工作会议，要求各分公司主管销售的负责人参加，地点在总公司行政楼十五楼第二会议室。请代为编写会议议程。

4. 2015 年是某家电公司成立三十周年，公司为了鼓舞员工斗志，增强凝聚力，扩大知名度和影响力，树立良好的企业形象，决定举办三十周年庆典暨表彰大会，表彰为公司的发展作出贡献的员工、供应商和经销商。请为公司董事长拟写讲话稿。

自我测试

一、单选

1. 在编排会议议程时，应按________的原则进行编排。
   A. 张弛有度　　B. 轻重缓急　　C. 规模大小　　D. 不超预算
2. 以下会议议程对议题安排顺序正确的是________。
   A. 领导致辞、分组讨论、宣读决议、招待晚宴
   B. 宣读决议、分组讨论、领导致辞、招待晚宴
   C. 领导致辞、招待晚宴、宣读决议、分组讨论
   D. 分组讨论、领导致辞、宣读决议、招待晚宴
3. 祝贺性讲话稿、说服性讲话稿、鼓动性讲话稿是按讲话稿的________来划分种类的。
   A. 内容不同　　B. 场合不同　　C. 讲话者身份不同　　D. 目的不同
4. 讲话稿要切合听众的特点和兴趣，体现了讲话稿的________特点。
   A. 针对性　　B. 口语性　　C. 沟通性　　D. 评论性
5. 讲话稿结尾部分，对未来前景进行展望，是________的写法。
   A. 总结式　　B. 提问式　　C. 希望式　　D. 展望式

二、多选

1. 以下属于会前文书的有________。
   A. 讲话稿　　B. 会议议程　　C. 会议通知　　D. 会议简报
2. 以下是一份会议议程中的某个段落，其中正确的是________。
   A. 一、会议时间：2015 年 6 月 9 日 14：30—17：30
   B. 二、会议地点：× × 市华美宾馆一楼会议室
   C. 三、主持人：王丹
   D. 四、会议议程：1. 与会人员签到入席
3. 撰写会议议程应包括________。
   A. 会议时间　　B. 会议地点　　C. 会议形式　　D. 会议责任者
4. 讲话稿的语言要求________。
   A. 庄重典雅　　B. 学术专业　　C. 通俗明白　　D. 生动形象
5. 关于讲话稿的写作要求，以下正确的有________。
   A. 内容要有针对性　　B. 语言要用规范化的书面语
   C. 讲话者的观点要鲜明　　D. 感情要丰富，有感染力

三、判断

1. 会议日程是制定会议议程的根据。
2. 尽量将同类议题集中排列在一起，以便于讨论以及有关列席人员的到会和退席。
3. 会议议程注重实效，目的在于向与会者提供所需的背景资料，使得与会者在会后能重温会议内容。
4. 讲话稿要根据讲话者的身份、职业、心理、文化程度来选择不同的材料和语言风格。

项目4　会中文书（二）：会议记录

知识目标

1. 了解会议记录的概念、种类和特点
2. 理解会议记录的结构和写作要求

技能目标

掌握会议记录的写作技能，能熟练拟写结构完整、条理清晰、表述明确的会议记录。

一、任务导入

凯和集团公司为增加公司的凝聚力、向心力，建设团结进取、积极向上的企业文化，准备于2017年1月17日召开2017年企业文化建设工作会议。会上，公司公关部经理张××将简要介绍××公司2016年企业文化建设的情况以及2017年公司企业文化建设计划。

请根据这个案例的内容，模拟会议场景和过程，并做好会议记录。

（1）学生分角色模拟会议场景。

（2）学生分组分析、讨论。

（3）学生拟写初稿。

二、例文借鉴

（一）例文

特康公司绩效考核讨论会会议记录

时间：2017年1月27日上午9：00—12：00

地点：特康公司总部二十楼第一会议室

出席人：高××（公司总经理）、顾××（公司副总经理）、陈××（办公室主任）、段××（人力资源总监）及各部门主要负责人

缺席人：孔××（病假）、林××（外出培训）、赵××（走访客户）

列席人：严××（××项目组组长）、孙××（××主任）

主持人：顾××（公司副总经理）

记录人：王××（办公室秘书）

议题：

1. 公司总经理高××讲话。
2. 公司人力资源总监段××对公司2016年绩效考核工作的试行情况进行汇报。
3. 讨论如何完善绩效考核制度。

顾××：今天，我们召开公司绩效考核讨论会……

高××：绩效考核是企业人力资源管理的重要组成部分，有效的绩效评估，有利于鼓舞员工士气，提高企业的生产效率，增强企业的凝聚力和向心力，促进个人与企业的发展和成长。……

段××：为了使绩效管理系统在公司更好地运行，人力资源部在2016年选择了五个职能部门进行绩效考核试行工作，下面将本次试行情况报告如下：……

林××：我觉得我们公司对员工的激励方式过于单一了，员工之间存在着个体差异，要根据不同人的需求来制定激励方式。……

李××：根据马洛斯需求层次理论的五个需求层次，我认为我们公司可以采取以下相对应的绩效管理对策。……

朱××：现在很多企业注重直接的物质激励，忽视间接的精神激励，我认为物质激励与精神激励作为激励的两种不同类型，是相辅相成、缺一不可的。……

孙××：联想在核心理念中提到：把员工的个人追求融入到企业的长远发展中。……

严××：我认为，可根据员工对公司的贡献不同，给予不同的报酬，适当拉开纵向差距的同时拉开横向差距。……

……

顾××：我把今天的讨论情况作个总结归纳，对如何完善公司的绩效考核制度，基本看法有：

1. ……

2. ……

……

散会（会议于上午12：00结束）。

主持人：顾××（签名）
记录人：王××（签名）

（本会议记录共××页）

（二）简析

正文第一部分记述了会议的组织情况，第二部分记录了会议的过程，对每个人的发言都按顺序作了详细的记录，最后附上主持人和记录人的签名，结构完整，条理清晰，语言简洁，行文规范。

三、知识储备

（一）会议记录的概念

会议记录是指在会议过程中，由专门的记录人员将会议的基本情况、具体议程、讨论的问题、与会者所作的报告和发言，以及会议结果等内容如实地记录下来的会议文书。会议记录是会议内容和会议进程的客观反映，是会后研究相关情况的重要依据。

（二）会议记录的分类

按记录方法可分为以下三种：

（1）详细记录。即将每个人在会上的发言、讲话，无论重复与否，全部照录。对于重要的会议，要求有言必录，包括发言中的插话之类，也要详细记录在案，尽可能原原本本地把会议的全过程记录下来，最好还能记下发言时的语气。

（2）摘要记录。即简明记录会议内容的要点，着重记录会议报告或传达了什么，讨论了什么，通过了什么，不必“有话必录”。

（3）重点记录。对于一般性的例行会议，可采用重点记录，记录决议要点即可，不必记录发言、讨论的内容。

（三）会议记录的特点

（1）纪实性。会议记录是一种原始形态的记录，要求准确、真实、完整地记录发言的原意。

（2）备考性。会议记录如实记载了会议的全过程，能为日后查找和利用相关材料提供利用价值。是传达会议精神、执行会议决定的依据。

（3）规范性。会议记录不仅有严格的格式要求，而且在记录时，应使用单位统一的记录专用笺和规范的记录符号。

四、技能掌握

（一）会议记录的结构和写法

1. 标题

会议名称＋“会议记录”。如《××集团公司办公会议记录》。

2. 正文

（1）首部：交代会议组织情况。包括会议名称、时间、地点，会议主席（主持人）、出席人、缺席人、列席人、记录人等。一般在会前填好，有些单位的会议组织情况是预制成表格的，则应把会议实际情况一一填入相应的栏目中。

（2）主体：记录会议内容。包括会议的议题、宗旨、目的、议程、会议报告、讲话、会议讨论和发言，以及会议的表决情况、会议决定和决议等内容，应按会议议题顺序记录。详细的会议记录还包括会议的气氛和与会者的情绪，如中途有休会的，应注明“休会”。

（3）结尾：另起一行，写“散会”，并注明散会时间。

3. 审阅签名

文字整理后，应送发言人和会议主持人审阅。散会时，会议的主持人和记录人应分别在会议记录全文的右下方签名，以示负责。

（二）会议记录的写作模板

××公司××会议记录

时间：××××年×月×日上午（下午/晚上）×时×分

地点：××××××

出席人：×××（职务）、×××（职务）、×××（职务）

缺席人：×××（事由）、×××（事由）

列席人：×××（职务）、×××（职务）

主持人：×××（公司副总裁）

记录人：×××（××办公室秘书）

议题：

1. ××××××
2. ××××××

……

会议内容：

×××（主持人）：×××××××××××××××××××××。

×××（与会者）：×××××××××××××××××××××。

×××（与会者）：×××××××××××××××××××××。

×××（与会者）：×××××××××××××××××××××。

……

散会或休会（上午×时×分）。

主持人：×××（签名）

记录人：×××（签名）

（本会议记录共××页）

（三）会议记录的写作注意事项

（1）真实、准确。这是会议记录的基本要求。必须忠于发言人的原意，不得添加记录者的观点、主张，不得断章取义。没听清楚的地方不能随意增补，应在会后及时找相关人员核对。

（2）迅速、及时。如果在会议记录时不能做到迅速、及时，记下的内容残缺不全，就有可能改变原意。这要求记录人掌握一些速记方法。

五、病文析改

（一）病文

会议记录

时间：2017 年 7 月 19 日

地点：总公司

出席人：×××、×××、×××、×××、×××……

记录人：潘××

主持人：苏总

在本次会议上，公司总经理首先发表了热情洋溢的致辞，接着大家就展开了热烈的讨论：

陶××：大家好，我就先抛砖引玉谈一谈。公共关系的评价尺度不是经济指标，而是知名度和美誉度，其中美誉度尤其重要。……

姜××：我也要说，我也要说，哎呀，谢主任，你就让我先说吧。我认为我们要针对我们公司的目标公众，也就是 25～45 这个年龄段的，有稳定收入的男士。……

谢××：我也补充一点，我认为全员 PR 很重要，在公司培养全员公共关系意识，形成浓厚的公关氛围。……

……

张××：今天开这个会很有效果，我看大家都有很多很好的看法，我把大家的意见归纳了一下，大概就是以下几点：1. ……

（二）修改意见

（1）基本情况介绍得不够具体、明确。记录人不能放在主持人之上。

（2）主体部分记录不规范、不具体。

（3）没有注明散会及时间。

（4）没有审阅签名。

项目 5　会后文书（一）：会议简报

例文、知识储备及技能要求等部分，参阅本书“模块二告启信息文书　项目 9 简报”。

项目6　会后文书（二）：纪要

知识目标

1. 了解纪要的概念、种类和特点
2. 理解纪要的结构和写作要求

技能目标

掌握纪要的写作技能，能熟练拟写结构完整、条理清晰、事项齐全、表述明确的纪要。

一、任务导入

创新是一个企业生存和发展的灵魂，为了倡导创新精神、提高员工的创新意识和创新能力，达通公司于2015年4月3日在公司总部十五楼第二会议室召开了创新成果经验交流会。公司总经理鲁建中出席会议并作了重要讲话，讲话强调要把创新工作的重心放在降低成本、增加效益、提升素质上，尤其是提升员工技术素质和创新能力。会上，公司副总经理顾长虹作了《达通公司2014年创新成果评选表彰情况报告》，来自公司各部门的负责人、员工代表以及2014年创新成果获奖项目代表出席了会议，并先后作了经验交流。

假设你是达通公司的行政助理姚慧，行政经理吴勇把拟写这次纪要的任务交给你，你会如何拟写？

（1）学生分组分析、讨论。

（2）学生拟写初稿。

二、例文借鉴

（一）例文

华晖电子科技有限公司2017年第一次生产暨售后服务工作会议纪要

2017年4月10日，华晖电子科技有限公司在总公司行政楼五楼会议室召开了2017年第一次生产暨售后服务工作会议。公司总经理郭××、副总经理胡××以及公司各部门负责人共20人参加了会议。会议由副总经理胡××主持，会上公司生产部经理范××作了公司2017年第一次生产工作报告，市场部经理徐××作了2017年第一次售后服务工作报告。总经理郭××对目前所取得的成绩进行了充分的肯定，同时针对产品质量和售后服务工作中存在的问题进行了阐述。与会人员就公司目前生产及售后服务工作存在的问题进行了认真的讨论和分析，并对下一阶段“公司产品质量与售后服务工作的控制与提升”工作进行了安排和部署。现将会议情况纪要如下：

一、会议认为，面对当前严峻的消费安全形势，消费品质量成为社会各界关注的焦点。因此产品质量以及售后服务已经成为企业赢得美誉度、决胜市场、铸造品牌的重要因素。……

二、会议明确了以下几点：

1. 对产品质量及售后服务工作的把控和提升实行责任人制度，责任人对总经理直接负责。……

2. 加强计划管理，逐月逐周编制计划，作为各部门考核的依据。……

3. 做好生产前的准备工作，明确技术状态，减少产品生产过程中质量问题的发生。……

4. 紧抓消费者关注的焦点环节，加大售后技术服务和维修保障工作的力度。……

5. 通过开展日常性的质量意识教育活动和多方面的文化素质、责任意识的宣传教育，使员工树立良好的质量意识，引导员工不断自我加压、自我发展。……

……

三、会议强调，作为一个有责任感的企业，不仅要提高产品的质量，也有义务向消费者提供优质的售后服务。公司各级各部门要进一步提高对完善产品质量和售后服务的认识，每个相关人员都要严格执行公司制定的各项规章制度，要通过规范业务流程关键点的操作，切实把控好生产和售后的每个环节，保证生产及售后工作的有序开展。……

出席：×××、×××、×××、×××、×××、×××、×××。

请假：×××、×××。

列席：×××、×××、×××。

2017 年 4 月 15 日

（二）简析

这篇纪要在导语部分介绍了会议名称，召开会议的时间、地点、主持人以及出席人，会议的人数，并对会议议题进行概述，之后用文种承启语引出主体。在主体部分，分条列项写出了会议的主要精神以及会议议定的若干事项。最后是标注及成文日期。全文层次清晰，内容完备。

三、知识储备

（一）纪要的概念

纪要是党政机关公文的一种，“适用于记载会议主要情况和议定事项”。

纪要根据会议内容、会议文件和其他会议资料分析归纳写成，一般制作于会议后期或结束之后。

（二）纪要的行文方向

纪要的行文方向比较灵活：

（1）可上行。上报上级领导机关的纪要，可供上级了解会议的情况、内容和结果，以便取得上级的支持与指导。

（2）可下行。下发的纪要，主要向与会成员和下属单位传达会议精神和议定事项，以便贯彻执行。

(3) 可平行。平行的纪要主要起到和其他有关单位交流信息、沟通情况，以取得他们的协助和配合的作用。

(三) 纪要的分类

根据会议性质的不同，可分为：

(1) 工作会议纪要。一般用于规模较大、较重要的会议。把会议讨论、决定的事项整理成文，由与会人员讨论通过。如全国、全省或全市性的工作会议，或重要领导机关的联席会议。它具有明显的指示和指导作用。

(2) 办公会议纪要。一般用于机关、单位定期召开形成惯例的日常办公会议。它记载机关、单位的工作安排和进度，或对某些问题的处理意见。

(3) 研讨会议纪要。一般用于学术研讨会、理论研讨会、座谈会、协商会等。它记载会议座谈和讨论情况、对学术理论的看法，反映与会者对议题的认识等。

(四) 纪要的特点

(1) 纪实性。纪实性是纪要的基本特点，也是撰写纪要的基本原则。纪要必须是会议宗旨、基本精神和所议定事项的概要纪实，不能随意增减和更改内容。

(2) 概括性。纪要是依据会议情况综合而成的，必须精其髓、概其要。重点应放在介绍会议成果，而不是叙述会议的过程。以极为简洁、精练的文字高度概括会议的内容和结论，切忌记流水账。

(3) 特殊性。纪要在格式上有特定的规定：有特定文头和发文字号；纪要反映的是与会人员的集体意志，因此用“会议”作为表述主体，即用“会议学习”“会议讨论”“会议认为”等表述形式。

四、技能掌握

(一) 纪要的结构和写法

1. 标题

第一种形式：会议名称 + 文种。如《全国农村爱国卫生运动现场经验交流会纪要》。

第二种形式：召开会议的机关 + 会议内容 + 文种。如《省经贸委关于企业扭亏会议纪要》。

第三种形式：正题 + 副题。正题阐述会议的主旨、意义，副题交代会议名称、文种。如：《同舟共济渡难关，坚定信心保平安——全省财政工作会议纪要》。

2. 正文

(1) 导语：简要介绍会议的情况，其中包括：会议召开的形势和背景；会议的指导思想和目的要求；会议的名称、时间、地点、与会人员、主持人；会议的主要议题或解决了什么问题；对会议的概述性评价。

(2) 主体：根据会议的中心议题，按主次、有重点地写出会议的情况和成果，包括对工作的评价、对问题的分析、会议达成的共识、议定的事项、提出的要求以及会议的各种主要观点和争论情况等等。主体一般内容复杂，多需要分条列项撰写；不分条的，也多用“会议认为”“会议指出”“会议提出”等惯用语作为各层意思的开头。

3．标注部分

纪要应在正文结束后标注出席人员、请假人员和列席人员。用黑体字在正文或附件说明下空一行居左空两字编排“出席”二字，后标冒号，冒号后写清楚出席人单位、姓名，同一单位不同人员之间、不同单位之间的分隔符号可根据实际情况确定，回行时与冒号后的首字对齐，段末加句号。如需标注请假和列席人员名单，除依次另起一行并将“出席”两字改为“请假”或“列席”外，编排方法同前。

4．成文日期

在正文下空一行写成文日期。

（二）纪要的写作模板

××公司×××会议纪要

××××年×月×日上午（下午/晚上）××时至××时，××公司在××××召开了××××会议。××××、××××的负责人，××××的负责人以及××××相关部门的负责人共××人参加了这次会议。会上传达学习了×××××××××，听取了×× ××××××××××，与会人员交流了×××××× ××××××，研究了×××××××，并对×××××××××工作进行了安排和部署。现将主要事项纪要如下：

会议指出，××××××××××××××××××。

会议强调，××××××××××××××××××。

会议还研究了×××××××××××××××××。

会议决定了××××××××××××××××××。

会议希望×××××××××，号召××××××××××××。

出席：×××、×××、×××、×××、×××、×××、×××。
请假：×××、×××。
列席：×××、×××、×××。

2017 年×月×日

（三）纪要的写作注意事项

（1）实事求是，忠于会议实际内容，准确反映会议精神和会议宗旨。

（2）内容集中，抓住重点，去芜取精，突出会议中心，不必面面俱到。

（3）条理清晰，层次分明，使人一目了然。

（4）用词准确、简明，应使用固定的惯用词语。

五、病文析改

（一）病文

会议纪要

5月11日，公司召开了2017年第四次办公会议，现将会议纪要如下：

一、总经理指出：在安全生产方面，公司各级各部门要进一步提高对“安全发展观”的认识，以对员工高度负责的精神，加强安全生产工作的领导，认真研究和分析安全生产工作的新问题、新情况，采取强有力的措施，扎扎实实做好安全生产各项工作，为企业的生产开发、构建和谐的劳资关系创造良好的安全环境。

二、总经理强调：在节能减排方面，必须贯彻落实以下几项工作：

1. 深化认识，不断增强各部门节能工作的责任感和紧迫感。我们要进一步统一思想，充分认识公共机构节能工作的长期性和艰巨性，切实增强紧迫感和责任感，明确目标，强化措施，真抓实干。……

2. 要确保完成2017年各部门节电、节油、节水指标在2016年基础上降10%的目标，必须全面协调，统筹兼顾，突出重点，切实抓好各项关键措施的落实。……

3. 加强领导，推动节能工作深入开展。……

4. 增加安全生产监管工作经费的投入，确保安全生产监管工作的有效开展。……

……

三、总经理最后号召：2017年是公司成立十周年，希望大家继续团结一致，调动一切积极因素，为实现公司全年工作目标奠定坚实的基础。同时，他还提到准备搞一个十周年庆典晚会，并提醒办公室要精心准备庆典所需的各种材料，做好预算。

（二）修改意见

（1）标题不规范。

（2）导语部分过于简单。主体部分内容不具体，逻辑混乱，不应用“指出”“强调”“号召”来叙述会议的三项工作任务。

（3）主体部分的表述主体应为“会议”。

（4）缺少标注部分和成文日期。

六、知识链接

纪要与会议记录的异同

1. 二者的联系

先有会议记录，后有纪要；对会议记录经过分析、归纳和筛选，才写成纪要。纪要是在记录基础上，融合其他会议材料加工而成的。

2. 不同点

（1）性质不同。会议记录是讨论发言的实录，属于事务文书。纪要是公文文种之一。

（2）称谓用语不同。会议记录中，是谁发言的就写清楚发言人是谁。纪要通常采用第三人称的写法，如“会议指出”“会议强调”等，以介绍和叙述情况为主。

（3）写作方法不同。会议记录是按会议的实际进程，记录开会的情况和每位发言人的发言，真实地反映发言人对每个议题的看法和意见，不能随意增删。纪要则是根据会议记录，抓要点、重点，强调会议的主要内容。

实训演练

1. 根据会议记录、纪要的写作要求，进行初稿修改。

2. 根据会议记录、纪要的写作要求，修改“病文析改”部分的病文。

3. 捷伦集团公司为了加强安全生产管理，提高职工安全生产意识，及时了解和掌握公司的安全生产情况，协调和处理公司生产组织过程中存在的安全问题，消除事故隐患，确保安全生产，准备于 2015 年 8 月 9 日召开全公司的安全生产会议。假设你是捷伦集团公司行政助理钟雯雯，行政经理温轩把拟写这次会议的会议记录以及纪要的任务交给你，你将如何拟写？

4. 为了贯彻执行党和国家的方针、政策，正确处理国家、企业、职工三者利益关系，保障职工的主人翁地位，调动职工的积极性，朗程集团公司于 2017 年 6 月 6 日召开了 2017 年度职工代表大会。本次职代会的主要任务是审议公司今年重新修订的《薪酬管理制度》，会议由工会主席吕 × × 主持。人力资源总监严 × × 代表公司就《薪酬管理制度》的修订向会议进行了详细说明。与会代表就制度修订中的有关问题进行了进一步的质询和讨论，最后代表们根据职工代表大会审议和表决的严格规定，对《薪酬管理制度》的修订内容进行了充分的审议和表决。请代替朗程集团公司行政助理杨红拟写这次会议记录，然后将会议记录改写为纪要。

5. 将自己所在班级或社团某次会议记录改写为纪要，并撰写会议简报。

自我测试

一、单选

1. 将每个人在会上的发言、讲话，无论重复与否，全部照录的会议记录属于________。
   A. 特别记录　B. 详细记录　C. 重点记录　D. 摘要记录

2. 在拟写会议记录的首部时，先后次序正确的是________。
   A. 列席人、缺席人、出席人、主持人、记录人
   B. 主持人、出席人、缺席人、列席人、记录人
   C. 列席人、出席人、缺席人、记录人、主持人
   D. 出席人、缺席人、列席人、主持人、记录人

3. 纪要是________的一种，“适用于记载会议主要情况和议定事项”。
   A. 党政机关公文　B. 事务文书　C. 传播文书　D. 演讲文书

4. ________是纪要的基本特点，也是撰写纪要的基本原则。
   A. 概括性　B. 指导性　C. 条理性　D. 纪实性

5. 纪要以________作为表述主体。
   A. 主持人　B. 组织最高领导人　C. 会议　D. 发言人

二、多选

1. 以下属于会后文书的有________。
   A. 会议议程　B. 纪要　C. 会议记录　D. 会议简报

2. 会议记录在审阅签名部分，应有________的签名。
   A. 主持人　B. 列席人　C. 发言人　D. 记录人

3. 会议记录在正文部分的结尾，要包含有________。

A. 会议机关署名　　B.“散会”　　C. 散会时间　　D. 成文日期

4. 以下纪要标题，其中正确的有________。

A.《××公司总经理办公会议纪要》

B.《××公司第七届董事会第十一次会议纪要》

C.《××公司党委关于选拔干部会议纪要》

D.《上下一心，扭亏为盈——××公司扭亏为盈专题会议纪要》

5. 以下是会议议程、纪要中的某个段落，其中不规范的有________。

A.“主持人：本次会议由公司李总主持”（会议记录）

B.“会议明确了以下几点……”（纪要）

C.“缺席人：李华。”（会议记录）

D.“这次会议，大伙儿的发言都很踊跃，人事部主任笑嘻嘻地说：‘……’”（纪要）

三、判断

1. 会议记录是在纪要的基础上加工而成的。

2. 会议记录当时漏记的内容，可做相应记号，事后对照录音修改。

3. 纪要应在正文结束后标注出席人员、请假人员和列席人员。

4. 纪要是供上级了解会议的情况、内容和结果，只能作上行文。

5. 纪要必须如实记录开会的情况和每位发言人的发言，不能随意增删。

模块五　总结筹划文书

项目1　计划

知识目标

1. 了解计划的概念、特点和分类
2. 理解计划的结构和要求

技能目标

掌握计划类文书的写作技能，能熟练拟写结构完整、条理清晰、表述准确、目标明确、措施具体的计划。

一、任务导入

广东××化建有限公司将于2017年5月8日至9日在新世界度假村组织优秀团员进行一次集培训、学习、娱乐于一体的活动。活动内容主要有：某知名学者咸××举办的题为"新常态下企业如何抓住发展机遇"的讲座，礼仪培训师余××进行的商务沟通与技巧方面的培训，此外还有联欢、抽奖、跳舞等娱乐活动。举办此次活动的目的是提高员工业务水平、放松身心、增强企业凝聚力，更好地调动优秀团员的工作积极性。

请你代广东××化建有限公司人力资源部起草一份活动计划。

（1）学生分组分析、讨论。

（2）学生拟写初稿。

二、例文借鉴

（一）例文

例文一

×××造纸厂2017年质量管理工作计划

随着2014年美国经济复苏、宣布退出QE，我国经济发展放缓、出口缩减，企业的外部环境发生了很大变化，面临的竞争也越来越激烈。提高产品质量，降低产品成本，成为增强企业竞争能力的重要手段。2017年是本厂产品质量升级、品种换代的关键一年，为进一步提高经济效益，特制定如下计划：

一、质量管理工作目标

1. 第一季度增加2.5米大烘缸4台，扩大批量，改变纸页温度。

2. 第三季度增加大烘缸轧辊2根，进一步提高纸页的平整度、光滑度。此项指标要达到QB标准。

3. 第四季度改变工艺流程，实现里浆分道上浆，使挂面纸板和水泥袋纸板达到省内同行业先进水平。

二、质量管理工作措施

1. 强化质量管理意识，进行全员质量意识教育，培养质量管理干部。

2. 成立以技术副厂长李永进为首的技术改造领导小组，主持为提高产品质量以及产品升级而进行的设备改进、技术改造工作，负责各项措施的落实和检查工作。

3. 由上而下建立质量保证体系和质量管理制度，把提高产品质量列入主管厂长、科长及技术人员的工作责任，年终根据产品质量水平进行奖励，并执行新的奖惩办法（奖惩办法由劳资科负责拟订，2017年10月15日前公布）。

4. 本计划纳入2017年全厂工作计划。厂部负责监督、指导实施。各部门、科室要协同配合，确保本计划全面实施。

××造纸厂
2017年1月5日

例文二

××水利电力工程建设公司2017年职工教育培训计划表

<table>
<tr><th>序号</th><th>培训内容</th><th>培训形式</th><th>培训人数</th><th>具体培训对象</th><th>计划培训时间</th><th>责任部门</th></tr>
<tr><td>1</td><td>QC小组活动骨干培训</td><td>外语</td><td>4人</td><td>万×、余×、徐××、王×</td><td>4月份</td><td>生技质安部</td></tr>
<tr><td>2</td><td>内审员培训</td><td>外语</td><td>7人</td><td>周×、邱×、于××、潘×、皮××、曾×、高××</td><td>5月份</td><td>生技质安部</td></tr>
<tr><td>3</td><td>晋升一级建造师</td><td rowspan="5">自学或外语</td><td>6人</td><td>杨×、黄×、谢×、于×、潘××、汤×</td><td rowspan="5">6—8月份</td><td>培训对象所在部门</td></tr>
<tr><td>4</td><td>申报造价师</td><td>1人</td><td>谢××</td><td>市场开发部</td></tr>
<tr><td>5</td><td>晋升高级技师</td><td>2人</td><td>章×、康××</td><td>培训对象所在部门</td></tr>
<tr><td>6</td><td>晋升高级工</td><td>2人</td><td>邓×、肖×</td><td>培训对象所在部门</td></tr>
<tr><td>7</td><td>晋升中级工</td><td>1人</td><td>金×</td><td>发电分公司</td></tr>
</table>

（续上表）

序号	培训内容	培训形式	培训人数	具体培训对象	计划培训时间	责任部门
8	安全知识、规程培训	例会学习	55人	设备物资分公司一线人员	每月	设备物资分公司
9	重要设备使用操作培训	以师带徒	3~5人	设备物资分公司重要设备操作手	全年	
10	票证记录培训	分公司内培	16人	检修人员、运行值班长	3月份	发电分公司
11	防汛预案演练培训	集训	35人	发电分公司各发电运行车间人员	4月份	
12	安全生产知识培训	内培	111人	除已培训人员以外的所有职工	6—7月份	工会、人力资源部
13	配电工程安装	以师带徒	1人	陈××	全年	电力安装分公司
14	资料员培训		2人	李×、宋×	半年	
15	二次线路控制安装		2人	吴××、姚××	全年	
16	工程预算培训		1人	叶×	半年	

（二）简析

（1）例文一是一篇条文式计划。标题由计划单位名称、计划时限、计划内容和文种构成，属于完整式计划标题。正文开头交代制订本计划的背景和目的，主体部分写质量管理工作目标和质量管理工作措施。质量管理工作目标按时间顺序写；质量管理工作措施分别从管理意识、领导体制、质量保证体系和质量管理制度、检查指导等四方面作规定。该计划思路清晰，条理性强，语言准确、简洁，目标明确，措施具体，要求清楚。

（2）例文二是一篇表格式计划。没有前言和结尾，计划内容全部在表格中体现出来。计划内容包括了培训内容、培训形式、培训人数、具体培训对象、计划培训时间和责任部门，内容清晰明白，一目了然，表格设计合理。

三、知识储备

（一）计划的概念

计划是为完成一定时期的工作任务而事先拟定目标、措施和步骤的一种事务性文书。目标、措施、步骤被称为计划的“三要素”。

计划是个统称，除了一般所说的“×××计划”之外，“安排”“方案”“设想”“纲要”“规划”等都属于计划的范畴。它们的区别主要体现在涉及范围的大小、时限的长短和内容的详略上。

计划比较强调时间性，常用于一些时间比较从容的常规性工作。

规划是具有全局性的、较长时期的长远设想。侧重于定方向、定规模和展示前景。

纲要是比较全面的、长远的、带有发展性的计划。它比较原则性地、简要地展示发展远景、总目标、阶段和步骤安排。

方案与计划相比时间较短，针对单项的突发性或专项工作。更加侧重于技术性、步骤性，比较周密具体。

安排是对短期内某一项内容单一、比较具体的工作进行部署。

打算和设想，都是初步的考虑，是还不成熟的计划。打算相对比较具体，是短期内工作的要点，而设想是草案性的，比较粗略。

工作要点，是关于工作主要目标的、粗线条的计划，一般只需列出想要做的主要工作，不必写出详细的措施与步骤。

（二）计划的种类

按照不同的划分标准，可以将计划划分为不同的类型。

（1）按内容分，有学习计划、工作计划、生产计划、财务计划、教学计划、科研计划、销售计划等。

（2）按范围分，有国家计划、地区计划、单位计划、部门计划、班组计划、个人计划等。

（3）按时间分，有长期计划、短期计划、年度计划、季度计划、月计划、周计划等。

（4）按性质和作用分，有综合性计划、专题性计划、指令性计划、指导性计划等。

（5）按表现形式分，有条文式计划和表格式计划。

（三）计划的特点

（1）可行性。制订计划要符合实际情况，切实可行。计划所确定的目标要适中，如果目标过高，就会难以完成；目标过低，则缺乏激励作用。

（2）预见性。计划是在工作实施之前制订的，是对某项工作的目标、措施、步骤及可能出现的情况所作出的预先部署。没有预见性就没有计划。

（3）约束性。计划一旦确定，就对实践产生了一定的约束力，人们必须围绕计划开展工作，以减少工作的盲目性。

四、技能掌握

（一）计划的结构

计划的结构大致有两种：

第一种，条文式。即把计划按照指导思想、目标和任务、措施和步骤等分条列项地编写成文，这种形式有较强的说明性和概括性。经常用于全局性的工作计划。

第二种，表格式。即整个计划以表格的形式表述，经常用于时间短、内容单一或量化指标较多的工作计划。

下面重点介绍条文式计划的写法。

条文式计划的结构是“标题＋正文＋尾部”。

1. 标题

标题可采用以下四种形式。

（1）单位名称＋时间＋事由＋文种。如《××运动管理中心2017年宣传工作计划》。

（2）时间＋事由＋文种。如《2017年教学工作计划》。

（3）单位名称＋事由＋文种。如《达成公司员工轮训工作计划》。

（4）事由＋文种。如《业务考核计划》。

2. 正文

正文的结构是：前言＋主体＋结语。

（1）前言。这是计划的开头部分，一般是简明扼要地介绍制订计划的指导思想、依据、意义，本单位情况及总目标等。

（2）主体。这是计划的核心部分，包括目标、措施和步骤三个方面。

第一，目标。要明确地写出要达到的目标、指标，具体到数量、质量方面的要求，即“做什么”。

第二，措施。说明完成任务的具体措施和行动步骤，包括时间分配，人力、物力、财力安排等，即“怎么做”。

第三，步骤。说明实现目标的程序安排和时间进度，即“何时完成”。

（3）结语。可以提出执行的要求，也可以展望计划实施的前景，或指出完成计划的注意事项。

有的计划主体内容表述完毕即全文结束。写不写结尾，要根据内容表述的需要来确定。

3. 尾部

尾部包括落款和成文日期。

落款写上制订计划的单位的名称或个人姓名。如果是单位的计划，标题中已标明单位名称的，这里可以不写。题注中已标明成文日期的，落款处也不再标注。

如果计划附有表格或其他附件，或需要抄送某些单位的，应在日期的下一行左边空两格处注明。一些与计划相关的材料，若不方便在正文里一一表述，也可以附件的形式附上。

（二）计划的写作模板

×××××（单位名称）××××年××××工作计划

根据×××××××××××××，结合×××××××××××，为了××××××××××××，现制订计划如下：

一、目标和任务

（一）××××××××××××××××××××××××××××××××。

（二）××××××××××××××××××××××××××××××××××。

二、措施和步骤

（一）××××××××××××××××××××××××××××××××。

（二）××××××××××××××××××××××××××××××××。

（三）××××××××××××××××××××××××××××××××。

希望全体员工××××××××××××××××××××××××××××。

×××××

××××年×月×日

（三）计划的写作注意事项

（1）要符合政策规定。制订计划时，要注意深入领会党和国家的有关方针、政策和法律、法规精神，以之作为制订计划的指导思想。

（2）要切合实际。制订计划要从本部门的实际情况出发，不能脱离实际，不要把任务指标订得过高或过低，这样才能更好地指导工作。

（3）要力求明确具体。制订计划时，要力求目标明确、指标具体、措施得当、进度合理，以便于计划的实施和监督检查，确保工作取得成果。

五、病文析改

（一）病文

××棉纺厂今后八个月工作计划

为了完成集团公司下达的500万利润的任务以及各项指标，我们计划在今后八个月主要抓好以下几方面工作：

1. 进一步深化企业改革。我们在全面推行厂长（经理）任期目标责任制的基础上，从实际出发，把责、权、利全面落实到企业及其经营者身上，使企业真正成为相对独立的经济实体，增强企业活力，促进生产发展，并采取有效措施加以保证。

2. 加快新项目和技术改造项目的建设速度，确保这些项目预期投产，发挥效益。主要抓好苎麻纺织、印染工程等项目，并实行目标责任制管理，使这些项目预期投产，早日发挥效益。

3. 进一步加强企业管理，提高企业经济效益，调整定额。我们要加强管理，提高企业经济效益，把增产节约、增收节支的工作作为提高企业经济效益的重要工作来抓，要求企业产品总成本、企管费及车间经费都要下降。

具体措施：①调整产品结构，大力增产适销对路产品，实现多产快销。②加强企业管理，挖掘企业潜力，调整定额，向管理要效益。

4. 加强企业职工思想教育、技术培训，努力提高企业职工队伍思想、技术素质，为企业上等级和企业现代化管理打基础。①全面进行思想、纪律、法律教育，坚持四项基本原则，反对资产阶级自由化，全面提高工人思想觉悟。②搞好技术培训和职工文化、技术学习，努力提高职工队伍素质。

（二）修改意见

（1）这篇计划在指标、措施、办法、步骤等方面的表述含混不清：

①“从实际出发，把责、权、利全面落实到企业及其经营者身上”，并“采取有效措施加以保证”，到底具体采用什么措施加以保证、由谁负责等，没有说清楚。

②“确保这些项目预期投产”，却没有时间要求。

③“加强企业管理，提高企业经济效益，调整定额”，既缺少具体可行的办法措施，又缺少明确指标。

④对职工进行“思想教育，技术培训”，没有列出具体的培训、学习内容和培训形式、时间安排等。

⑤“要求企业产品总成本、企管费及车间经费都要下降”，预计要下降多少、降到什么程度，没有明确的指标。

（2）空话、套话太多。如“把权、责、利全面落实到企业及其经营者身上，使企业真正成为相对独立的经济实体，增强企业活力，促进生产发展，并采取有效措施加以保证。”“我们要加强管理，提高企业经济效益，把增产节约、增收节支的工作作为提高企业经济效益的重要工作来抓”，都缺乏具体实际的要求和措施。

（3）制订时间不明确。标题只说“今后八个月”，应明确指出是哪年哪月至哪年哪月，或在正文明确指出。

（4）结构不完整。缺少署名和成文日期。

六、知识链接

关于会议方案

会议方案是计划的一种。凡重要或大型会议召开之前，均应制订会议方案，全面考虑各方面事宜，要求相关单位或部门通力协作、配合，以顺利举办会议。之后再制作会议通知、会议议程或会议日程，下发到有关单位或部门。

例文：

××集团公司201×年度总结表彰大会方案

201×年度是××集团公司事业蓬勃发展的一年，公司取得的每一点进步和成功，都离不开全体员工的辛勤劳动和无私奉献。为增强企业凝聚力，表彰先进，树立楷模，激励员工奋发上进，现制订201×年度总结表彰大会方案如下：

一、会议名称：××集团公司201×年度总结表彰大会

二、会议主题：总结工作、表彰先进、展望未来

三、会议主持人：李兰、王明

四、会议时间：201×年1月18日

五、会议地点：××××

六、出席人员：集团公司主要领导李××、陈××、王×，以及其他所有员工，合计

约××人

七、制定评优具体标准及内容：见附件《优秀员工及优秀团队评选方案》

八、准备表演节目

1. 节目要求：以歌曲、舞蹈、小品、朗诵等形式为主，以表现我集团公司员工的日常工作、生活为题材，反映我集团公司的发展历程，体现我集团公司员工的精神面貌为宗旨。

2. 节目数量：××。

3. 审核时间：201×年12月15—20日。

九、会议工作组工作任务

1. 秘书组。负责会议进行过程中与会人员的发言提示，控制娱乐节目的时间及顺序。负责部门：总经办。

2. 资料组。制发会议通知、请柬和邀请函，编写会议方案、议程及领导人发言稿。负责部门：总经办。

3. 组织组。

(1) 负责会前评优工作，获奖人员奖项排序的最终确定和奖金的到位情况。负责部门：人力资源部。

(2) 负责与会人员座位编排、签到，引领与会人员入席，维持会场秩序。负责部门：总经办。

(3) 组织与安排文化娱乐活动。负责部门：人力资源部。

(4) 负责会后会场所有设备的清理、收回。负责部门：总经办。

4. 宣传组。负责会场的背景布置以及音响效果、灯光，会议的宣传报道以及摄影、录像等工作。负责部门：企划部。

5. 后勤组。

(1) 负责各奖项锦旗、证书的制作。负责部门：企划部。

(2) 负责会场中信息的传递、茶水的供应等工作。负责部门：人力资源部。

(3) 负责会场各种零星会议用品、资料的收尾工作。负责部门：企划部。

6. 保卫组。负责会场秩序以及清退会场中无关人员，保证会议场所的安全。负责部门：保卫组

十、会议经费：人民币×××××元

××集团公司办公室
201×年12月1日

附件：优秀员工及优秀团队评选方案

简析：本文案标题采用了公文式写法。前言交代了制订计划的背景、目的，语言简洁明了。主体部分采用了条款式结构，各部门分工明确，任务具体、细致，一目了然。

项目2　总结

知识目标

1. 了解总结的概念、特点和分类
2. 理解总结的结构和要求

技能目标

掌握总结的写作技能，能熟练拟写结构完整、条理清晰、表述准确、理论性较强的总结。

一、任务导入

见“项目1　计划”任务情景。广东××化建有限公司于2017年5月8日至9日在新世界度假村组织优秀团员进行了一次集培训、学习、娱乐于一体的活动。现在该项活动已顺利结束了，请你代广东××化建有限公司人力资源部起草一份工作总结。

（1）学生分组分析、讨论。

（2）学生拟写初稿。

二、例文借鉴

（一）例文

例文一

××厂党支部20××年1—4月工作总结

在集团公司党委的正确指导下，我厂党支部1—4月份以来以开展“保持共产党员先进性教育活动”为重要抓手，同时本着“学习工作两不误、两促进”的原则，对基础党建及信访纪检工作进行了狠抓落实，取得了较好成绩。现将有关情况总结如下：

一、狠抓班子建设，提高班子凝聚力和战斗力

以开展“保持共产党员先进性教育活动”为契机，领导班子带头加强学习，通过党员集中学习、自学、支部中心组学习等多种形式，加大了对党的理论知识的学习力度，并通过组织生活会、民主生活会以及班子成员之间“一对一”“一对多”“多对多”的促膝谈心，使班子成员间消除了误会、增进了感情、提高了工作效率。

在班子廉政建设方面，支部在一月份对领导班子成员开展了一次别有特色的廉政教育活动，即为每名班子成员送上了一块小小的“廉洁自律警示桌牌”，桌牌内容主要以中纪委三次全会提出的“四大纪律八项要求”、五次全会提出的“五不许”为中心精神，还摘录了集团公司明令禁止的“五条高压线”等重要内容。通过这样的活动，领导班子成员更加严于律己、廉洁奉公。厂里其他员工都看在眼里，一致称赞领导班子成员为“我们的火

车头”，并感慨道：我们有奔头了。

二、调整党小组，为落实各项党建工作奠定基础

原来支部共有三个党小组，去年划分了四个党员责任区，经过一年的工作情况来看，三个党小组和四个党员责任区的工作不太协调。一月份，经过支委会研究，决定把原有的三个党小组按党员责任区划分办法同样分成四个党小组，这样更有利于党小组在党员责任区内开展工作。

党小组在保先教育活动中发挥了积极作用，在培养入党积极分子的工作中，严把入口关和质量关，目前有3名同志递交了入党申请书，由两个党小组进行考查考验。

三、创新党员教育方式，开展“党员保先巡查活动”和“最差党员评议活动”

在20××年春节前，根据我厂经济工作情况和员工安全生产生活需要，开展了“党员保先巡查活动”，把20××年1—2月份定为“两节防火防盗禁赌反封建迷信重点巡查月”。此次活动列为党员责任区工作的一项重要考核内容，目的是为了保持党员先进性，充分发挥党员的先锋模范带头作用，真正做到“一名党员就是一面流动的旗帜”，创新了党风廉政教育的形式。同时也希望借此活动，营造出员工安全生产、文明生活的和谐环境。

活动期间以党员责任区为单位，每个党员责任区都安排党员巡查值班，确保每天都有一名党员在自己的党员责任区内巡查。党员巡查时应佩戴“党员巡查”红袖套，重点巡查党员干部是否有参与赌博、行贿受贿、封建迷信等情况，以及监控各责任区内的安全隐患，同时调解节日期间职工磨擦事件等。此项活动的开展真正体现出了共产党员的先进性，赢得了广大职工群众的热烈欢迎。

4月份，支部结合本厂改革发展稳定工作实际和党员队伍建设现状，坚持各项工作都要创新的原则，为重点解决共产党员在思想上不能深刻认识开展“保持共产党员先进性教育活动”的重大意义、不能自觉地维护党的形象、不能从主观上严格要求自己保持新时期共产党员先进性等问题，开展了“最差党员评议活动”。

针对共产党员佩戴党徽不积极、开会学习作风散漫、工作不能勇挑重担三个问题，我们制定了不同的测评表，对党员进行监督测评。三项测评结果中总得分不及格的党员就是“最差党员”，支部同时予以公布，以激励先进党员，并营造出“正气上升、浊气下沉”的良好氛围。

四、大力宣传新《信访条例》，促进信访工作新局面

每月由厂信访工作领导小组召集各车间信访员召开一次信访例会，各车间信访员及时上传下达有关问题、精神。

3月份还重点宣传了新的《信访条例》，通过广播、条幅、宣传栏等，车间主任、信访员向员工宣传了信访新条例，教育员工正确上访，正确使用自己的权利。1—4月份我厂没有发生一起集体上访事件。

五、加强党风廉政教育，纪检工作常抓不懈

领导班子认真执行党风廉政责任制，2月份进行了自查自纠工作。同时继续开展了党员身边无事故和党员监察活动。2月16号全厂党员对各队进行监察活动，检查安全生产、治安、防火等，还到员工家里进行走访，了解员工的衣食住行等情况。通过这样的活动，

掌握员工的思想动态，遇到问题能及时给予解决的就地解决，不能就地解决的领导班子则认真研究给予及时答复。员工们都说，这样的领导班子，我们信，我们服！

几个月来，虽然党支部在基础党建及信访纪检工作中取得了一定成绩，但离群众对我们的要求还有距离。今后我们还要继续努力，为群众做实事、做好事，为我厂的发展和建设做出更大贡献。

××厂党支部
20××年5月10日

（资料来源：http：//www.unjs.com/gongzuozongjie/dangzhibugongzuozongjie/，有改动）

例文二

个人年度总结

一年来，本人思想上进，工作负责，积极进取，担任车间组长以来，工作取得了较好的成绩，被评为年度“优秀员工”。现将各方面情况总结如下：

一、思想上，积极要求上进。本人热爱祖国、热爱人民，拥护中国共产党的领导，拥护党的各项方针政策，遵守国家的法律法规及各项规章制度。积极向党组织靠拢，在党组织的关心、教育下，思想上进步很大，已递交了入党申请书。

二、工作上，认真负责、任劳任怨。本人有较好的组织能力。在担任小组长期间，工作踏实，责任心强，带领其他员工出色地完成了车间布置的各项工作任务，完成了年度工作指标。今年8月，由于用电紧张，厂里按照规定要错峰用电，我们也因此不能按照正常时间上下班，大家都觉得很辛苦。作为组长的我有时候排班也很难排下去。但我还是出于对其他同事的关心，并说服大家，优先照顾家庭有实际困难的同事，而我自己往往就要在那些没有人愿意当班的时间段上班。由于组里同事互相体谅、互相关心、互相支持，我们还是很好地完成了工作任务。

三、生活上，乐于助人。本人为人热情大方，诚实守信，能与其他同事和睦相处。今年初，组里一位同事因打球扭伤了脚，作为组长的我，主动承担起照顾受伤同事的任务。后来组里其他同事也加入了“轮值”的行列。这位同事深受感动。组里同事之间的关系比过去更加融洽、和睦，大家工作起来也更开心、更有干劲了。同事之间都是以姐妹相称，大家都以能成为工友而感到欢欣和幸运。

过去的一年，本人虽然取得了一定成绩，但还有不足之处，如安排工作有时候考虑得不够周全，做事有时候还不够细心。今后，我要克服弱点，不断进取，争取更大的进步。

黄燕雯
2016年12月25日

（二）简析

例文一是一篇专题性工作总结。前言部分扼要地交代了该党支部开展基础党建及信访纪检工作的时间、背景，起到了统领全文的作用。主体部分采用“成绩、经验、做法—问题教训—今后努力方向”的结构，文章条理清楚，结构井然有序。

例文二是一篇个人年度工作总结。第一段概述了自己一年来各方面的基本情况及取得的成绩，让读者有个基本认识。主体部分按照“成绩、经验、做法—问题教训—今后努力方向”的逻辑顺序组织材料，层次分明，条理清晰。

三、知识储备

（一）总结的概念

总结是各级机关、企事业单位、社会团体或个人通过对过去工作的回顾、分析和研究、评价，从中找出经验、教训，得出规律性的认识，以指导今后工作的一种事务性文书。

总结是做好各项工作的重要保证。总结可以使我们从成功中取得经验，从失败中汲取教训，使今后的工作不走或少走弯路，不犯或少犯错误，从而把今后的各项工作做得更好。

（二）总结的种类

总结的种类很多，划分标准不同，分类也不同。

（1）按内容分，有学习总结、工作总结、生产总结等。

（2）按范围分，有单位总结、个人总结等。

（3）按时间分，有年度总结、季度总结等。

（4）按性质和作用分，有综合性总结、专题性总结等。

下面主要介绍综合性总结与专题性总结两种类型。

（1）综合性总结。综合性总结也叫全面工作总结，是一个单位或一个部门对某一时期各方面工作进行的全面性总结，如阶段性工作总结、年终工作总结等。

（2）专题性总结。专题性总结也叫单项工作总结，是一个单位或一个部门对某项工作或某一方面、某一问题所作的专门性工作总结，如经济工作总结、思想教育工作总结等。

（三）总结的特点

（1）回顾性。总结是对前一阶段实践活动的回顾，归纳经验，查找不足，总结教训，找出规律性的认识，用以指导今后工作。

（2）客观性。总结是对过去工作的回顾与分析，必须以实践为依据，分析、评价要客观，不夸大经验，不隐瞒问题。

（3）概括性。总结要摆事实，要有典型事例和确凿数据，但它不是现象和事实的简单罗列，更不是对事实作详细还原，而是对事实进行概括、归纳，以揭示事物的内在规律。

（4）理论性。总结不仅要回答“是什么”，还要回答“为什么”和“怎么样”，因此，要认真进行分析，从实践中找规律，体现出较强的理论性和指导性。

（5）自我性。总结中回顾的都是本人、本部门、本单位已经完成的工作，通常用第一人称“我”“我们”对过去的事实进行自我分析、自我评价。

四、技能掌握

（一）总结的结构与写法

1．标题

（1）公文式标题。单位名称 + 时间 + 事由 + 文种，如《××公司 2017 年度工作总结》。

（2）非公文式标题。此类标题比较灵活，有的为双行标题，如《开源节流，减员增效——销售部第四季度工作总结》；有的为单行标题，如《推动人才交流，培植人才资源》。

2．正文

正文的结构是：前言 + 主体 + 结尾。

（1）前言。即正文开头，一般概括介绍工作的基本情况、背景、所取得的成绩，对工作成效进行总体评价。

（2）主体。包括成绩和经验、存在的问题和教训以及今后的努力方向等。对于一般性的工作总结，重点应放在成绩和经验的写作上。

除了上述写法，正文主体还有过程式、逻辑式等多种形式。“过程式”是把整个工作按时间顺序划分为几个阶段，然后再就每一阶段的工作情况、经验、教训去作总结。“逻辑式”是把工作中的主要经验按问题的性质归纳出来，一条一条地展开来写，各条之间有严密的逻辑关系，通过研究、分析，从中揭示出规律性的东西。专题性总结通常采用这种形式。

揭示规律的方法有多种，可以就每个问题或每个方面只谈做法或效果，也可以既有做法，又有效果。

（3）结尾。简单指出工作中的存在问题，提出改进设想或展望未来。

3．尾部

尾部包括落款和成文日期。如果标题中已有发文单位，这里可不必再写发文单位，只写成文日期即可。成文日期用阿拉伯数字标全。

（二）总结的写作模板

××××年度个人工作总结

201×年，本人担任×××××××××工作，由于勤奋努力、认真负责，取得了××××好成绩，被评为××××××××。现把一年来的工作总结如下：

一、×××××××××，××××××××××。（经验——做法、效果）

×××。（事实、数据，有叙有议）

二、×××××××××，××××××××××。（经验——做法、效果）

×××。（事实、数据，有叙有议）

三、×××××××××，××××××××××。（经验——做法、效果）

×××。（事实、数据，有叙有议）

过去的一年，我虽然取得了一定成绩，但还有不足之处：××。今后，我要××××××××××××××××××××××××××××××××××××（努力方向）。

王××

××××年×月×日

（三）总结的写作注意事项

（1）坚持实事求是。写总结要求内容真实可信，如实反映客观实际，写作时要反复核实材料，仔细推敲观点，去伪存真，字斟句酌，这样才能增强总结的科学性和可信性。

（2）总结出规律性的认识。这是写好总结的关键。一篇好的总结应能从实践活动中揭示出带有规律性的东西，以指导今后的工作。

（3）分清主次，突出重点。所谓分清主次即指抓住主要矛盾或矛盾的主要方面，写带有普遍指导意义的人和事。所谓重点即指同类事物的主要或中心方面。抓住了重点，就抓住了决定事物性质的主要方面。这样的总结对工作才有指导意义。

（4）语言简明、准确。写总结时不能事无巨细地去简单罗列事实、堆砌材料，写作时要注意准确表达思想。总结要用第一人称，即从本人、本单位、本部门的角度来写。

五、病文析改

（一）病文

××省××新技术推广站20××年度工作总结

20××年，我站按照国家经贸委关于“新技术推广工作要适应社会主义市场经济”的总体要求，在省经贸委党组和分管领导的直接领导下，在省经贸委科技处的指导和支持下，全站人员齐心协力，克服困难，团结奋进，较好地实现了年初制定的工作目标。20××年和20××年我站连续两年被省经贸委评为“先进单位”，分别有7人次被评为“先进工作者”，3人次被评为“优秀共产党员”。我们今年的工作主要包括以下几个方面：

一、完成企业技术创新服务体系的筹建工作

今年9月，国家经贸委明确提出：建立面向中小企业的技术创新服务体系，形成以企业为中心的技术创新体系，是一项重要的工作。我们认真学习了国家经贸委和省经贸委下发的有关文件精神，提高认识，统一思想，决定把建设企业技术创新服务中心当作我站今年的一件大事来抓。我们制定了《企业技术创新服务中心建设方案》，明确了技术创新服务中心“加快科研成果转化，加强产学研结合，为我省企业技术创新提供技术支持服务”的总体工作目标；用市场经济原则加以组织引导，走产学研结合的途径，建立和完善企业技术创新投资担保体系，建立行业技术开发服务基地，组织技术评估及技术交易等工作职能。经过大量前期准备，目前，建立“企业技术创新服务体系”的各项筹备工作基本完成。

二、创建面向中小企业的技术创新信息网络

在省经贸委科技处的大力支持下，经过近两年的努力筹建，面向中小企业的技术创新网络已于今年年底基本完成。在创建过程中，全站人员群策群力，借鉴兄弟省市经验，广泛收集资料，共收集录入30 000余条各类人才信息资料，录入460项高科技成果。目前该网站已正常运行，为中小企业政策咨询提供了方便。

三、搞好模具行业管理，振兴我省模具工业

模具协会是我站推广工作的一个重要组成部分。近几年来，我省模具工业的发展一步一个台阶，其发展势头呈上升趋势。今年，通过模具工业协会的努力工作，模具工业的发展又上了一个新台阶。

（二）修改意见

（1）标题显示是“20××年度工作总结”，但文中所涉及的情况是“20××年和20××年”两年的，文题不一。

（2）前言概述了年度工作的概况和成绩，但在主体部分却没有全面具体的材料支撑。主体部分以概述为主，只笼统地摆情况，没有围绕主旨点面结合地选取材料，缺乏议论，没有进行观点的升华。

（3）没有一分为二地进行全面的总结，没有指出存在的问题和今后努力的方向。

（4）个别地方表达不准确。

（5）没有署名和日期，结构不完整。

六、知识链接

总结与报告的异同

（1）相同之处：这两个文种都是企业经营管理工作中不可缺少的重要文种，是管理者冷静、深入探索经营过程和发展前景，揭示存在问题的实质，并从中找出经验教训，以便有力地指导和推动工作的重要管理文件。

（2）不同之处：

①总结是事务文书，报告是公文，二者文种性质、文章格式不同。

②总结是对过去的实践工作的回顾，以总结经验、找出事物的规律性认识为主；报告以向上级反映情况为主，包括事情的经过、结果、原因、处理结果等都要作汇报。

③总结的行文对象可以是上级，也可以仅限于本单位作内部交流、情况汇总；报告的行文对象是直属的上级机关。

项目3　述职报告

知识目标

1. 了解述职报告的概念、特点和分类
2. 理解述职报告的结构和要求

技能目标

掌握述职报告的写作技能，能拟写结构完整、条理清晰、表述准确的述职报告。

一、任务导入

创佳公司创升分公司经理杨大维在2014—2017年3年任期中，提出“以质量求生存、以优质服务在市场上立稳脚跟”的经营策略，并基本实现目标。2014年初刚上任，他主张改变过去把未经严格检查的产品投入市场的冒险做法，因为这看似是以低成本换取高利润，实际上用户大量退货，给公司造成很大经济损失。为了重新赢得不锈钢制品市场，在2014年第二、三季度，他亲自到生产第一线把关，狠抓产品质量，做到责任落实、管理到位，使公司员工明确认识到“质量是企业的生命”。

在2014年初市场不景气的情况下，为了更好地开拓业务，他还亲自进行了一个多月的市场跟踪、调查、研究，明确提出要对公司的产品进行跟踪服务，不合格的产品包退包换，产品在使用过程中出现问题的负责保修，做到负责到底、服务到家。由于服务工作做得好，公司产品深受用户好评，80%的用户都表达了愿意长期合作的意愿。

经过全体员工的共同努力，创升分公司终于把失去的市场又夺了回来，用户数量增加了100多家，销售额达到500万元。

任期届满，杨大维要向创佳公司汇报工作。请你代写一篇述职报告。

（1）学生分组分析、讨论。

（2）学生拟写初稿。

二、例文借鉴

（一）例文

维修中心主任杨正20××年述职报告

尊敬的各位领导、各位同志：

今年是我区开展“争创文明社区”计划的第一年，也是我担任维修中心主任的第一年。一年来，在上级的正确领导下，在全体员工的共同努力下，我们较好地完成了年初制定的各项工作计划，取得了一定成绩。下面是我的述职报告，请领导和同志们评议。

维修中心的职责是保证社区基础设施、生活设施的正常运转，我主要做了以下3个方面的工作：

一、狠抓基础设施的改造（配合报告，展示已完成工作的相关图片、录像）

今年我们在各方面的大力支持下，克服重重困难，特别是想方设法拓宽资金来源，下大力量，完成了四大工程，使社区基础设施有了重大改观，大大提高了社区的环境质量，也提高了居民的生活质量。这四大工程是：

（一）东线工程

东线工程共拆除旧建筑物823平方米，外运渣土1 506立方米，挖运旧路基1 361立方米，新建沥青道路3 800平方米，新铺彩砖道路2 300平方米，绿化用地2 100平方米，新铺通信管3 260米，新铺污水管线540米，新铺给水管线376米，新铺电缆1 250米，安装路灯22座，新做暖沟55米，新建化粪池（70立方米）1座，新建东大门42.27平方米，清掏污水管线200米，外墙粉刷栏杆油漆2 600平方米。

（二）南线工程

新铺通信管线3 623米，安装新路灯16座，新铺雨水管284米，新铺污水管线247米，新铺给水管线125米，旧暖沟改造588米，南线庭院外运渣土1 286立方米，庭院铺道路800平方米，新建水景池180平方米，新建读书廊118平方米，新增雨水井9座，新做六边形路椅5组。

（三）中水处理站工程

新建了中水处理站，日处理污水1 000立方米。新建附属用房200平方米，全部设备开始试运行。这一工程标志着我社区节约用水进入了一个崭新的阶段。

（四）锅炉房装修工程

对锅炉房进行改造，经过内外装修，使锅炉房彻底改变了“傻大黑锅”的旧貌，变得整洁亮丽，社区居民无不称赞。

二、日常维修工作不放松

我们的口号是：“居民生活无小事”。居民生活遇到困难，我们要尽全力予以解决。居民的水、电、天然气、暖气的报修，一般故障处理不超过24小时。我通过经常巡视，对用户进行回访，主动听取用户的意见和建议，及时发现问题，解决问题。冬天，我们还主动帮助清扫积雪，为居民出行提供方便。今年我们维修中心的投诉率为零，这也是社区居民对我们工作的充分肯定。

三、营造良好的工作环境

维修中心能够完成这么繁重的工作，靠的是全体员工的共同努力。我非常注意营造团结互助的内部工作环境。维修中心是一个温暖的大家庭，大家在此感受到了同志间的友爱、兄弟般的情谊。我们只要心往一处想，劲往一处使，就一定能够战胜困难，完成好各项任务。

过去的一年，我的工作虽然取得了一定成绩，但也存在不足。比如性子比较急，遇到问题有时会不留情面地批评员工。在新的一年里，我还要更加严格要求自己。我们要进一步加强岗位责任制，加强安全教育，进一步提高管理水平和服务质量，使我们的工作更上一层楼，为居民提供优质高效的服务，为社区建设，也为新北京的建设贡献一份力量。

我的述职报告就到这里，请大家批评指正。谢谢!

述职人：杨正
20××年12月28日

（二）简析

本文前言部分概述了任职者所任职务及期限，以及对自己任职期间履行职责的总体评价（定性分析）。主体介绍了履职的基本情况，所取得的成绩与经验，存在的问题及今后努力的方向。作者以大量数据来证明自己的工作成绩（定量分析），内容具体，有说服力。

行文中能突出重点，详略适宜，看似琐碎的日常事务工作，总结起来却显得内容充实，有说服力。结尾写“请大家批评指正”。全文结构完整，语言诚恳，表现出实事求是的工作态度。

三、知识储备

（一）述职报告的概念

述职报告是述职人（包括党政机关、社会团体、企事业单位的领导者或工作人员），向所在工作单位的人事部门、主管领导、人民代表以及上级机关陈述自己在一定时间内履行岗位工作的成绩、问题等的书面报告。

（二）述职报告的特点

（1）述职的自我性。述职的自我性即自我评述，是述职报告不同于一般工作总结、工作报告的显著特点。述职报告首要的是“述职”，即述说自己在任职的一定期限内履行职责的情况，既要述（检查、总结自己的工作情况），又要评（解剖、评价自己的工作），通常用第一人称写。

（2）论述的确定性。写述职报告，是对自己在任职一定期限内所做工作的评述。以叙述真实情况为主，兼对自己的工作进行评议。要围绕岗位职责和一定期限的目标任务来叙述、评价自己的工作。

（3）内容的规定性。述职报告不像一般总结和报告那样内容涉及面广，而是要根据当前组织人事部门考核领导干部的有关规定，要求任职者围绕一定期限的德、能、勤、绩四个方面来述职，述职人要充分呈现个人的工作成绩，应实事求是，不能夸大，也不应过于谦虚。

（三）述职报告的种类

（1）晋职述职报告。即有关领导者或工作人员为晋升更高一级职务时，向主管部门和领导报告履行岗位工作的情况。

（2）例行述职报告。即担任一定岗位职务的人员，定期向有关组织和群众汇报工作情况，接受组织的考核与监督。

四、技能掌握

（一）述职报告的结构与写法

1．标题

（1）类型一：直接用文种作标题，即《述职报告》，这是最常用的一种标题形式。

（2）类型二：用全称标题或者省略某些要素。全称标题包括单位名称、职务、姓名、任职时间和文种，如《××公司经理梁××201×—201×述职报告》《201×年述职报告》《××公司×××述职报告》。

2．称谓

应使用尊称，如“尊敬的总经理、各位同事”。

3．正文

正文应有以下几部分内容：

（1）任职大概情况。在开头一般介绍自己任职的期限、背景、岗位、职责，工作的目标、任务，自我的整体评价，确定述职的范围和基调。这部分要写得简明、不拖沓。

（2）履行职责的实际情况。这部分是报告的重点部分，应写得详尽、具体、全面，不要遗漏能说明问题的核心内容。

首先，要突出工作的实绩。叙述本人在任职期间主要做了哪些事情，怎样去做的，取得了哪些成果，自己如何认识、评价，从实绩中还可引申出经验、体会。要全面评述自己在德、能、勤、绩四个方面的真实情况。

然后，还应如实地指出存在的问题。自己还有哪些事情没有做好，原因何在，从中引申出教训。

（3）今后努力方向及建议。为了做好今后的工作，可在最后部分提出自己的工作设想、建议及相应的措施办法。或多或少，视情况而定。

4．署名、日期

最后在正文右下方写上述职人名字和日期。

（二）述职报告的写作模板

×××（述职人名称）××××（年度）述职报告

尊敬的总经理、各位同事：

我于××××年开始担任××××职务。任职期间，我勤勤恳恳、任劳任怨，较好地完成了岗位工作。下面从德、能、勤、绩4个方面述职如下：

一、德。××××××××××××××××××××××××××××××。

二、能。××××××××××××××××××××××××××××××。

三、勤。××××××××××××××××××××××××××××××。

四、绩。××××××××××××××××××××××××××××××××××。

我的工作虽然取得一定成绩，但也存在不足之处：××。

今后努力方向及打算：××××××××××××××××××××××××××××××××。

我的述职完了，谢谢大家！

述职人：×××
××××年×月×日

（三）述职报告的写作注意事项

（1）陈述工作实绩要“一分为二”。材料要准确翔实、具体周全，评价要客观公正。不要把述职报告写成经验总结，也不能以偏概全，对缺点轻描淡写，要真实客观地反映工作情况。肯定成绩的同时，也应指出不足。

（2）要把集体的成绩与个人贡献区分清楚。即在写作时，不要把个人的述职报告写成组织的工作报告。述职人只是领导班子的一员或工作集体的一员，述职时只需讲清个人实际作用而不应将集体功绩占为己有。

五、病文析改

（一）病文

×××××厂长的述职报告

各位领导、各位同志：

我是201×年12月开始担任×××××厂长职务的。一年来，在县委、县政府的正确领导下，在全厂干部职工的共同努力下，我厂进一步深化和加快了生产和经营的改革，取得了一定的成绩。

一、主要目标的完成情况

1. 提前3个月完成全年生产计划，提前两个月完成全年销售计划，预计今年可实现产值××千万元，实现利税×千万元。

2. 技术输入有了明显进展，主要技术改造工作稳步发展。

3. 经济效益明显提高。去年全厂亏损××万元，今年预计可实现利润××元，一举扭亏为盈，增长幅度较大。

4. 职工素质、业务水平有了提高。今年共举办了5期计算机、质量检测培训班，并选派部分干部、职工到高等院校和上级主管部门接受业务培训，收到了良好效果。

二、一年来的工作回顾

今年我厂生产是在十分困难的情况下取得较快发展的。一年来，市场行情瞬息万变，原材料价格上涨，资金紧缺，电力紧缺等，都给本厂生产带来了严重的干扰。在这种艰难的情况下，全厂干部职工同心同德，求新创新，取得了一定的成绩。具体地说，一年来有以下新的变化。

1. 观念不断更新。随着市场经济的全面发展，我厂生产也面临着新的形势和挑战。针对这种情况，我们组织干部职工认真研究新形势，积极治理生产环境，自觉整顿生产秩序，转变经济思想，强化服务意识，保证了生产的顺利进行。

2. 承包不断完善。今年，全厂实行了承包经营，对企业的经理全部实行了聘任制，并签订了承包责任书。各部门也根据实际情况分别实行了各种形式的责任制，取得了良好的效果。

3. 合作不断扩大。工贸结合是促进生产的根本途径。今年全厂积极主动实行工贸结合，加快了生产销售的步伐。在开展工商联营的同时，我们转变经营作风，密切工贸关系，积极为销售部门排忧解难，受到销售部门好评，从而保证了产品销售的稳步发展。

以上述职报告，请领导和同志们评议，欢迎对我的工作多提宝贵意见。借此机会，向在工作中无私支持、帮助过我的各级领导和同志们表示诚挚的谢意。

×××××厂长
201×年12月27日

（二）修改意见

（1）该述职报告没有把集体的成绩与个人的贡献区分清楚，而把集体功绩占为己有了。文章应有“我本人所做的几项工作”这一部分。

（2）该述职报告只谈成绩而不谈不足，不够实事求是，所以还应有“存在的问题和改进措施”部分。

（3）“在县委、县政府的正确领导下”这样的空话应删去。

六、知识链接

述职报告与个人总结的异同

（1）相同点：都是对过去工作的回顾，都可以谈经验教训，都要求事实材料与观点的统一。

（2）不同点：

①述职报告只适用于个人，且较多时候是领导或岗位管理人员；有称谓；必须根据履行职责方面的情况来写，重点展示履行职责的思路、过程和能力，要回答称职与否等问题；一般不作理论概括。总结适用于单位与个人；没有称谓；可针对各方面来写，不受职责范围的限制；要求把经验上升到理论高度。

②个人述职报告是通过陈述自己德、能、勤、绩等具体材料和数据，为上级有关部门选拔、培养、任用、调配、奖惩干部提供依据。个人总结的目的在于肯定成绩，找出不足，以利于今后的工作。

③述职报告采用“报告”这一形式，有时也采用表格式，主要运用叙述的方法。总结采用的是“总结”这一文章形式，既注重叙述，又注重议论。

实训演练

1. 根据计划、总结、述职报告的写作要求，进行初稿修改。

2. 根据计划、总传、述职报告的写作要求，修改“病文析改”部分的病文。

3. 改正以下标题。

(1)《2016 年至 2017 年工农业教育事业规划草案》

(2)《2017 年企业招工纲要》

(3)《××公司关于第一季度销售工作要点》

(4)《××乡发展高产优质高效农业的五年安排》

(5)《××公司 2017 年开展员工体育活动的初步要点》

(6)《××集团公司 2017 年主要工作》

4. 修改下面两份计划的前言部分。

(1) 硕果累累的 2016 年过去了，光辉灿烂的 2017 已经来临，为了开创我站工作的新局面，更好完成上级布置的任务，充分发挥种籽在发展商品经济中的作用，特制定我站 2017 年工作计划。

(2) ××粮站三月份政治学习安排

革命是解放生产力，改革也是解放生产力，改革是一场革命。要使改革不断深化，必须明确政治方向，坚持四项基本原则，从政治上与党中央保持一致。为此，三月份政治学习的主要内容是实践科学发展观。我站业务工作繁忙，白天没有时间，只有抽晚上学习。现将学习的内容与时间安排如下：

……

5. 请修改以下计划主体部分的内容。

(1) 开阔知识面。(内容略)

(2) 积极锻炼身体。(内容略)

(3) 争取提高各科成绩。英语、应用文写作等都是很重要的课程，这关系着将来毕业后我的工作基础是否扎实、我的事业是否有前途，因此对英语、应用文写作等要多读多写多练，争取期末考试成绩有提高。

6. 宋小山 2017 年 6 月从一所高职院校毕业后应聘到广东中创包装有限公司销售部从事销售工作。2015 年即将到来，销售部经理召开了本部门员工会议，要求每位销售人员制订一份新的年度工作计划。宋小山很快写好了自己的工作计划并交给经理，可经理看后却说不过关。下面是宋小山的工作计划，请帮助其修改。

销售员 2017 年个人工作计划

宋小山

2016 年刚接触这个行业时，我在选择客户的问题上走过不少弯路，因为对这个行业还不太熟悉，总是选择一些食品企业，但这些企业往往对标签的价格是非常注重的。所以，今年不要再选一些只看价格，对质量没要求的客户，没有要求的客户不是好客户。

2017 年的计划如下：

(1) 对于老客户和固定客户，要经常保持联系，在有时间、有条件的情况下，送一些小礼物或宴请客户，以便稳定与客户的关系。

(2) 在拥有老客户的同时还要不断从各种媒体获得更多客户的信息。

(3) 要有好业绩就得加强业务学习、开阔视野、丰富知识，采取多样化形式，把业务学习与技能交流结合起来。

(4) 今年对自己有以下要求：

①每周要增加一个以上的新客户，还要有三到五个潜在客户。

②一周一小结，每月一大结，看看有哪些工作上的失误，及时改正，下次不要再犯。

③见客户之前要多了解客户的状态和需求，再做好准备工作才有可能不会丢失这个客户。

④对客户不能有隐瞒和欺骗，这样才会有忠诚的客户。在有些问题上你和客户是一致的。

⑤要不断加强业务方面的学习，多看书，上网查阅相关资料，与同行们交流，向他们学习更好的方式方法。

⑥对所有客户的工作态度都一样，但不能太低声下气。给客户一个好印象，为公司树立更好的形象。

⑦客户遇到问题，不能置之不理，一定要尽全力帮助他们解决。要先做人再做生意，让客户相信我们的工作实力，才能更好地完成任务。

⑧自信是非常重要的。要经常对自己说你是最好的，你是独一无二的。拥有健康乐观积极向上的工作态度才能更好地完成任务。

⑨和公司其他员工要有良好的沟通，有团队意识，多交流，多探讨，才能不断增长业务技能。

⑩为了今年的销售任务，每月我要努力完成两万元到四万元的任务额，为公司创造更多的利润。

以上就是我这一年的工作计划，工作中总会有各式各样的困难，我会向领导请示，与同事探讨，共同努力克服，为公司做出自己最大的贡献。

7. 请修改以下计划。

12 月份团日活动计划书

——201×级酒管 2 团支部

一、活动主题：庆元旦，游莲花山。

二、活动背景：一年一度的元旦节就要到了，为响应系里的号召，而且，学期临近结束，也将要考全国英语 A 级、四级的考试了。我们开了班会，决定了这次团日活动的活动形式，在考试结束后去郊游。

三、活动目的：这次活动主要是为了加强我们同学间的交流和让大家更多地了解我们周边的环境以及了解到更多的关于风景区的知识。这有利于我们旅游专业知识的拓展，最主要的是可以让同学们之间有更进一步的交流，增进感情。

四、活动对象：广东××学院 201×级酒店管理 2 班团支部。

五、活动形式：集体外出郊游，野餐。

六、活动流程：首先，跟辅导员商量，在具体步骤上还需要辅导员的签字，同时也邀请辅导员和我们一同去郊游。然后组织班干部，主要以小组的形式分配好工作。班长和团支书主要负责所有班干部工作的协调。小组长分别是王思欣、王巧梅、李观弟、卢蓓蕾和冯静云。小组长主要负责收齐同学们的门票费用，组织各组同学上车下车的人数落实和组织同学们在景点处集中等。在郊游过程中我们还有野餐，小组长负责协调同学们和起领头作用。班长和团支书要带动同学们的情绪，拉动气氛。

七、注意事项：在出发之前要跟同学们强调安全问题。在组织同学上下车时要注意落实人数，确保不会落下任何一个同学。跟同学们强调在整个郊游过程中不要乱扔垃圾，保持环境清洁卫生，做文明市民。

在爬山时要注意同学们的安全，事先要留意天气情况，如果有猛烈太阳要通知同学们做好防晒工作，带太阳伞，如果天气变冷的话就要提醒大家要多穿衣保暖，如果会下雨就做出相应的调整，但都要通知好同学们。

八、总结细节：总结计划书中的内容，要仔细留意是否有没有想到的事项，做好准备工作。如有任何变动，做好通知同学们的工作，与同学们商量对策，协调好工作，争取做得更好些。

李×
201×年12月29日

8. 分析以下活动方案，说明其优点，并将相关部分内容改写成表格。

××公司迎五四“八荣八耻”朗诵演唱会活动方案

一、指导思想

结合“五一”国际劳动节和“五四”青年节举办的此项活动，旨在弘扬民族精神，培养和展示员工的人文素质，进一步增强员工明确当前社会思想领域是非、善恶、美丑的界限，促进良好企业文化的形成，体现员工奋发向上的精神风貌。

二、活动主题

弘扬爱国主义、集体主义、社会主义思想，使员工明确“八荣八耻”荣辱观的深刻内涵，自觉运用荣辱标准检省自己的思想和行为，自觉养成优良品德，努力成长为对社会有贡献的人。

三、时间及安排

（一）201×年4月5日下午4点，在一楼团委办公室召开各部门团支委会议，布置活动要求。

（二）201×年4月11日，各团支委按照团委要求，发动大家积极报名参加，形式定为诗歌朗诵或者演讲均可。初选出1~2名员工，做好参赛准备。

（三）201×年4月25日在礼堂进行初赛，选出8个节目参加复赛。

（四）“五四”表彰大会后举行朗诵（演讲）复赛，评出优秀节目奖。

此次活动由公司团委主办，由各部门团支委负责协调、督促检查评比工作。

四、具体要求

（一）各部门团支委在4月6—10日进行动员，并组织员工积极报名、准备参赛。

（二）公司团委做好宣传工作，通过海报、黑板报等形式宣传。

（三）各部门团支委认真组织好4月11日的支部内比赛，选出的员工名单于4月16日前交团委。

（四）团委负责安排初、复赛时员工抽签及相应工作。

（五）复赛胜出选手的文稿及音响资料于4月30日前交团委备案。

（六）各部门团支委应督促和支持完成初、复赛工作。

五、评比方法

主题鲜明积极向上。(4分)

表达能力强，富于激情，表达流畅。(3分)

普通话标准，语言及用词规范。(1分)

表现能力好，仪态大方，举止得体。(2分)

六、奖项设置

一等奖2名、二等奖3名、优秀奖若干。获奖员工将发给荣誉证书及奖品，获奖名单将择时张榜公布。

9. 修改下面这份总结的提纲。

卫生局××××年度工作总结提纲

一、基层卫生工作出现了新面貌。

二、健全制度，落实岗位责任制，不断提高管理水平。

三、一年来总的工作情况及取得的主要成绩。

四、讲几个问题：

（一）做好基层卫生网点的建设工作。

（二）加强地方病的防治工作。

（三）加强领导班子的自身建设。

（四）存在的不足和今后的打算。

10. 下面是从某批发部的一份总结中节录的一段，该如何修改？

灵活经营　搞好服务

商品企业要在市场竞争中取胜，就必须做到信息灵通，服务周到，经营的商品适销对路，质优价廉，才能使顾客乐于光顾，从而扩大销售。

我们的主要做法是：

(1) 改坐等顾客为上门服务，带着商品目录和货样送货上门。从200×年第一季度至200×年第一季度末，组织了各种送货活动××次，成交额达××××万元；带样到乡下零售，走访个人、单位×××人次，成交额×××万元；专车送货×××车次，共售卖××××××余件。

(2) 面向四方，广开门路。扩大横向经济联系，巩固原有渠道，发展新渠道，使往来户由原来×××多家发展到××××多家。

(3) 开展多种经营，批发零售全面发展。在原经营品种的基础上，成立了综合服务部、零售服务部、服务招待所，增添了服装、针织商品××多个品种。综合服务部一季度纯销售额××万元，实现利润近××万元。今年二月份开设了服务招待所，为客户提供膳宿，每月可增加收入×万元。

(4) 改单一经营为多种经营。除原有业务外，增开了代营、联营、总经销、场地出租等业务，每月出租场地即可增加收入××万元。在销售上有“现款现货”“延期付款”“辅底销售、分月结账”、“月头开单、月尾结账”等方式，扩大了销售额。

11. 指出以下总结的不当之处，并进行修改。

2017年4月海报比赛的总结

为了提高自身的绘画和创作能力，促进同学之间的团体合作精神，我今年4月参加了院组织的海报设计比赛，并获得优异的成绩。

比赛前的时间里，我通过对海报设计的学习，掌握了一些绘画的技巧，了解了比赛中完美结合的重要性。比赛中，我仅用了一个半个小时就完成了任务，比计划中的时间少用了半个小时。但画功仍有不足，希望明年能更胜一筹。

李静
2017年4月27日

12. 请写一篇学期个人学习总结。

13. 请指出下列述职报告的问题并加以修改。

办公室副主任述职报告

改革时，院党组留任我为办公室副主任，主持办公室工作至今。在副主任的岗位上主持工作，我深感责任重大，有干好工作的强烈使命感，又深知能力有限，怕辜负党组和大家的信任。是院领导的激励和培养，同志们的支持和帮助，使我有信心站在这里向大家汇报工作，并接受院领导和同志们的评议。我主要做了以下3个方面的工作：

一、加强理论学习，提高队伍素质。为适应机构改革后的形势和任务，在主管检察长的带领下，我们确定了办公室的工作思路，就是以创新发展思想为指导，以“三服务”为方向，以争创“五好”处室为载体，以综合分析、信息建设、督办落实为重点，发挥参谋助手、协调枢纽、写作班子的作用。按照这个思路，我们首先是加强全室同志的理论和业务学习，制订了《办公室政治理论和业务学习制度》，把理论和业务学习与提高队伍素质、探索工作规律、解决工作问题有机地结合起来。一方面统一了思想认识，调动了大家努力学习和提高自身素质的积极性，工作热情高涨；另一方面增强了班子的凝聚力和战斗力。孙宝民、刘晓双认真负责，勤奋工作，各科科长积极进取，争先创优，有力地推动了工作的开展。今年7月，办公室党支部被评为“先进党支部”。

二、加强制度建设，提高管理水平。任职后，我把改进工作作风，加强制度建设，摆上重要位置，共完善和制定各项规章制度12项。《督促检查工作暂行规定》进一步明确了督办工作的基本原则、工作任务、工作程序、工作方法；《同省人大代表联系制度》进一步明确了联络工作的目的、内容、方式；《关于进一步加强检察信息工作的意见》对信息建设的重点、报送原则，结合实际情况进行了修改和完善。在“创建学习型处（科）室”活动中，我们结合工作实际，开展全室人员“素质达标”活动。制度的建立和完善，为加强管理、转变作风、改进服务奠定了坚实的基础，使办公室出现了工作热情而不俗，繁忙而冷静，纷杂而有序的局面，推动了办公室工作规范化建设。

三、加强综合协调，提高服务质量。工作中我把综合协调工作作为办公室参与检察政务的重点来抓，力争在领导决策时，提供有关信息依据；在领导决策后，参与决策的实施，推动政策的落实；对决策实施中遇到的矛盾和问题积极协调，加以解决。在这其中，我既得到了领导的支持和同志们的帮助，也得到了锻炼和提高，和大家建立了真挚的友谊，同志们给予我的关怀和帮助，是我工作和前进的动力，我真切地感受到了大家的真诚接纳。在做协调工作的同时，我也承担了文字工作，组织撰写了二十多篇十多万字的领导讲话和理论文章。如《全省检察长会议报告》《省九届五次人大会议检察报告》《全省检察机关先进集体先进个人表彰大会讲话》《全省反贪、法纪、预防、控申会议讲话》。通过综合工作我加深了对检察工作的理解和把握，也推动我较为系统地学习了法律知识，更加坚定了我做好工作的信心。

知不足而奋进是我的追求，行不止塑品德是我的目标。我虽然做了些工作，但离党组的要求和同志们的期望还有很大的差距，深入基层指导工作少，工作能力还不适应任务的需要。我要以此次述职为契机，虚心接受领导和同志们的批评和帮助，努力学习，勤奋工作，以优异的工作业绩回报院党组对我的信任。

自我测试

一、单选

1. 计划一旦制定出来，就对实践产生了一定的______。
   A. 规范性　B. 限制　C. 导向性　D. 约束力
2. 一篇好的总结关键是要从实践活动中揭示出带有______的东西，以指导今后的工作。
   A. 约束力　B. 规律性　C. 要求　D. 制约性
3. 写总结要进行认真分析，从实践中找到规律，表现出较强的______和指导性。
   A. 理论性　B. 政治性　C. 思想性　D. 导向性
4. 述职报告要根据当前组织人事部门考核领导干部的有关规定，要求任职者对一定期限的______、能力、工作情况、成绩4个方面来述职。

A. 政治　　B. 水平　　C. 思想　　D. 条件

5. 述职报告的称谓应使用______。

A. 统称　　B. 尊称　　C. 泛称　　D. 任意称呼

二、多选

1. __________________被称为计划的三要素。

A. 步骤　　B. 目标　　C. 措施　　D. 要求

2. 计划的结构大致有两种：______。

A. 概括式　　B. 说明式　　C. 条文式　　D. 表格式

3. 制定计划时，要明确地写出要达到的任务、指标，要具体写出______方面的要求。

A. 人力　　B. 数量　　C. 物力　　D. 质量

4. 总结的前言一般概括介绍工作______，对工作成效进行总体评价。

A. 背景　　B. 基本情况　　C. 所取得的成绩　　D. 工作质量

三、判断

1. 安排是对中长期内某一项内容单一、比较具体的工作进行部署。打算和设想，都是初步的考虑，是还没成熟的计划。
2. 计划和工作要点都用于一些时间比较从容的常规性工作。都要写出详细的措施与步骤。
3. 总结通常用第一人称写作，也可以用第三人称写作。
4. 写总结一定要摆事实，要有典型事例和确凿数据。
5. 总结的主体无论采用过程式还是逻辑式，一般都要揭示成绩和经验、存在的问题和教训，以及今后努力的方向等。

模块六　经济调研文书

项目1　市场调查报告

知识目标

1. 了解市场调查报告的适用范围
2. 理解市场调查报告的概念、特点和类型
3. 掌握市场调查报告的写作格式和要求

技能目标

能掌握市场调查报告的写作技能；能撰写格式规范、结构完整、内容完备、表述正确、要素齐全的市场调查报告。

一、任务导入

我国居民储蓄已超过 20 万亿元，其中的10%即2万多亿元准备用于教育支出，而培训市场的潜在规模达3 000 亿元。目前，IT 培训、英语培训、管理培训和少儿教育已成为培训教育业的支柱。当前中国英语培训的市场总值为300 亿元。预计在未来的五六年中，我国少儿教育市场的消费额将达到1 000 亿元的规模。

当前，在中国的各个教育层次上，有2.4 亿的学生在学习英语，其中超过一半的学生年龄在10～19 岁，这意味着在未来的十年内会出现对教育市场的巨大需求。另外，我国成人教育的在校人数也达到了7 500 万。以上两个数字构成了中国英语培训的巨大基数。在这个庞大的受教育人群中，虽然只有3%～5%的人群具有进一步进修英语的强烈愿望和经济能力，但其人数也已达到1 000 万！再加上中国各类企业及个人的英语培训需求在中国加入 WTO 后呈强劲的增长趋势，可以说，目前的英语培训市场已成为中国一个潜力无限的朝阳产业。

2015 年2 月，中国互联网络信息中心（CNNIC）发布《第35 次中国互联网络发展状况统计报告》（以下简称《报告》）。《报告》显示，截至2014 年12 月，我国网民规模达6.49 亿，其中手机网民规模为5.57 亿，我国网民年龄结构出现年长化趋，40 岁及以上年龄段的网民比例有所增加，19 岁及以下青年儿童网民的比例有所降低，其中20～29 岁网民占比最高，达31.59。

在2008 年北京奥运会、2010 年上海世博会等利好因素的相继推动下，我国英语培训

市场将在相当长一段时间内保持高速的增长。

业内人士预测，网络英语教育市场将大有可为。据统计：我国90%以上的中小学生及其家长都迫切需求低成本、高品质、持续发展的优秀教育服务，75%以上的在职工作者都在进行不同程度的继续教育，50%以上的企业管理者主动需要专业学习和培训，45%的年轻人在进行外语类培训学习。从经济学角度看，需求是发展供给的唯一动力，广阔且潜力巨大的网络英语教育市场和利润让每一位参与者都为之惊叹。

请你以某英语培训机构秘书的身份进行市场调查，并拟写市场调查报告。

（1）学生分组分析、讨论。

（2）学生拟写初稿。

二、例文借鉴

（一）例文

2013年全国年宵花卉市场调查报告

春节前夕，中国花卉协会向部分省（市、区）花卉协会发出《关于报送本地年宵花卉销售情况的函》，节后陆续收到了来自吉林、山东、江苏、浙江、广东、云南、陕西7个省（市、区）的书面报告。在此基础上，中国花卉协会又通过实地或电话调查了北京市白盆窑花卉市场、河南省陈砦花卉市场这两个花卉市场的行情和部分省区的年宵（主要指元旦、春节、情人节与元宵节期间）花卉销售情况，并结合其他来源的资料进行分析整理，完成了今年年宵花卉市场情况的调查。

调查目的：了解年宵花卉市场的现状；通过实地调查了解年宵花卉市场存在的问题；通过对市场深入细致的了解与分析，为年宵花卉市场活动存在的问题提出解决问题的方法。

调查对象：中国花卉协会、花卉市场各花卉商。

调查时间：2013年×月×日。

调查地点：北京市白盆窑花卉市场、河南省陈砦花卉市场。

一、基本情况

与去年同期相比，全国各地市场对年宵花卉品种的需求没有太大变化。以花色、叶色、果色鲜艳的盆花为主，除传统的四大当家“花旦”（蝴蝶兰、凤梨、红掌和大花蕙兰）外，杜鹃、君子兰、国兰、水仙等也占有一席之地（见下表）。

在品种基本稳定的基础上，大多数花卉市场供应量有所上升。其中蝴蝶兰数量为5 300万株，比去年同期增加了300万株，上涨幅度约为6%；凤梨840万盆，上涨幅度为20%；大花蕙兰280万盆，其中产自云南的有240万盆，较2004年前增长了近五倍（见下图）；红掌650万盆，数量比往年也明显增加。

2013年全国主要年宵花卉品种市场供应量表

品种	蝴蝶兰（万株）	凤梨（万盆）	红掌（万盆）	大花蕙兰（万盆）
数量	5 300	840	650	280
品种	杜鹃（万盆）	君子兰（万株）	国兰（万苗）	水仙（万粒）
数量	720	1 000	2 000	3 000

除主导品种外，其他品种的花卉在年宵花卉市场也占有一定的份额，而且地位越来越重要，为消费者提供了更多选择的空间。

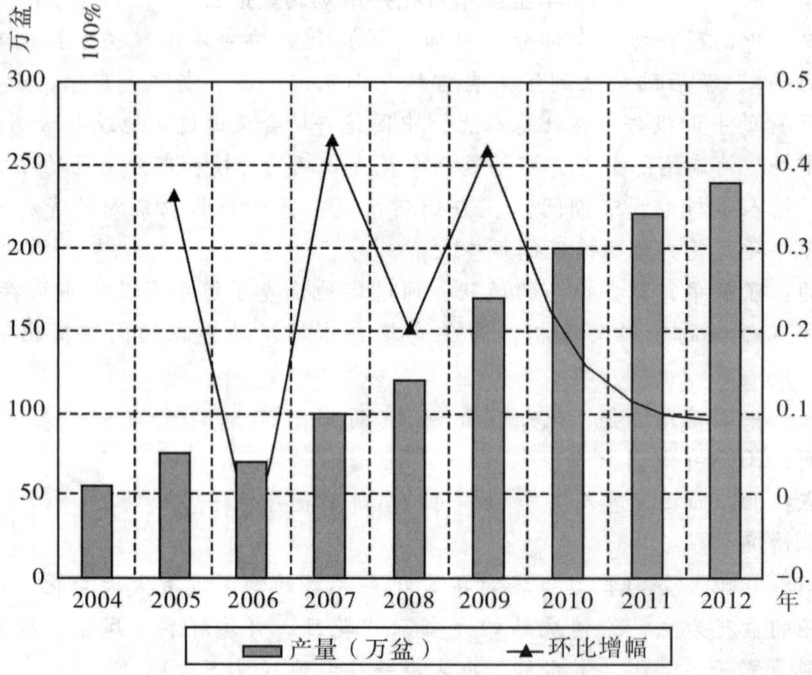

2004—2012年云南大花蕙兰产量及环比增长百分比图

二、价格变动和消费品种结构

（一）花卉价格持续下降，花卉消费趋于理性

纵观今年年宵花卉市场，随着花卉主导品种的生产技术水平不断提高、数量迅速增加和生产成本逐渐降低，以及花卉消费范围逐步扩大、消费数量稳步增加，花卉价格出现持续下降的趋势，部分高档花卉也逐渐告别高利润时代，开始走入“寻常百姓家”。

由于卖方市场逐步向买方市场转变，花卉消费更趋于理性：一些市场主导品种，如凤梨、红掌、蝴蝶兰和大花蕙兰，其增长与预期相比呈现出整体下滑趋势；而另外一些品种，如催花牡丹、君子兰、杜鹃花、富贵籽、水仙，以及精品组合盆栽等，则呈现出旺盛的市场需求。这标志着我国花卉消费正在由单一品种、单一层次向多品种、多层次方向转变，是市场走向成熟的必然结果。

（二）主导品种需求强劲，价格有降有升

今年年宵花卉市场上的四大花卉品种——蝴蝶兰、大花蕙兰、红掌和凤梨的价格都出现前降后升的现象。其中蝴蝶兰、大花蕙兰的价格相对平稳，红掌和凤梨的价格则降幅明显。

蝴蝶兰、大花蕙兰的价格与去年同期相比有不同程度的下降，但需求量依然强劲，市场后期行情看好。由于去年降温较早，许多蝴蝶兰提前开花，淡季供货量较大，使价格普遍比去年同期下降了3~4元。但临近春节，品质较高的销售商花卉品种出现缺货，所以市场后期价格仍有上涨，平均价格与去年相比没有较大的波动，波幅仅在2~3元之间。大花蕙兰的行情也有先低后高的趋势：一方面，由于去年春节前夕批发商集中低价抛货，影响了销售商订货的积极性。另一方面，由于国庆节后，产区连续高温少雨导致近60万盆大花蕙兰提前开花，减轻了年宵期间的销售压力。

（三）传统名花渐受青睐，市场行情总体向好

综合各方信息，除了蝴蝶兰、大花蕙兰、红掌和凤梨等主导品种外，杜鹃、君子兰、国兰、水仙、牡丹、茶花等传统名花进一步受到青睐，市场行情普遍看好。

（四）小品种花卉表现不俗，市场反应良好

红豆杉是今年年宵花卉中的一匹黑马，在江苏、浙江、福建、山东等省都有种植，尤其以江苏的红豆和福建的清流、漳平为多。去年漳平市永福镇红豆杉上市量超过1 000万盆。根据质量不同，红豆杉的价格从几十元到近千元不等。

三、对策和建议

（一）加强消费引导（略）

（二）加大品种创新（略）

（三）加强经营管理（略）

（四）加大宣传力度（略）

……

中国花卉协会

2013年6月5日

（资料来源：《中国花卉园艺》2013年第13期，有修改）

（二）简析

这份调查报告交代了调查活动的一般情况，写明了调查的目的、时间、地点、对象、范围、方式、结论等。

该调查报告结构完整，正文内容完备，具体明确，表述正确，要素齐全，事项清楚，值得我们学习借鉴。

三、知识储备

（一）市场调查报告的概念

市场调查报告是调查报告的一种，是运用科学的方法，有目的、有计划、系统地对市场有关情况进行深入调查后，对调查所得资料进行分析整理、筛选加工，如实反映了调查结果并提出作者看法和意见的书面报告。市场调查是市场预测的基础，而市场预测又是经营决策的基础。

（二）市场调查报告的特点

市场调查报告是一种专项调查报告，除具有一般调查报告反映情况、总结经验、揭示规律的特点外，还有如下特点：

1. 针对性

市场调查报告一般具有比较明确的意向，是为了说明某情况或解决某个问题，针对不同的读者群，必须有的放矢，目的非常明确，反映的问题集中而有深度。

2. 真实性

市场调查报告在拥有大量现实和历史资料的基础上，用叙述性的语言实事求是地描述某一客观事物。材料数据不管是历史的还是现实的都是调查报告的基础，其人物和事件的时间、地点、过程及细节要绝对真实，不能作假。充分了解实情和全面掌握真实可靠的素材是写好市场调查报告的基础。

3. 科学性

市场调查报告离不开确凿的事实，但又不是材料的机械堆砌，而是对核实无误的数据和事实进行严密的逻辑论证，探明事物发展变化的原因，预测事物发展变化的趋势，揭示事物的本质和规律，得出科学的结论。

4. 时效性

当今市场形势瞬息万变，市场调查报告必须讲究时间效益，及时反馈市场信息，才能适应激烈的竞争。市场调查报告反映的结论必须具有超前性，能抓住市场活动的新动向、新问题，提出新观点，否则无法起指导作用。

（三）撰写市场调查报告的基本步骤

1. 确定主题

要写一篇市场调查报告，首先，要确定调查的目标、内容和范围，据此命题，也就是确定要写的问题。在任何一个问题上都存在着许许多多可以调查的事情，如果对该问题不作出清晰的定义，那收集信息的成本可能会超过调查提出的结果的价值。

2. 收集资料

确定主题之后，就应围绕主题收集资料，要有选择性地搜集与主题“对口的”、有价值的信息。否则，那些无用的信息，会增加自己的工作量，影响写作进度。

信息往往以不同的形式、不同的载体出现，收集信息时应根据工作的需要采用适当的方法。信息收集的主要方法有如下几种：阅读法、实验法、观察法、询问法、网络法和购买法等。

3. 分析资料

资料收集后，应对资料进行分析、研究，将分析结果做成统计图表，方便读者了解分析结果。

4. 撰写报告

市场调查的最后一步是撰写一份书面报告。一般而言，书面调查报告可分为两类：一是专门性报告；二是通俗性报告。

专门性报告的读者是对整个调查设计、分析方法、研究结果以及各类统计表感兴趣者，如一些行业专家、研究者。而通俗性报告的读者的主要兴趣在于听取市场调查专家的建议，如一些企业的最高决策者、一般消费者。

（四）市场调查报告的种类

（1）按调查范围划分，可分为综合性市场调查报告和专题性市场调查报告。

（2）按调查对象划分，可分为产品生产市场调查报告和产品消费市场调查报告。

四、技能掌握

（一）市场调查报告的结构和写法

1. 标题

一般来说，市场调查报告的标题是对文章内容的高度概括，要用精练简洁的文字去表现文章的中心思想，要求准确、简洁、醒目。

从标题形式上看，可以分为两类：一类是单行标题；另一类是双行标题。

（1）单行标题。单行标题由“调查对象或范围 + 调查时间 + 调查事项 + 文种”组成。如《重庆市 2014 年上半年私车销售情况调查》。有时四要素并不齐全，如《关于当代青年饮料问题的调查报告》。

（2）双行标题。双行标题由正标题和副标题组成。正标题通常是概括文章的主旨或主要内容，副标题则是补充说明调查的对象、地点、内容、时限、范围、事项和文种，或直接指出调查对象的状况，副标题前应加一破折号。如《要切实加强对“三资”企业的管理——对玉田县三资企业的调查与思考》《金融风暴惹的祸？警惕新一轮读书无用论扩大——2014 年关于 × × 地区学生流失情况调查》。

2. 正文

（1）引言。即开头、前言或绪论。主要阐述选题的基本情况，包括三个方面的内容：

①简要说明调查目的。

②简要介绍调查对象和调查内容，包括调查的时间、地点、对象、范围、调查的要点及所要解答的问题。

③简要介绍调查研究的方法。

（2）主体。主体是通过调查资料介绍被调查事物的基本情况，分析原因，预测市场发展趋势，最后提出建议。

①情况部分。介绍调查对象的现状、历史、统计数据等。

②分析部分。针对现状进行进一步的具体分析，可以分析问题存在的原因，揭示带有规律性的结论。

③建议部分。根据调查结论，提出相应的对策和建议。

(3) 结尾。调查报告的结尾部分是为了深化主题，或对前面的内容进行概括。

3. 落款

落款写上调查单位或个人，注明成文日期，署名和成文日期一般在正文的右下方，若写在标题的正下方，则称之为题注。

(二) 市场调查报告的写作模板

关于××××××的市场调查报告

为了×××××××××××××××××××××××××××××。(调查的目的、意义)

一、引言(调查活动的基本情况)

××。(包括调查的时间、地点、对象、范围及所要解答的问题和调查的方法等)

二、正文

1. 调查对象的情况

××××××××××××××××××××××××××××××××。(介绍事实、数据)

2. 情况分析、结果

×××××××××××××××××××××××××××××××××。

3. 建议、措施

××××××××××××××××××××××××××××××。

三、结尾

××××××公司

××××年×月×日

(三) 市场调查报告的写作注意事项

(1) 材料真实可靠，数据准确无误。

(2) 注意提炼观点，切勿堆砌材料。

(3) 结构完整严谨，叙议有机结合。

五、病文析改

（一）病文

学生家教市场调查报告

随着社会的发展，大学生越来越有竞争和独立自主的意识。面对假期，大部分大学生所想到的不再是享受，而是去打工实践，这样既可锻炼自己，增加工作和社会经验，为以后就业做准备，又可体验生活的艰辛，从而更加珍惜来之不易的学习机会，真可谓一举两得。

家教，是大学生实践首选的工作。这个工作看似简单，似乎可以轻易做好，事实是不是真的这样呢？

笔者认为，只要自己做了这份工作。就应当全力以赴把它做好。面对自身的不足，大学生可以通过许多方法来弥补和改善。比如：①平时多向老师学习，看看他们是怎么对待学生的，经常与老师交流心得体会，相信会有许多启发；②多参加社会实践，积极参加学校和学院举办的各类活动，培养自己的表达和沟通能力；③在正式上课之前，要做好准备工作，至少熟悉所讲内容，做好教程规划，尽量能在最短的时间内教给孩子更多有用的东西。

笔者假期里走访调查了一部分做家教的大学生和请家教的家长以及孩子，结果发现，大学生做家教的情况不尽如人意，还存在许多不足和欠缺的地方。

一、耐心不足烦躁有余

做老师耐心是非常重要的，许多大学生做家教的时候，还没有完全适应从学生到老师的角色转换。面对孩子的一再询问和刨根问底时缺乏耐心，不愿或不习惯“重复”。一位李姓家长在谈到家教老师时说，就知识而论，一个大学生教一个小学生应该绰绰有余，但他不能耐着性子细心讲解，孩子讲几下不明白时他就开始着急了，一着急就越发讲不清楚了。

二、表达沟通能力尚待加强

能够传授给学生以知识和能力是老师所应该具备的能力。但由于许多大学生在学校时较少参加社会活动，并且几乎都没有接受过正规系统的上岗培训，导致在面对孩子时缺乏自信，表现不够大方，不能很好地表达出自己的意思，常常在心里想好而出口不成文，无法将自己的知识转化为孩子的知识。又因为不了解孩子，不懂他们的心理状况，不能与他们进行很好的情感沟通，从而很难激发孩子的学习兴趣和动力，导致家教效果不明显。

三、敬业精神不够

假期做家教虽不是正规长期的工作，但敬不敬业也是一个人对工作态度的体现。在笔者调查中，有40%的家长认大学生在这方面还行，40%的家长表示欠缺，只20%的家长感到满意；被调查的大学生有60%的人认为过得去就行，仅15%的大学生认为需要竭力做好，其余人则表示适当努力。看来大部分学生没有很认真对待这份工作。

相信经过我们的努力，大学生家教一定能给孩子带去知识的芬芳。

（二）修改意见

（1）标题有歧义，不知道是针对中小学生的家教调查，还是针对学生当家教老师的调查。

（2）逻辑混乱，正文应该先写问题，再提出解决问题的建议措施。

（3）缺少落款、署名和成文日期。

六、知识链接

市场调查的方法按不同标准可划分为以下几种：

（一）按调查对象的范围分类

在多种多样的分类中，最基本的是按调查对象的范围进行分类，即分为普遍调查和非普遍调查。

1．普遍调查

普遍调查即普遍调查研究，简称普查，是对调查对象进行全面的调查研究。

2．非普遍调查

非普遍调查是对调查对象总体中的一部分进行的调查研究，它又分为典型调查、重点调查、个别调查、抽样调查等。

（1）典型调查。典型调查是从调研对象中选择具有代表性的特定对象进行调查研究，以此来认识同类社会现象的本质及其发展规律。典型可以是一个，也可以是几个。

（2）重点调查。重点调查是从调查对象的总体中选取一部分重点对象所进行的调查研究。重点对象应该是在总体中起主要决定性作用，对总体影响较大，能够反映总体基本情况的。重点调查的对象也可以是一个或几个。

（3）个别调查。个案调查也称个别调查，是指为了解决某一特定问题，对特定的人物、事物或事件所进行的调查。

（4）抽样调查。抽样调查是从调查对象的总体中，抽取一部分作为样本，并以对部分样本的研究来推断总体的特征、规律。

（二）按调查的方式分类

1．实地观察法

实地观察法是到实际场地进行有目的、有计划的，运用自己的感觉器官或借助科学的观察仪器，直接了解当时当地正在发生的、处于自然状态下的社会现象。

2．问卷调查法

问卷调查法是提出若干固定的问题，以卷面形式来询问对象，并让询问对象填写。

问卷调查方式有两种：

（1）封闭式问卷。或称限答式问卷，即在卷面将可能的答案尽可能列出，供问卷对象选答。其问题类型有是非判断题、选择题、顺位题。

（2）开放式问卷。或称泛答式问卷，即提出相对抽象的问题，让问卷对象相对自由地回答。其问题类型有问答题、填空题。

3．文献调查法

文献调查法即利用文献资料进行调查。从各种文献资料中，搜集、调查与课题有关的情报信息。在目前纸质资料文献仍占主导的情况下，主要是进行书面文献调查。

4. 口头访问调查法

口头访问调查法又称访问法、访谈法。它是访问者通过口头提问方式向被访问者了解有关信息的方法。

5. 实验调查法

实验调查法又称试验调查法。它是实验者有目的、有意识地通过改变某些社会环境的实践活动来认识实验对象的本质及其发展规律的方法。

6. 网络调查法

网络调查法是调查者通过网络工具向被调查者了解有关情况的方法。

项目 2　市场预测报告

知识目标

1. 了解市场预测报告的适用范围
2. 理解市场预测报告的概念、特点和类型
3. 掌握市场预测报告的写作格式和要求

技能目标

能掌握市场预测报告的写作技能；能撰写格式规范、结构完整、数据确凿、语言严谨、要素齐全的市场预测报告。

一、任务导入

据来自国家汉语国际推广领导小组办公室统计显示，目前，全世界学习汉语人数超过 4 000 万，有 2 500 所大学开设了汉语课。越来越多的国家将汉语纳入中小学教学体系。

2010 年，日本有超过 200 万人学中文，500 余所大学开设了中文课，日本全国有 748 所高中开设了英语之外的第二外语课程。

英国汇丰银行从 2001 年起每年都投入大量资金，通过英国文化委员会主办若干支持汉语教育和赞助青年才俊学习中文的项目；法国的汉语热更是保持了强劲的增长势头，世界汉语教学学会会长、北京大学陆俭明教授说，汉语学习人数在法国增长很快，年增长率高达 38%；美国公立中小学学习汉语的学生早在 2004 年已有 2 万多人，到 2006 年则猛增到 5 万多人，2006 年，美国有 600 所中小学校开设了中文课，2010 年成倍增长。美国大学理事会的一项调查显示：愿意把汉语列入大学预修课程的高中有 2 500 所。正是顺应了这种学习汉语的需求，美国有 40 多个州提出了建立孔子学院的要求。

在中国学习的外国留学生中，韩国人数最多，日本第二，美国第三。韩国人对中国文化的青睐对韩国文化产生了巨大影响。学习汉语人数的增加主要是因为前往中国旅游的方

便和中国经济的增长，为那些会汉语的韩国人提供了经商和就业的机会。

俄罗斯总统普京在2002年时告诉大家："我女儿正在学汉语……"美国名校贝克莱加州大学东亚语言文化系学生事务顾问简·约翰逊说，汉语课第一次开课时，学生人数多得连地板上都坐满了人。2012年9月开学时，许多学生想注册"非华裔学生汉语课"，120人因注册人数已满而遭拒绝。该校的学生表示，在世界经济一体化的今天，不学汉语简直就是一个傻瓜。韩国人说"英语是基础，汉语是必须"。

世界著名的Hedge Fund投资人罗杰斯·吉姆在家中的家具和家电上一概贴上汉语名字，这是为了教3岁的女儿学习完美的汉语。为了找到一位有修养的中国保姆，他甚至刊登了广告。每到周末，吉姆便邀请会说汉语的孩子来家里做客，让他们和他女儿一起学汉语、一起玩耍。Jones Apparel集团的总裁彼得·博内帕斯从今年开始，每天早上8点把女儿送到汉语班去听课。而他女儿每天的日程已经因各种课程排得满满的。

如果你是某语言培训机构秘书，请你预测未来10年汉语培训市场行情，在分析归纳和推理的基础上撰写格式规范的市场预测报告。

（1）学生分组分析、讨论。

（2）学生拟写初稿。

二、例文借鉴

（一）例文

2014年我国蔬菜市场需求预测

一、蔬菜市场相关资料

（一）2013年蔬菜市场情况（略）

（二）2013年蔬菜种植情况（略）

（三）2013年蔬菜需求情况（略）

（四）2013年各地区城镇人均蔬菜食用情况（略）

二、2014年蔬菜市场供求及价格走势预测

今年以来我国蔬菜生产供应总体保持平稳，1—9月蔬菜价格同比上涨5.2%。预计今冬明春蔬菜市场供应是有保障的，但价格将呈现一定的上涨态势。2014年要在落实好已有政策措施的基础上，着力围绕加强市场监测、完善冬春蔬菜储备等调控手段、降低流通费用、改善设施条件等方面开展工作，保证蔬菜市场供应和价格基本稳定。

蔬菜市场总体供应有保障。据农业部统计：8月底，580个蔬菜重点县信息监测点在田蔬菜面积130.86万亩，比上年同期增加2.1%，今冬明春蔬菜生产供应总体上是有保障的。随着《国务院关于深化流通体制改革加快流通产业发展的意见》《降低流通费用提高流通效率综合工作方案》等文件中支持蔬菜流通的政策措施落实，蔬菜流通环境也将进一步改善，蔬菜市场有望保持平稳运行。

菜价将呈现一定的上涨态势。随着天气转冷并受"元旦""春节"等节日消费的拉动，预计今冬明春特别是春节前，菜价将呈现一定的上涨态势。从明年全年情况看，受人工、运输费用等成本刚性上涨影响，蔬菜价格将继续小幅上涨，不排除个别时段一些品种受到极端气候灾害影响大幅走高，从而带动菜价整体攀升的情况。

当前，我国部分蔬菜种植企业仍存在强势的竞争，原偏安于食用蔬菜种植的品牌企业纷纷扩大自己的版图，涉及观赏蔬菜及药用蔬菜等领域。完成原始积累的中型企业也希望到大中型城市一试身手，市场逐步细分。更多蔬菜企业的强势进入，使食用蔬菜以外的其他观赏蔬菜、药用蔬菜企业相对处于弱势，其市场份额逐步被食用蔬菜企业瓜分。

同时，更多的企业看好相对地薄（人均消费低）但面广（消费者数量众多）的中小城市、县、乡镇市场，这些地方市场进入门槛低、综合竞争成本低、市场培育潜力大，由此从沿海到边疆、从城镇到乡村，已遍布了蔬菜经销点。蔬菜产品价格相对适中，特别是平均成本低，且在价格适中的情况下更能让消费者接纳；市场的反应让更多的蔬菜企业兴趣倍增，纷纷专题研究三级市场的开发和培育。随着城镇化步伐的持续，相信三级市场会让部分企业实现预期的目标，拉动我国蔬菜市场占有率进一步提高。

三、2014 年的工作重点

（一）加强市场监测和信息引导

……

（二）完善冬春蔬菜储备等调控手段

……

（三）着力落实降低蔬菜流通成本的有关措施

……

（四）加大对农产品流通基础设施的投入力度

……

（资料来源：中国商情网，有改动）

（二）简析

这篇市场预测报告标题由年限、产品、文种组成。正文先用表格数据分析了过去几年蔬菜市场的情况，用数据和政府相关文件对未来蔬菜市场发展进行预测，然后对蔬菜市场需求及价格进行了分析，接着对蔬菜产业发展进行了预测，最后提出了 2014 年工作重点，是一篇符合规范的市场预测报告。

三、知识储备

（一）市场预测报告的概念

市场预测报告是在市场调查的基础上，依据已掌握的有关市场变化的信息和资料，运用科学的方法来分析研究未来一定时期内市场的变化趋势，进行预测、分析和推理后形成的一种预见性报告。

（二）市场预测报告的特点

1. 预见性

市场预测研究市场现象的发展过程、未来状况以及变化趋势。它立足于现实，着眼于未来，是在深入分析市场既往历史和现状的基础上的合理判断，目的是预测市场变化情况和未来的发展趋势。

2. 科学性

市场预测报告必须以周密的调查研究为基础，以准确的调查统计资料和市场信息为依据，运用定性分析和定量分析的科学方法，研究市场发展过程中的客观规律，得出的结论应是合乎实际的、科学的。

3. 时效性

市场预测的目的是为了对市场活动进行科学正确指导，因此，必须及时预测下一阶段的发展趋势，以便有效地提出相应对策，抢占市场先机。

4. 综合性

市场预测是一门综合性很强的学科，需要综合市场的历史、现实等多方面的情况才能科学预测市场未来的发展趋势，同时市场预测又需要综合考虑政治、经济、文化、社会等多因素，因而市场预测具有综合性。

（三）市场预测报告的种类

（1）按对象划分，可分为市场需求预测、商品资源预测、供求动态预测、价格变化预测、商品生命周期预测和商品销售预测等。

（2）按范围划分，可分为宏观市场预测和微观市场预测。

（四）市场预测的方法

1. 定性预测法

定性预测法又称判断预测法或直觉经验预测法。在没有较多的数据资料可利用时，主要靠预测人员的知识和经验，进行综合分析，对市场的未来前景作出估计和判断。

定性预测优点是速度快，费用少，简便易行，灵活性强。

定性预测缺点是精确度差，预测结果不够准确，常带有主观性。

2. 定量预测法

定量预测法又称客观分析法、统计预测法、数学分析法，是根据已掌握的大量资料、信息，运用统计公式或数学模型，进行定量分析或图解，对未来的市场趋势作出定量的估计预测的分析方法。

定量预测的优点是客观、科学，准确度大，偏重于数量方面的分析，重视预测对象的变化程度，能作出变化程度在数量上的准确描述，受主观因素的影响较少。

定量预测的缺点是比较机械，不易灵活掌握，对信息资料质量要求较高。

四、技能掌握

（一）市场预测报告的结构和写法

1. 标题

（1）单标题。常见的有以下三种：

①全称标题。由预测时限、范围、对象和文种四个要素组成。如《2012 年我国手机市场预测》。

②简称标题。省略了预测时限、预测范围，只留下预测对象和文种，有时甚至只标明预测对象。如《空调市场预测》。

③消息式标题。类似于新闻报道中消息的标题，标题中没有“预测”二字，却能看出

是预测。如《家用电器市场需求持续上升》。

（2）双标题。由正标题和副标题组成，正标题点明预测报告的主旨，副标题则表明预测的对象和文种。如《环保健康　避免二度污染——2009—2012 年中国饮水机市场预测报告》。

2. 摘要

摘要位于市场预测报告的正文前，通常简要说明调研的主要发现、预测结论及建议对策等。摘要可让人快速了解预测报告的整体情况，引起人们对预测的重视。

3. 正文

市场预测报告的正文是市场预测报告的主体部分，一般包括历史现状、预测情况、建议措施三个部分。

（1）历史现状。写市场预测报告，首先要从收集的材料中选择有代表性的历史和现状的资料、数据，为进行预测分析提供依据。

（2）预测情况。根据调查所获得的各种资料数据，运用科学的预测方法进行定性、定量分析，从而预测经济活动的趋势和规律，提出预测结果，这是市场预测报告的重点所在。

（3）建议措施。针对预测情况，提出合理的建议。

这三方面内容紧密联系，不可分割，但顺序可因预测目的、内容的不同而有所变化。

4. 结尾

结尾可以提出展望，鼓舞人心，也可呼应前言或重申观点。

5. 落款

在正文右下方署上市场预测单位名称，写上成文日期。

（二）市场预测报告的写作模板

关于××××××的市场预测报告

××××××××××××××××××××××××××××××。（前言）

一、历史情况

××××××××××××××××××××××××××××××。（介绍事实、数据）

二、现状情况

××××××××××××××××××××××××××××。（介绍事实、数据）

三、预测、分析

××××××××××××××××××××××××××××××。

四、建议、措施

××××××××××××××××××××××××××××××。

××××××公司

××××年×月×日

（三）市场预测报告的写作注意事项

1. 明确目标，突出重点

在市场预测中往往涉及众多因素，如果对预测对象没有具体的把握，对预测的目标不明确，则无法完成预测。只有明确了目标，材料的收集、筛选、使用，预测方法的选择，以及市场预测报告的结构安排等才有所依据。目标确定之后，要根据目标的需要，突出重点。一篇预测报告只回答一两个重点问题，不必面面俱到。

2. 分析事物的内在联系

一切事物都不是孤立的、静止的，而是互相联系、由量变到质变的发展过程，市场的情况也是如此。只有在周密分析市场历史和现状的基础上，掌握了市场发展变化的内在联系，才能认清事物发展变化的规律，才能写出正确的市场预测报告。

3. 注重事实，切忌华而不实

市场预测报告不需要华丽的辞藻和精巧的修饰，语言要朴实无华、浅显明白，专有名词、术语和数据的运用要力求准确，不粉饰、不渲染、不铺陈，把内容清楚、准确地表达出来即可。

五、病文析改

（一）病文

2015 年中国小家电技术发展趋势预测

2015 年预计达到 11.6 亿台

国内市场 2013 年全年生活家电的销售额估计近 1 000 亿元，其中厨房小家电占据了主导地位。有专家预测，市场容量在 2014 年之后将会更加快速扩大。国内外市场容量皆很乐观，国外市场需求量在 2015 年预计将达到 10 亿台，国内需求量在 2015 年预计达到 11.6 亿台。

一般欧美家庭小家电产品的户均拥有量为 37 件，而中国每户小家电的平均保有量只有 3 ~4 件，就算是经济较发达的城市也不超过 10 件，而农村市场小家电的普及才刚刚起步，中国小家电市场的需求空间巨大，增长潜力十分可观。

前 5 位市场占有率不足 30%

国家统计局统计数据显示，目前国内生产小家电的工厂上千家，市场上能够见到的品牌近 300 家，品牌前 5 位的市场占有率之和不足 30%。目前，格兰仕已拥有 1 000 多项专利专有技术，已经完成了由过去的技术“引进者”向现在的产品和技术“输出者”角色的转变，而眼下绝大多数国内小家电企业在技术上仍停留在模仿追随上。

据专业人士预计：竞争尚不充分的生活（小）家电市场有着高达 11.6 亿台的需求和 15% ~30% 的利润空间，这促使生活电器成为目前家电行业最有吸引力的领域之一。

（二）修改意见

（1）标题与文章内容不相符。

（2）市场预测报告的结构不完整，无建议措施部分，也没有落款。

六、知识链接

（一）市场调查报告与市场预测报告的区别

（1）目的不同。市场预测的目的是预测市场的未来趋势，市场调查的目的是揭示现状问题。

（2）侧重点不同。市场调查报告以写现状为主，是对市场情况和动向作详尽的调查后，经过深刻、细致的分析和研究，得出正确的结论，针对现状提出建议措施的专题报告。市场预测报告以写未来为主，是在市场调查的基础上，综合调查的材料，用科学的方法估计和预测未来市场的趋势，针对市场的未来趋势提出相关建议措施，从而为有关部门和企业提供信息，以改善经营管理，促使产销对路，提高经济效益。市场预测报告实际上是调查报告的一种特殊形式。

（二）市场预测报告和可行性报告的异同

1．相同点

（1）都要以事实为基础。必须对历史、现实进行全面深入的调查，取得翔实的数据资料，从中提炼出观点。

（2）都要以科学的分析为手段。都要从不同角度对其进行系统、科学的分析研究，揭示本质规律。

（3）都以得出正确的结论为目的。即结论要符合事物发展的客观规律。

2．不同点

（1）目的不同。市场预测报告是通过分析历史或现实的状况预测未来的变化和发展；可行性报告是通过历史现实的分析，重点论证其项目实施的必要性和可行性。

（2）要求不同。市场预测报告应在调查的基础上提出意见或建议；可行性报告要提出具体实施方案及前景。

实训演练

1．根据市场调查报告、市场预测报告的写作要求，进行初稿修改。

2．根据市场调查报告、市场预测报告的写作要求，修改“病文析改”部分的病文。

3．针对所在单位或所在学校的某种业余兼职情况，对其做市场调查。

实训任务要求：

（1）拟写一个公文式标题。

（2）拟写一个文章式标题。

（3）拟写一个提问式标题。

（4）依据上述任务，制作一个小型调查问卷。

（5）依据问卷调查结果撰写一份市场调查报告。

4．在学校范围内，对学生的消费行为进行调查，写一篇市场调查报告。

5．利用假期调查家庭所在地居民对小语种培训的需求情况，并撰写一份市场调查报告。

6. 针对某种日用品在将来一年的销售情况进行市场预测。

实训任务要求：

（1）拟写一个公文式标题。

（2）拟写一个文章式标题。

（3）拟写一个提问式标题。

（4）撰写一份市场预测报告。

自我测试

一、单选

1. 对调研对象进行全面的调查研究是______。

A. 普遍调查　B. 重点调查　C. 个别调查　D. 典型调查

2. 从调研对象中选择具有代表性的特定对象进行调查研究是______。

A. 普遍调查　B. 重点调查　C. 个别调查　D. 典型调查

3. 从调研对象总体中选取一部分重点对象所进行的调查研究是______。

A. 普遍调查　B. 重点调查　C. 个别调查　D. 典型调查

4. 在没有较多的数据资料可利用时，主要靠预测人员的知识和经验，进行综合分析，对市场的未来前景作出估计和判断是______。

A. 定性预测法　B. 宏观预测法　C. 微观预测法　D. 定量预测法

5. 市场预测报告必须以周密的调查研究为基础，以准确的调查统计资料和市场信息为依据，运用定性分析和定量分析的科学方法，研究市场发展过程中的客观规律，这是市场预测报告的______。

A. 预见性　B. 科学性　C. 时效性　D. 综合性

二、多选

1. 市场调查报告的特点有：______。

A. 针对性　B. 真实性　C. 科学性　D. 时效性

2. 市场调查报告的引言即开头、前言或绪论，主要包括三方面内容：______。

A. 调查目的　B. 调查对象和调查内容

C. 调查研究方法　D. 调查者

3. 市场预测报告的正文一般包括______。

A. 引言　B. 历史现状　C. 预测情况　D. 建议措施

4. 市场预测报告的特点是______。

A. 预见性　B. 科学性　C. 时效性　D. 综合性

5. 市场预测报告的全称标题由______组成。

A. 预测时限　B. 预测范围　C. 预测对象　D. 和文种

三、判断

1. 市场调查是市场预测的基础。

2. 从调研对象总体中选取一部分重点对象所进行的调查研究是个别调查。

3. 调查研究材料真实可靠，数据准确无误。

4. 市场预测报告的摘要位于市场预测报告的正文之后。

5. 市场预测报告具有主观预测性，所以不科学。

项目3　意向书

知识目标

1. 了解意向书的适用范围
2. 理解意向书的概念、特点和类型
3. 掌握意向书的写作格式和要求

技能目标

能掌握意向书的写作技能；能撰写格式规范、结构完整、内容完备、表述正确、要素齐全的意向书。

一、任务导入

强强合作是企业谋求自身发展、实现与市场接轨、大力提高产品质量、有针对性地为企业开发新型技术、开拓新的市场、提升企业实力的一种合作模式，其初衷是让企业与行业紧密结合，与市场有机接轨。让企业与企业的设备、技术、市场、人才等实现优势互补、资源共享，以切实提高企业发展的针对性和实效性，提高企业的实力。广州番禺珠宝商业广场在综合考虑市场发展趋势的情况下，希望能充分利用省内优质资源，加强与其他珠宝设计企业之间的合作，加强优势互补，实现互惠共赢的目标，这也是珠宝企业发展的有力尝试，是中国珠宝行业企业合作的典型模式。

假如你是广州番禺珠宝商业广场总经理秘书，请你为该珠宝商业广场与××珠宝设计公司合作拟制一份意向书。

（1）学生分组分析、讨论。

（2）学生拟写初稿。

二、例文借鉴

（一）例文

合作意向书

甲方：广州工业园区珠宝设计有限公司

地址：广州工业园区天河街18号天河大厦

联系电话：××××××××

传真：××××××××

乙方：广州职业技术学院珠宝设计专业

地址：广州大学城广州职业技术学院

联系电话：××××××××

传真：××××××××

甲、乙双方经友好协商，就乙方学生实习安排事宜，本着精诚合作、互惠互利的原则，特订立合作意向书如下：

一、乙方在制订学生实习计划时，提前告诉甲方学生资源的情况。甲方也预先向乙方提供广州工业园区外资企业（客户公司）招聘实习生的需求信息和客户公司的相关信息，如薪资待遇、工作时间、住宿条件、交通等。如甲、乙双方均有合作意向，则乙方优先考虑按甲方的要求，提供优秀的、数量充足的实习学生。

二、甲方负责对乙方的学生进行考核筛选，并将合格者安排到客户公司实习。

三、甲方按照实际人数收取乙方安置费。

四、甲、乙双方共同负责学生的实习管理，稳定实习生队伍，确保客户公司的满意度。

五、未尽事宜，在正式签订合同时再予以补充。

本意向书一式两份，甲、乙双方各执一份，由双方代表签名，盖章后生效。

甲方：×××（盖章）　　乙方：×××（盖章）
代表签字：×××　　代表签字：×××
日期：××××年×月×日　　日期：××××年×月×日

（二）简析

该意向书结构完整，格式规范；表述准确，行文简练；条理清楚，层次分明。体现出了协商性和灵活性的特点。

三、知识储备

（一）意向书的概念

意向书是当事人双方或多方之间，在对某项事物正式签订条约、达成协议之前，表达初步设想的意向性文书。意向书为进一步正式签订协议奠定了基础，是“协议书”或“合同”的先导，多用于经济技术的合作领域。

（二）意向书的特点

1. 协商性

意向书的撰写多用商量的语气，不带任何强制性。若没有达成一致的事项，可另行约期磋商，未尽事宜可在正式签订合同或协议书时予以补充。

2. 灵活性

意向书不是法律文书，不像合同那样一经签订便不能随便改动。意向书比较灵活，在协商过程中，当事人各方均可以按各自的意图和目的提出意见；在正式签订合同或协议书前亦可以随时变更或补充修改相关内容。

3. 简略性

意向书所表达的意思简略，只是当事人各方协商结果的大致轮廓，要写得比较原则粗略。具体细节待正式签订合同或协议书时再完善。

（三）意向书的种类

（1）按合作关系划分，主要包括加工承揽意向书、建设工程承包意向书、货物运输意向书、财产保险意向书、科技写作意向书等。

（2）按内容划分，主要包括商品贸易意向书、技术合作意向书、经济合作项目意向书等。

（3）按形式划分，可分为条款式和书信式两类。本单元只讲条款式意向书的写作。

（四）意向书的作用

（1）是合作双方或多方开展后续工作的依据，能反映业务工作上的关系，可保证业务朝着健康有利的方向发展。

（2）是合作双方或多方进行实质性谈判的根据，其主要作用是传达“意向”，提供对方注意或参考，保证双方的利益。

（3）是合作双方或多方正式签订合同或协议书的基础，是协商过程中各方基本观点的记录，为之后的协议或合同的订立打下基础。其不具有协议、合同那样的法律效力，一旦达成正式协议，便完成了意向书的使命。

四、技能掌握

（一）意向书的结构和写法

1．标题

意向书的标题一般有三种形式：

（1）项目＋文种。如《关于合资建立英语培训机构的意向书》。

（2）合作单位＋合作项目＋文种。如《广州市××公司与香港××公司合作经营地铁意向书》。

（3）文种。即意向书。

2．正文

意向书的正文结构一般为：导语＋主体＋结尾。

（1）导语。应写明合作各方当事人的单位名称，双方接触的简要情况，包括商谈的时间、地点和原则精神，以及磋商后达成的意向性意见。常用惯用语有：“双方本着××××××××原则，经友好磋商”，然后以“现达成以下意向”或“现已达成初步意向，内容如下”等过渡到主体。

（2）主体。分条列款写明达成的意向性意见，可参照合同或协议的条款排列。主要内容的编写要条理清楚，层次分明，逻辑性强。

（3）结尾。写明“未尽事宜，在签订正式合同或协议书时再予以补充”一语，以便留有余地。另外，结尾还可写有关事项的说明，如意向书的份数等。

3．尾部

写签订各方单位名称、代表人姓名、成文日期、联系人、电话、传真、邮编、联系地址等。

（二）意向书的写作模板

××××合作意向书

××公司（以下称甲方）与××公司（以下称乙方）于××××年×月×日在××宾馆就××××××××××××进行磋商，双方本着“×××××，×××××”的原则，经友好协商，现达成初步意见如下：

一、合作范围

×××××××××××××××××××××××××××。

二、合作方式

×××××××××××××××××××××××××××。

三、合作程序

×××××××××××××××××××××××××××。

四、其他事宜

×××××××××××××××××。

五、未尽事宜，在正式签订合同或协议书时再予以补充。

甲方：××公司（盖章）　　乙方：××公司（盖章）
法人代表：×××　　法人代表：×××
签订日期：××××年×月×日　　签订日期：××××年×月×日

（三）意向书的写作注意事项

（1）语言准确，表达清楚。

（2）忠于洽谈内容。

（3）注意态度要端正。

（4）注意不要贸然承诺。关键性问题也不宜写进意向书。

五、病文析改

（一）病文

合同意向书

广州班兰妮服装厂（甲方）　　英国外贸投资公司（乙方）

2017年5月10—15日在广州，广州班兰妮服装厂（以下简称甲方）副总经理×××先生，与英国外贸投资公司（以下简称乙方）总经理助理×××先生，根据《中华人民共和国××法》和其他法规的规定，本着平等互利的原则，就建立合资企业事宜进行了友好协商，达成意向如下：

一、甲、乙两方愿以合资或合作的形式建立合资企业，暂定名为广美食品有限公司。建设期为10年，即从2017—2027年全部建成。双方意向书签订后，即向各方有关上级申请批准，批准的时限为×个月，即××××年×月×日至××××年×月×日完成。然后由×××厂办理合资企业开业申请。

二、总投资 3 000 万。设备部分投资 1 800 万；资金部分投资 1 200 万（折×万）。

甲方投资 1 800 万（以工厂现有厂房、水电设施等现有设备折款投入）；

乙方投资 1 200 万。

三、利润分配：各方按投资比例或协商比例分配。

四、合资企业生产能力：……

五、合资企业自营出口或委托有关进出口公司代理出口，价格由合资企业定。

六、合资年限为×年，即××××年×月—××××年×月。

甲方：广州班兰妮服装厂（印章）　　乙方：英国外贸投资公司（印章）

甲方代表：×××　　乙方代表：×××

（二）修改意见

（1）标题不正确。

（2）结构要素不齐全，写法不正确。尾部要素不齐全。

（3）缺乏协商性和灵活性。正文中第四、五项都是甲方单方的意见，并非协商一致的意见，缺乏协商性；结尾处没有“未尽事宜，在正式签订合同或协议书时予以补充”这一项，缺乏灵活性。

（4）把关键性问题写入意向书，不妥当。如投资比例、利润分成是敏感问题，一般要经过多次谈判才能达成一致意见，此处不应涉及。

（5）表述不准确，行文欠简练。如正文第四项中“总投资 3 000 万元，其中甲方 1 800 万元，乙方 1 200 万元”没有写清楚币种。

项目 4　经济合同

知识目标

1. 了解经济合同的适用范围
2. 理解经济合同的概念、特点和种类
3. 掌握经济合同的写作格式和要求

技能目标

能掌握经济合同的写作技能；能撰写格式规范、结构完整、内容完备、表述正确、要素齐全的经济合同。

一、任务导入

珠江地产公司拟将该公司位于广州珠江新城商业广场的商铺租给美国哥伦比亚外贸公

司，双方已就商铺租赁的面积、用途、租赁期限、租金、付款方式、维修养护责任、违约责任、争议处理等达成一致，拟于2017年6月8日在广州花园酒店签订房屋租赁合同。请根据《中华人民共和国合同法》《中华人民共和国城市房地产管理法》等相关法律法规，代珠江地产公司撰写一份与美国哥伦比亚外贸公司的商铺租赁合同。

（1）学生分组分析、讨论。

（2）学生拟写初稿。

二、例文借鉴

（一）例文

商铺租赁合同

出租方（以下称甲方）：×××

承租方（以下称乙方）：×××

甲方同意将自己的产权商铺出租给乙方，双方在法律的基础上，经友好协商，制定如下协议：

一、房屋地址

甲方出租的商铺坐落于×× 街 ××号××栋××房，建筑面积××平方米。

二、租赁期限

双方商定商铺租期为×年，自××××年×月×日起至××××年×月×日止。

三、乙方有下列情形之一的，甲方可以中止合同，收回商铺：

1. 乙方擅自将商铺转租、转让或转借的；

2. 乙方利用承租商铺进行违法经营及犯罪活动的；

3. 乙方拖欠租金累计达×天的，并赔偿违约金××元。

合同期满后，如甲方仍继续出租商铺，乙方享有优先权。但租金按当时的物价及周围门市租金涨幅，由双方协商后作适当调整。

四、租金及缴纳方式

1. 商铺每年租金为人民币××元，大写：× 万×千圆整。

2. 乙方以现金形式向甲方支付租金，租金暂定为每年支付一次，并必须提前一个月时间于××××年×月×日前交予甲方。

3. 乙方须按照约定时间向甲方缴纳租金，如无故拖欠，甲方将有权向乙方按每天实欠租金的×%加收滞纳金。

五、租赁期间商铺修缮

甲方将商铺交给乙方后，乙方的装修及修缮，甲方概不负责，其经营情况也与甲方无关；租期结束或中途双方协商解除合同，乙方不得破坏已装修部分及房屋架构。

六、各项费用的缴纳

1. 物业管理费：乙方自行向物业管理公司缴纳。

2. 水电费：由乙方自行缴纳（水表底数为×度，电表底数为×度，此度数以后的费用由乙方承担，直至合同期满）。

3. 维修费：租赁期间，由于乙方导致租赁商铺的质量或商铺的内部设施损毁，包括门窗、水电等，维修费由乙方负责。

4. 使用该商铺进行商业活动产生的其他各项费用均由乙方缴纳（其中包括乙方自行申请安装电话、宽带、有线电视等设备的费用）。

七、出租方与承租方的变更

1. 如果甲方将房产所有权转移给第三方时，本合同对新的房产所有者继续有效。甲方出卖房屋，须提前3个月通知乙方。在同等条件下，乙方有优先购买权。

2. 租赁期间，乙方如因转让或其他原因将商铺转租给第三方使用，必须事先书面向甲方申请，由第三方书面确认，征得甲方的书面同意。取得使用权的第三方即成为本合同的当事乙方，享有原乙方的权利，承担原乙方的义务。

八、违约金和违约责任

1. 若甲方在乙方没有违反本合同的情况下提前解除合同或租给他人，视为甲方违约，负责赔偿违约金××元。

2. 若乙方在甲方没有违反本合同的情况下提前解除合同，视为乙方违约，乙方负责赔偿违约金××元。

3. 乙方违反本合同，擅自将承租的商铺转给他人使用的视为违约，应支付违约金××元。如因此造成承租商铺损坏的，应负责修复或赔偿。

九、免责条件

租赁期间，若租赁商铺因不可抗力如自然灾害导致损毁或造成乙方损失的，双方互不承担责任。若因不可抗力如自然灾害导致乙方不能使用租赁房屋的，乙方需立即书面通知甲方。

十、争议的解决方式

本合同如出现争议，双方应友好协商解决，协商不成时，任何一方均可以向人民法院起诉。

十一、本合同如有未尽事宜，甲、乙双方应在法律的基础上共同协商，作出补充规定，补充规定与本合同具有同等效力。

十二、本合同自双方签字盖章后生效。本合同一式两份，甲、乙双方各执一份。

甲方：×××（盖章）
法定代表人：×××（签名）
委托代理人：×××（签名）
身份证号码：×××××××××
联系电话：×××××××××
联系地址：×××××××××
签订日期：××××年×月×日

乙方：×××（盖章）
法定代表人：×××（签名）
委托代理人：×××（签名）
身份证号码：×××××××××
联系电话：×××××××××
联系地址：×××××××××
签订日期：××××年×月×日

（二）简析

这是一份房屋租赁合同。有如下几点值得借鉴：

1. 合同结构完整。由标题、首部、正文和尾部四个部分组成，是一份结构完整、格式规范的合同。

2. 合同各部分结构的必备要素齐全。标题由合同的种类（商铺租赁）与文种（合同）构成；首部介绍了甲方和乙方的姓名（单位名称）信息；正文包括引言、主体和结尾三个部分。引言部分交代了合同订立的相关法律依据及平等协商的原则。主体条款内容完备、详细、明确。

三、知识储备

（一）经济合同的概念

根据1999年10月1日实施的《中华人民共和国合同法》第二条规定：合同是平等主体的自然人、法人、其他组织之间设立、变更、终止民事权利义务关系的协议。

经济合同，是指平等民事主体的法人、其他经济组织，个体工商户、农村承包经营户相互之间，为实现一定的经济目的，明确相互权利义务关系而订立的合同。

（二）经济合同的种类

1. 按合同内容分

按合同内容分，经济合同可分为14种，包括：买卖合同，供用电（水、气、热力）合同，借款合同，租赁合同，融资租赁合同，承揽合同，建设工程合同，运输合同，技术合同，保管合同，仓储合同，委托合同，行纪合同，居间合同。

2. 按合同表现形式分

按合同表现形式分，经济合同可分为3种：条款式经济合同、表格式经济合同、表格条款式经济合同。

（三）经济合同的特点

（1）合法性。经济合同双方当事人必须按《中华人民共和国合同法》及国家和省的有关规定签订协议，依法签订的合同具有法律效力，受到法律的承认和保护。

（2）平等性。经济合同当事人各方的法律地位是平等的，相互之间是一种平等互利的伙伴关系，必须遵守平等互利、协商一致的原则，任何一方不得将自己的意志强加给另一方，任何组织和个人不得非法干预。采取胁迫手段所签订的合同是无效合同。

（3）经济性。经济合同是当事人各方围绕一定的经济关系，为实现一定的经济目的而订立的合同。

（四）经济合同的基本内容（必备条款）

经济合同的基本内容包括：当事人的名称或姓名和住所，标的，数量与质量，价款或酬金，履行期限、地点与方式，违约责任、解决争议的方法。

四、技能掌握

（一）经济合同的结构、写法

1. 标题

经济合同的标题结构为“合同的性质 + 文种”。如《服装定购合同》。

2. 首部

经济合同的首部应该分别写明合同各方当事人（法定代表人）的名称或者姓名、电话、住所等。

3. 正文

正文是经济合同的核心，包括引言、主体和结尾三个部分。

（1）引言。主要交代合同订立的目的和相关法律依据及原则。法律依据主要有《中华人民共和国合同法》及国家和地方、行业的有关规定，原则是平等自愿、协商一致。有项目的还要写明项目名称。一般形式为："为了……，根据……法律的规定，……双方经过充分协商一致，特订立本合同，以便共同遵守。"引言可部分省略或全部省略。

（2）主体。指合同条款。除了写明标的，数量与质量，价款或报酬，履行期限、地点和方式，违约责任、解决争议的方法等必备条款外，还应根据不同种类的经济合同写明其特殊的条款约定。

（3）结尾。写清楚合同的有效期限、附件说明（有附件的，应注明合同附件的效力，如"本合同附件、附表均为本合同的组成部分，且具有同等的法律效力"）、使用的语言文字（涉外合同）、合同份数及保存方式等。

合同的有效期限是指合同执行的起止日期。如"本合同有效期自××××年×月×日至××××年×月×日，过期作废。""本合同自双方代表签字，加盖双方公章或合同专用章即生效，至×年后终止。"

4. 落款

落款写双方单位全称和法人姓名，加盖公章或合同专用章，双方代表签字，如有负责人或联系人的，应分别写清楚；如需审批，需写双方主管机关和签证机关的名称并加盖印章，另外当事人的地址、邮编、电话、传真、开户银行、银行账号等都应写完整。最后写签订日期。

数额较大、周期较长的合同还应进行公证。

（二）经济合同的写作模板

关于×××××× 合同

甲方：××××××

乙方：××××××

为了××××××，根据××××××××××××× ，双方本着平等、自愿的原则，在协商一致的基础上，同意订立本合同，以共同遵守。

一、×××××××××××××。（标的）

二、×××××××××××××。（数量和质量）

三、×××××××××××××。（价款或酬金）

四、×××××××××××××。（履行期限、地点与方式）

五、×××××××××××××。（违约责任与解决纷争的办法）

本合同一式两份，甲乙双方各执一份。自签字之日起生效。

甲方：××××××（盖章）　　　　乙方：××××××（盖章）

法定代表人：×××	法定代表人：×××
委托代理人：×××	委托代理人：×××
联系电话：×××××××××	联系电话：×××××××××
地址：××××××	地址：××××××××
邮编：××××××	邮编：××××××
传真：×××××××××	传真：×××××××××
开户银行：××××	开户银行：××××
银行账号：××××××	银行账号：××××××

合同签订日期：××××年×月×日

（三）经济合同的写作注意事项

（1）合法原则。当事人只有遵循相关法律法规签订的经济合同，才能得到国家的认可和具有法律效力，当事人的利益才能受到保护。

（2）平等原则。经济合同当事人的法律地位是平等的。在中国，经济合同当事人无论是法人，还是个体工商户；无论是国有企业，还是私营企业；无论是大企业，还是小企业，它们的主体资格都是平等的，任何一方都不能对他方强迫命令，不能要求不平等的权利。

（3）诚实信用原则。这要求当事人在签订经济合同时，主观上没有损害国家、社会利益和他人利益的故意，做到不欺诈、不规避法律，恪守信用，尊重商品交易的道德和习惯，尊重社会公德。

五、病文析改

（一）病文

经济合同

（秘书事务所经营合作项目）

甲方：天俊文化公司

乙方：广东职业技术学院

第一条　本合同合作项目的要求如下（略）

第二条　本合同合作各方在合作项目中，分工承担如下工作（略）

第三条　为确保本合同的全面履行，合作各方确定，采取以下方式对秘书事务所合作工作进行组织管理和协调（略）

第四条　合作各方确定，各自为本合同项目的秘书事务所经营开发工作提供以下条件（略）

第五条　合作各方确定，按如下方式提供或支付本合同项目的经营经费及其他投资，以及结算方式（略）

第六条　乙方提供的技术应保证其不侵犯任何第三人的合法权益。如发生第三人指控

因实施该项技术而侵权的，所产生的相关责任均由乙方承担。(略)

第七条　合同的变更必须由合作各方协商一致，并以书面形式确定。(略)

第八条　未经其他合作方同意，合作一方不得将本合同项目部分或全部经营工作转让给第三人承担。(略)

第九条　保密条款（略）

第十条　知识产权（略）

第十一条　验收的标准与方式（略）

第十二条　后续改进（略）

第十三条　项目联系人（略）

第十四条　合作各方的权利义务（略）

第十五条　合同解除（略）

第十六条　合作各方确定：本合同及相关附件中所涉及的有关名词和技术术语，其定义和解释如下（略）

第十七条　与履行本合同有关的下列技术文件，经合作各方以书面方式确认后，为本合同的组成部分（略）

第十八条　补充与附件（略）

第十九条　合同效力（略）

甲方代表：×××（盖章）　　　　乙方代表：×××（盖章）

签订日期：××××年×月×日　　　　签订日期：××××年×月×日

（二）修改意见

这份经济合同有以下几个方面的问题：

（1）合同各部分的要素不齐全。

（2）合同正义主体条款内容不够完备。

六、知识链接

意向书与合同的比较：两者的相同点是均属契约类文书，不同点有以下三个方面：

（1）文种性质不同。意向书非法律文书，不具有法律效力；合同是法律文书，具有法律效力。

（2）内容要求不同。意向书的内容要写得比较原则，力求简略；合同的内容要写得具体详细。

（3）灵活性不同。意向书的条款一经签订，当事人双方均可以随意更改；合同的条款一经签订，当事人双方均不可以随意更改。

项目5　订货单

知识目标

1. 了解订货单的适用范围
2. 理解订货单的概念、特点和类型
3. 掌握订货单的写作格式和要求

技能目标

能掌握订货单的写作技能；能撰写格式规范、结构完整、内容完备、表述正确、要素齐全的订货单。

一、任务导入

东莞阳光童装有限公司需要采购一批服装材料用品，与供应商谈妥后，要写一份订货单。

假如你是该公司办公室秘书，需认真填写该订货单，确保所需材料及时送达公司。

（1）学生分组分析、讨论。

（2）学生拟写初稿。

二、例文借鉴

（一）例文

订货单

订货日期：2017 年 3 月 20 日

供方：× ×公司　　　　需方：阳光童装有限公司

联系人：× × ×　　　　联系人：× × ×

电话：× × × × × × × ×　　　　电话：× × × × × × × ×

传真：× × × × × × × ×　　　　传真：× × × × × × × ×

今需方向供方订购如下产品：

序号	产品名称及规格	数量	单价（元）	金额（元）	备注
1	粉蓝女童上衣 130	1 000	120	120 000	
2	天蓝男童上衣 130	1 000	120	120 000	
3	粉色女童裙子 110	1 000	150	150 000	
合计：	叁拾玖万零仟零佰零拾零元零角零分　¥390 000 元				
付款方式：款到发货					
到货日期：2017 年 3 月 30 日					

相关条款：

1. 本订货单需加盖单位公章，否则无效。

2. 供方收到此订货单后24小时内确认并回复，否则视为供方已认同。

3. 供方按照需方的订单要求，按时、保质、保量将货物发到指定地点。

4. 包装方式：质量分隔包装。

5. 供方收到需方盖章确认的订货单后10天内发货。

6. 本订货单以需方的最终确认为准，传真件具有同等法律效力。

7. 供方在供货同时开具相应全额发票。

8. 如供方未能如期发货，则每天应付需方5‰的违约金。

9. 若有双方不能协商解决的相关争议，由需方所在地人民法院裁决。

收货方信息：

收货联系人：×××　　电话：×××××××××

收货地址：××××××

开票资料：

地址：东莞市××路1号　　邮编：××××××

税号：××××××　　电话：×××××××××

开户行：中国工商银行×××支行　　账号：××××××

供方名称及盖章：××公司（公章）　　需方名称及盖章：阳光童装有限公司（公章）

供方负责人签字：×××　　需方负责人签字：×××

（二）简析

这是一份文字加表格形式的订货单，表格部分条目清楚，条款齐全；文字部分内容翔实，信息明确。

三、知识储备

（一）订货单的概念

订货单是订购产品和货物的单据。订货单有多种样式，结构灵活多样。

（二）订货单的种类

订货单的种类有文字式、表格式、文字加表格式等。

（三）订货单的特点

1. 小宗性

订货单只适用于小宗货物交易，大宗货物交易需签订合同。用于小宗货物交易的订货单一般由供方出具，买卖双方填写。

2. 协约性

订货单具有协约性，需买卖双方共同协商、产生买卖双方都应信守的各项条款。

3. 严肃性

订货单具有合同的性质，买卖双方都应严肃对待，不可有欺诈行为。

四、技能掌握

（一）订货单的结构和写法

订货单种类繁多，结构灵活多样，写法上也没有严格的规定。

订货单的一般结构是：标题 + 正文 + 尾部。

1. 标题

标题可以是“货物名称 + 文种”“单位名称 + 文种”，或者只写“文种”。如《文具订货单》。

2. 正文

正文包括：

（1）买卖双方信息。如公司名称、联系人、邮政编码、单位地址、电话号码、传真号码、电子邮件等。

（2）订货信息。如商号编号、商品名称、商品单价、订货数量等。

（3）配送方式及配送地点信息。

（4）支付方式及银行账户。

（5）买方的意见和要求。

3. 尾部

经办人签字和加盖公章、写成文日期。

（二）订货单写作模板

订货单

订货日期：××××年×月×日

供方：××公司　　　　需方：××公司

联系人：×××　　　　联系人：×××

电话：××××××××　　　　电话：××××××××

传真：××××××××　　　　传真：××××××××

今需方向供方订购如下产品：

×××。

相关条款：

×××。

收货方信息：

收货联系人：×××　　　　电话：××××××××

收货地址：××××××××

开票资料：

地址：××市××路1号　　　　邮编：××××××

税号：××××××	电话：×××××××××
开户行：中国工商银行××××支行	账号：××××××
供方名称及盖章：××公司（公章）	需方名称及盖章：××公司（公章）
供方负责人签字：×××	需方负责人签字：×××

（三）订货单的写作注意事项

（1）订货单在写法上没有严格的规定，但必须具备相关要素，如买卖双方信息、商品编码、商品名称、商品规格、商品单价、订货数量、配送方式及配送地点、支付方式及开户银行信息等。

（2）订货单应注明有效期限。

五、病文析改

（一）病文

Lenovo 笔记本订货单

一、商品名称：Lenovo 笔记本电脑

二、商品规格：××××××

三、商品编码：××××××

四、商品数量：××

五、送货日期：2017 年 3 月 12 日

六、汇款时间：2017 年 3 月 5 日

七、汇款银行：中国××银行

八、汇款金额：500 000 元

九、收货人地址信息（样本信息）

××

收货地址：××省××市××信箱

收货人：×××

邮编：××××××

手机号码：×××××××××××

（二）修改意见

该订货单不足之处有以下两个方面：

（1）结构要素不齐全，写法不正确。缺少买卖双方信息，买卖双方公司名称、联系人电话、传真、邮编、联系地址、E－mail 及加盖公章等要素。

（2）表述不准确，如正文第八条中“汇款金额 500 000 万元”，应写清楚币种。

六、知识链接

（一）订货单与定货单的区别

1. 两者定义不同

订货单是需方向供方订购产品和货物的单据；定货单是买卖方根据卖方出的样本或商品目录所列的价格条件而制定的定单。

2. 法律意义不同

大多数情况下，订货单是指预期数，向供货商发出采购要约，拟向供货商提出订货数量和技术要求的一种书面文件；定货单是指买卖双方对订货数量达成一致协议后，确定供应方向采购方提供实际应交货数量的一种书面文件。

（二）订货单与采购合同的区别

1. 适用范围不同

订货单适用于小宗商品交易；采购合同适用一切商品交易。

2. 内容复杂程度不同

订货单相当于一种格式比较简单的合同，订货单所约定的买卖双方的权利和义务基本是约定俗成的，用于买卖不确定因素较少的产品；而采购合同有很多条款需要双方约定，除了产品的相关信息外，还应考虑产品的交付、付款方式和售后服务等条款，需要双方订立采购合同来约定。

实训演练

1. 根据意向书、经济及合同、订货单的写作要求，进行初稿修改。

2. 根据意向书、经济及公司、订货单的写作要求，修改“病文析改”部分的病文。

3. ×××高校旅游管理专业与×××旅行社合作开发南极旅游项目，双方经初步接触洽谈后，均有合作意向，欲签订一份意向书，以为将来签订正式合同打下基础。

实训任务要求：

（1）拟写意向书标题，标题要素须包含项目、事由、文种等要素。

（2）拟写意向书标题，标题要素须包含合作单位、合作项目、文种等要素。

（3）撰写一篇意向书。

4. ×××企业欲租赁×××商业中心一铺面，双方经多次洽谈后，欲签订租赁合同以规范双方的权利和义务。

实训任务要求：

（1）拟写合同标题。

（2）撰写租赁合同。

5. 实训任务描述

×××学校新学期开学初欲购买签字笔、打印纸、透明胶、橡皮等一批办公日用品，需向×××文具店下一份订单。

实训任务要求：拟写订货单。

自我测试

一、单选

1. 意向书只由出具意向书的一方签署，但文件一式两份，由合作的另一方在副本上签字盖章，交付对方。此种意向书是________。

A. 单签式　　B. 联签式　　C. 条款式　　D. 换文式

2. 以交换信件的形式表达合作意向的意向书是________。

A. 单签式　　B. 联签式　　C. 条款式　　D. 换文式

3. 经济合同的核心是________。

A. 正文　　B. 尾部　　C. 首部　　D. 标题

4. 主要交代合同订立的目的和相关法律依据及原则是经济合同的________。

A. 尾部　　B. 引言　　C. 首部　　D. 标题

5. 订货单适用于________。

A. 大宗货物交易　　B. 小宗货物交易

C. 中宗货物交易　　D. 任何形式货物交易

二、多选

1. 意向书正文的一般结构包括：________。

A. 导语　　B. 标题　　C. 主体　　D. 结尾

2. 意向书的特点包括：________。

A. 协商性　　B. 灵活性　　C. 简略性　　D. 法律性

3. 正文是经济合同的核心，包括三个部分：________。

A. 引言　　B. 主体　　C. 结尾　　D. 标题

4. 经济合同的特点有：________。

A. 全面性　　B. 合法性　　C. 平等性　　D. 经济性

5. 订货单特点有：________。

A. 小宗性　　B. 严肃性　　C. 协约性　　D. 自由性

三、判断

1. 在撰写意向书时，对合作项目中的关键问题不宜写入，以便在下一步谈判时，能进退自如，取得主动。
2. 意向书与合同都是法律文书，具有法律效力。
3. 诚实信用原则也是当事人在签订经济合同时应当遵循的一项基本原则。
4. 经济合同首部主要交代合同订立的目的和相关法律依据及原则。
5. 订货单具有合同的性质，有一定的协约性。

模块七　常用规章制度文书

项目 1　管理办法

知识目标

1. 了解管理办法的概念和分类
2. 掌握管理办法的写法要求

技能目标

能写出格式规范的管理办法；能根据具体情况确定选用管理办法。

一、任务导入

×××新创建潮流服装有限责任公司，专注设计成人服装，包括职业套装、休闲装、运动装、晚宴装，提供品牌设计、广告设计、标志设计、LOGO 设计、VI 设计、形象设计等多方位服务，并欲将该服装公司打造成新时代服装品牌专家，实行改革创新，大力鼓励技术改革创新，奖励创新人才。

为了公司技术创新工作的顺利进行，需要制定一系列企业技术创新管理办法。

（1）学生分组分析、讨论。

（2）学生拟写初稿。

二、例文借鉴

（一）例文

外国企业或者个人在中国境内设立合伙企业管理办法

（国务院令第 567 号）

第一条　为了规范外国企业或个人在中国境内设立合伙企业的行为，便于外国企业或个人以设立合伙企业的方式在中国境内投资，扩大对外经济合作和技术交流，根据《中华人民共和国合伙企业法》（以下简称《合伙企业法》），制定本办法。

第二条　本办法所称外国企业或个人在中国境内设立合伙企业，是指 2 个以上外国企业或者个人在中国境内设立合伙企业，以及外国企业或者个人与中国的自然人和其他组织在中国境内设立合伙企业。

第三条　外国企业或者个人在中国境内设立合伙企业，应当遵守《合伙企业法》以及其他有关法律、行政法规、规章的规定，符合有关外商投资的产业政策。

外国企业或者个人在中国境内设立合伙企业，其合法权益受法律保护。

国家鼓励具有先进技术和管理经验的外国企业或者个人在中国境内设立合伙企业，促进现代服务业等产业的发展。

第四条　外国企业或者个人用于出资的货币应是当时可自由兑换的外币，也可以是依法获得的人民币。

第五条　外国企业或者个人在中国境内设立合伙企业，应当由全体合伙人指定的代表或者共同委托的代理人向国务院工商行政管理部门授权的地方工商行政管理部门（以下称企业登记机关）申请设立登记。

申请设立登记，应当向企业登记机关提交《中华人民共和国合伙企业登记管理办法》规定的文件以及符合外商投资产业政策的说明。

企业登记机关予以登记的，应当同时将有关登记信息向同级商务主管部门通报

第六条　外国企业或者个人在中国境内设立的合伙企业（以下简称外商投资合伙企业）的登记事项发生变更的，应当依法向企业登记机关申请变更登记。

第七条　外商投资合伙企业解散的，应当依照《合伙企业法》的规定进行清算。清算人应当自清算结束之日起15日内，依法向企业登记机关办理注销登记。

第八条　外商投资合伙企业的外国合伙人全部退伙，该合伙企业继续存续的，应当依法向企业登记机关申请变更登记。

第九条　外商投资合伙企业变更登记或者注销登记的，企业登记机关应当同时将有关变更登记或者注销登记的信息向同级商务主管部门通报。

第十条　外商投资合伙企业的登记管理事宜，本办法未做规定的，依照《中华人民共和国合伙企业登记管理办法》和国家有关规定执行。

第十一条　外国企业或者个人在中国境内设立合伙企业涉及的财务会计、税务、外汇以及海关、人员出入境等事宜，依照有关法律、行政法规和国家有关规定办理。

第十一条　中国的自然人、法人和其他组织在中国境内设立的合伙企业，外国企业或者个人入伙的，应当符合本办法的有关规定，并依法向企业登记机关申请变更登记。

第十三条　外国企业或者个人在中国境内设立合伙企业涉及须经政府核准的投资项目的，依照国家有关规定办理投资项目核准手续。

第十四条　国家对外国企业或者个人在中国境内设立以投资为主要业务的合伙企业另有规定的，依照其规定。

第十五条　香港特别行政区、澳门特别行政区和台湾地区的企业或者个人在内地设立合伙企业，参照本办法的规定执行。

第十六条　本办法自2010年3月1日起施行。

（二）简析

文章结构完整。由标题、题注、正文等部分组成，是格式规范的管理办法。该管理办法采用条文式办法，要素齐全，表述得体，具体明确。

三、知识储备

1. 管理办法的概念

管理办法是主管部门对贯彻执行某一规定或进行某项工作的方法、步骤、措施等，提出具体规定的规章制度类文书。

2. 管理办法的分类

根据内容、性质的不同，管理办法可分为实施文件办法和工作管理办法两种。前者如企业职工带薪休假实施办法；后者如企业财务管理办法、企业档案管理办法、企业经营管理办法、企业员工管理办法。

四、技能掌握

（一）管理办法的结构和写法

1. 首部

包括标题、制发时间和依据等项目内容。

（1）标题。全称式标题由制发机关、事由和文种组成，如《××企业财务管理办法》；省略式标题由事由与文种组成，如《合伙企业管理办法》。

（2）制发时间、依据。标题之下用括号注明办法或规则制发的年、月、日和会议；或通过的会议、时间及发布的机关、时间；或批准的机关、时间等。

2. 正文

一般由依据、规定、说明这三层意思组成，可分章、分条叙述。办法中的各条规定，是办法的主体部分，要将具体内容和措施依次逐条写清楚。

3. 结尾

办法的结尾，一般是交代实施的日期和对实施的说明。

（二）管理办法的写作模板

关于××××××的管理办法

第一章　总则

第一条　为了××××××××××××××××××××××××××××××××××××，特制定本管理办法。

第二章　××

第二条　××××××××××××××××××××××。

第三条　××××××××××××××××××××××。

第四条　××××××××××××××××××××××。

……

第×章　附则

××××××××××××××××××××××。

××××公司

××××年×月×日

（三）管理办法的写作注意事项

（1）内容条款具体完整，便于操作和执行。

（2）语言准确朴实简明，便于理解和记忆。

五、病文析改

（一）病文

××公司生产线绩效管理办法

特制定本管理办法。

……

绩效管理措施：开展竞赛，奖励先进。

1. 参赛对象：各生产线。

2. 考评单位：品管部、稽核组。

3. 考评方法：满分为100分，由品管部、稽核组共同考评。

4. 考评内容：一等奖1名，奖金5 000元，二等奖3名，奖金2 000元；三等奖10名，奖金1 000元。

5. 奖惩办法：生产量、工作纪律、工作配合、次品量。

2017年1月10日

（二）修改意见

该管理办法在写作上存在下列问题：

（1）总则缺制定的依据。

（2）内容安排混乱，如具体条款4明明是考评内容，却写奖励方法；第5条是奖惩办法，却写生产纪律、工作配合等问题，明显反映出文章思路不清晰。

（3）没有落款。

六、知识链接

（一）关于规则

1. 规则的概念

规则是国家机关、社会团体、企事业单位对某一事务或活动的行为准则作出具体规定的规范性文书。它是各种组织为保证某项活动或工作能够顺利开展，或达到某种目标，对人们的行为方式、方法规定出的必须共同遵循的准则。

规则和守则、制度都属于行政规章类公务文书，跟章程、办法、细则等法规性文书相比，规则的档次要低一些，它只适用于对一定范围内的某一具体管理工作或某一公务活动进行规范，以保证该项工作和活动的顺利进行。如学校制定的有《考试规则》，公安部门制定的有《交通规则》，图书馆制定的有《图书借阅规则》。

2. 规则的类型

规则按其内容性质划分为：管理规则，如《仓库安全保管规则》；活动规则，如《篮球比赛规则》。

3. 规则的特点

（1）专门性。规则所适用的范围一般比较小，是专门就某一项工作或活动而制定的，如《安全生产规则》。

（2）强制性。规则在特定范围内具有强制性和约束力，相关人员都须严格遵循。无规矩不成方圆，规则涉及的事项虽然不如法规性公文那样重大，但在一些具体工作或公务活动中，如果没有相应的规则，工作和活动就无法正常开展。

（3）具体性。规则的内容往往涉及具体工作的方方面面，条款比较具体、细致，无须再制定细则来作解释、补充。如《阅览规则》中的条款："六、室所有报刊只准在室内阅览，一律不向外借阅；对未经管理人员许可而带出本室者，罚款五元。"

4. 规则的结构和写法

（1）标题。通常包括发文机关、事由和文种类别（规则）三要素。但很多规则的标题中省略发文机关。如《××企业安全生产规则》《安全生产规则》。

（2）签署。签署是标题之下用括号注明规则制发的年、月、日和会议；或通过的会议、时间及发布的机关、时间；或批准的机关、时间等。有的可放置于文章末尾。

（3）正文。一般由总则、分则和附则组成，也即为依据、规定、说明这三层意思。正文写法有分章列条式、通篇分条式、引言加条款式。

分章列条式写法适用于内容复杂的规则，分为总则、分则、附则三大部分，总则一般交代制定的缘由、依据、指导思想、适用原则和范围等。分则有若干章，是规则中的各条规定，要写具体内容，包括具体方法、措施、处罚手段等，是规则的主体部分，要将具体内容和措施依次逐条写清楚。附则一般是交代对规则实施的说明，常用以说明规则的适用范围、实施日期、要求、解释权等。

通篇分条式写法直接分条，适用于内容比较简单的规则，如《评比规则》等。

引言加条款式写法跟通篇分条式写法比较相似，正文开头有一段没有列入条款的引言，一般用来交代根据、目的、意义。

（二）关于细则

1. 细则的概念

细则也是党政机关、企业事业单位、社团组织经常使用的规范性公文。它是为已颁布的法令、条例、规定、规章作出详细具体说明和阐释的规范性文书，一般为贯彻执行有关条例和制度而定。

国家的有关法律或上级机关发布的有关条例、规定，企业社团组织制定的有关规章规定等，在具体环节上不可能面面俱到，需要相应的管理部门结合实践再作补充和阐释。另外，不同地区不同单位在实行某一法规的时候，允许结合本地区本单位的情况进行具体的处理。因此，有些法规在发布的时候，就在结尾外特意说明："本条例（规定）由××部门负责解释"，或者"各地要结合本地区的情况，制定出实施细则，并于×月×日前报××办公厅"。这些都显示了细则这种文体的必要性。

2. 细则的结构和写法

与规则相似，此略。

（三）关于守则

1. 守则的概念

守则是党政机关、企事业单位、社会团体为维护公共利益和工作秩序，向所属成员发布的行为准则和道德规范的一种规范性公文。它是党政机关、人民团体或企事业单位制发的，要求本单位本部门或本系统人员共同遵守的道德规范与行为准则。守则通常是根据本单位具体情况制定的，有的还是工作中的具体操作规范，如《值班人员守则》《考试巡视员守则》。

2. 守则的结构和写法

与规则相似，此略。

项目 2　制度

知识目标

1. 了解制度适用的范围和分类
2. 掌握制度的结构要求

技能目标

能写出格式规范、事项明确、符合逻辑的制度。

一、任务导入

××建筑公司以承建“高、大、新、特、重”工程著称于世，已成为国内外知名的建筑业行业品牌。公司在国内和国际上完成了一大批工期要求紧、质量要求高、难度要求大的大型和特大型工程，并先后在国内外建筑工程的建设中，创造出多个彪炳建筑业史册的施工纪录，一些项目已成为当地标志性的建筑物。

为建立、健全安全生产责任制，制定完备的安全生产规章制度和操作规程，公司有关管理人员决定拟制一份建筑施工管理制度。

（1）学生分组分析、讨论。

（2）学生拟写初稿。

二、例文借鉴

（一）例文

××公司考勤制度

第一章　总则

第一条　为了加强劳动纪律和工作秩序，特制定本制度。

第二章　公司作息制度

第二条　公司上班时间为8：00—12：00，13：00—17：00（可分为夏季、冬季作息时间）。

第三章　工作制

第三条　公司（总部）一般实行每天8小时标准工作日制度。实行每周5天标准工作周制度，周工作小时为40小时。

第四条　其他工作时间制度（略）

第四章　考勤范围（略）

第五章　考勤办法（略）

第六章　考勤统计及评价（略）

第七章　附则

第十七条　公司行政部会同人事部执行本制度，经公司总经理批准颁行。

××公司
2017年1月20日

（二）简析

文章结构完整，由标题、正文等部分组成，是格式规范的企业管理制度。正文内容完备，具体明确。正文内容包括序言、主体和结尾等部分。

三、知识储备

（一）制度的概念

制度是党政机关、企事业单位、组织社团为了保证某项工作的有序进行而制定的要求有关人员共同遵守的管理操作规程，是规章应用文的一种。制度属规章制度文书，应用较为广泛。

（二）制度的种类

（1）按照制度的内容划分，可分为安全制度、财务制度、保密制度、档案管理制度、接待制度、上岗制度、问责制度等。

（2）按照制度的行文方式划分，可分为分章列条式和通篇分条式。

（三）制度的特点

制度和其他规章文种比较起来，有如下几个特点：

（1）规范性。制度是要求有关人员共同遵守的管理操作规程，其内容是对有关工作内容及人员行为的规范。

（2）针对性。制度一般是针对某项工作而制定的，所以有很强的针对性。如作息制度、岗位责任制度等，都是针对某项工作的实际需要而制定出来的。

（3）细致性。为便于人们对制度的理解和操作，制度的条文内容十分具体、明晰、细致，极少有一般化、抽象化的东西。

四、技能掌握

（一）制度的结构和写法

1. 标题

一种是由制发机关、事由和文种组成，如《××企业财务管理制度》；另一种由事由与文种组成，如《员工奖励制度》。

2. 正文

制度正文内容的结构分为三层，包括序言、主体和结尾，又可分别叫作总则、分则、附则。

（1）序言，即总则，说明制文的目的、指导思想和制文的根据，许多制度的第一条或前几条属于这个部分。

（2）主体，即分则，是制度的实质性内容规范，说明工作程度和对有关人员的行为要求。

（3）结尾，即附则，一般说明执行要求等事项，许多制度的最后一条或后几条属于这个部分。

3. 签署

签署由制发机关名称和制发时间构成。有的写在标题的正下方，有的写在正文的右下方。

（二）制度的写作模板

××××××制度

为了××××××，特制定本制度。

一、××××××××××××××××××

1. ××××××××××××××。

2. ××××××××××××××。

3. ××××××××××××××。

二、××××××××××××××××××

……

×××公司

××××年×月×日

（三）制度的写作注意事项

（1）内容要有针对性，要具体细致，具有可操作性。

（2）结构完整，条理分明。

（3）语言简明严谨。

五、病文析改

（一）病文

××公司制度

第一条　总则

特制定本制度

第二条　现场经理岗位责任制（略）

第三条　工作人员岗位责任制（略）

1. 机械部岗位责任制（略）
2. 环保仪表维护人员岗位责任制（略）
3. 兼职安全员岗位责任制（略）
4. 实验室仪器维护人员岗位责任制（略）
5. 热工小组（工作负责人）岗位责任制（略）
6. 水质仪表维护人员岗位责任制（略）
7. 热工专业组长岗位责任制（略）

……

第四条　附则

本制度自颁布之日起实施。

（二）修改意见

（1）标题不正确。制度标题是由发文机关、事由、文种构成或由事由和文种构成，不能只有发文机关和文种。

（2）结构不当。该制度内容较为复杂，不适宜用通篇分条式，应采用分章列条式结构。

（3）总则缺制定管理制度的依据。

（4）表述混乱，逻辑性不强。第三条第4点写实验仪器维护人员岗位责任制，第5点写热工小组（工作负责人）岗位责任制，而第6点却又倒回去写水质仪表维护人员岗位责任制，第7点又再写热工专业组长岗位责任制。

六、知识链接

（一）规章制度的概念

规章制度也称规章文书，是机关、团体、企事业单位为实施管理，依照国家法律、法令、政策，在自己管理范围内制定的具有法规性、指导性、权威性与约束力的应用文书。

（二）规章制度的种类

规章制度是一个总的称呼，包括多个文种。我们日常所见的各种制度、公约、章程、条例、规定、规则、守则、通则、准则、办法、标准、须知等均属规章制度。

（三）规章制度的写作要求

1. 维护建章立制的权威性

规章制度有行政强制性，制定规章制度必须符合党和国家的方针、政策、法令。拟写者必须充分了解相关法律法规，认真领会领导意图，写作态度必须严肃谨慎。

2. 重视定稿过程的严肃性

规章制度的写作不是一两天内能完成的，往往要经过上下反复的推敲。制定过程中应通过各种方式，广泛听取大家意见，对组织内部涉及的各个方面都要考虑到。有些规章制度即使在反复讨论审定后印发，也还须加注“试行”或“暂行”字样，需在实施过程中不断修订和完善。

（四）规章制度的拟写要点

1. 条文要切实可行

规章制度的内容必须准确，有可行性，有针对性，有依据性。条文规定要有一定灵活性，以便各部门可根据自己实际情况贯彻执行。

2. 语言要简明规范

规章制度的语言要简明规范，逻辑严密；条款要具体明确，简单明了。

3. 体式结构要严谨

规章制度种类较多，它们之间既有联系又有区别，写作时应把握其不同的体式特点，准确选用。规章制度在结构安排上通常采用分条叙写的方法，这要求写作者对条文的先后顺序、内容主次精心设计，注意条与条、段与段之间的内在关系，做到层次分明，逻辑严密。

实训演练

1. 根据管理办法、制度的写作要求，进行初稿修改。

2. 根据管理办法、制度的写作要求，修改“病文析改”部分的病文。

3. 为了适应全球经济一体化的形势，从2012年开始，美好电器集团继名牌战略、多元化战略、国际化战略阶段之后，进入第四个发展战略创新阶段：全球化品牌战略阶段。国际化战略和全球化品牌战略的区别是：国际化战略阶段是以中国为基地，向全世界辐射；全球化品牌战略则是在每一个国家的市场创造本土化的美好电器品牌。美好电器集团实施全球化品牌战略要解决的问题是：提升产品的竞争力和企业运营的竞争力；与分供方、客户、用户实现双赢利润；从单一文化转变到多元文化，实现持续发展。

依据上述的任务描述，为该企业撰写一份企业投资管理办法。

4. ××石雕工艺公司成立于2015年，是集艺术设计、开发制作、生产刻制于一体的大型石雕企业。具有圆雕、透雕、线雕、平雕、浮雕、画雕、影雕等多种工艺，可为城市机关、企业、学校、公园、旅游景点等部门提供相应的石雕艺术品。利用优质天青石、晚霞红、汉白玉、墨玉、砂岩、大理石、花岗石、银灰白石、雪花白等石材雕刻各类艺术用品和摆件，例如历史人物、神像、花鸟、走兽、香炉，建造石凉亭、石塔、石桥、石牌坊、龙柱、灯笼、浮雕、栏杆、石狮、风水球、石桌、石椅、石凳等。

本着“追求完美，止于至善”的企业宗旨，企业每道工艺程序由专人负责。为规范公司员工的生产操作流程，企业决定拟制相关生产操作规程及岗位责任管理制度。

依据上述的任务描述，为该企业撰写一份企业岗位责任管理制度。

自我测试

一、单选

1.《企业职工带薪休假实施办法》属于________。

A. 实施文件办法　B. 规章办法　C. 工作管理办法　D. 守则办法

2.《企业档案管理办法》属于________。

A. 实施文件办法　B. 规章办法　C. 工作管理办法　D. 守则办法

3. 管理办法的全称标题构成要素有发文机关、文种和________。

A. 实施机关　B. 事由　C. 批准时间　D. 批准机关

4. 适用于内容复杂的制度是________。

A. 条文式制度　B. 章条式制度　C. 表格式制度　D. 图表式制度

5. 为便于人们对制度的理解和操作，制度的条文内容十分具体、明晰、细致，极少有一般化、抽象化的东西。这说明了制度的________。

A. 协商性　B. 规范性　C. 针对性　D. 细致性

二、多选

1. 根据内容、性质的不同，管理办法可分为________。

A. 实施文件办法　B. 规章办法　C. 工作管理办法　D. 守则办法

2. 办法的结尾，一般是交代________。

A. 实施的日期　B. 对实施的说明　C. 批准的时间　D. 批准机关

3. 管理办法的正文一般由三层意思组成，即________。

A. 依据　B. 规定　C. 说明　D. 发文机关

4. 制度的特点有：________。

A. 协商性　B. 细致性　C. 针对性　D. 规范性

5. 制度的总则内容一般交代：________。

A. 制定制度的依据　B. 目的　C. 指导思想　D. 总的要求

三、判断

1. 管理办法内容条款具体完整，语言准确朴实简明，便于理解、操作和执行。
2. 管理办法的正文一般由依据、规定、说明这三层意思组成。
3. 管理办法的正文可分章叙述，但不能分条叙述。
4. 条文式制度适用于内容复杂的制度。
5. 制度一般是针对某项工作而制定的，所以有很强的针对性。

模块八　书信与演讲文书

项目1　申请书

知识目标

1. 了解申请书的概念、种类和特点
2. 理解申请书的结构和写作要求

技能目标

掌握申请书的写作技能，能熟练拟写结构完整、条理清晰、表述正确、理由充分、言辞恳切的申请书。

一、任务导入

展宇集团公司根据经营活动的需要，要对原注册登记事项作出相应的调整，原核准登记的经营范围是销售化妆品、日用品、针纺织品、服装，现在要在原经营范围的基础上增加文化体育用品、体育器材。根据国家的有关规定，公司应向工商行政管理机构提交要求变更登记的请求性文书。

请代为拟写文书。

（1）学生分组分析、讨论。

（2）学生拟写初稿。

二、例文借鉴

（一）例文

×××公司市场部关于举办羽毛球比赛所需经费的申请

×××公司财务部：

为增强我部门员工体质、丰富员工业余生活、增强团队凝聚力和向心力、更好地建设企业文化，本部门拟组织2017年度部门内部羽毛球比赛，现特向公司财务部申请×××元作为比赛经费。

为筹备好本次比赛，本部门已对比赛相关工作进行了详细的部署，并联系好比赛场馆，务求将本次比赛办成一次公平、公正、友谊的比赛，为我公司建设以人为本的企业文化作出贡献。

以上申请，请批准。

×××公司市场部
2017 年 7 月 2 日

附件：2017 年×××公司市场部羽毛球比赛经费预算表

（二）简析

申请书在正文部分开门见山写清楚申请的理由以及事项，然后表示申请人认真筹备比赛的态度，并附上相关材料作为附件。全文结构完整，条理清晰，语言简练。

三、知识储备

（一）申请书的概念

申请书是个人或集体因某种愿望、要求、需要，向有关部门、组织提出书面请求时使用的一种信函文书。

申请书的适用范围颇为广泛，个人如入党、入团、入会、参军、转学、开业、调动、住房、出国、探亲或留学等，企事业单位向有关主管部门申请经费、器材、设备，或需要有关部门协助解决问题等，均可以申请书的形式提出。

（二）申请书的分类

申请书的种类很多：

1. 按内容划分

（1）要求参加某种组织的申请书。如入党申请书（包括入党转正申请书）、入社团申请书、入团申请书等。

（2）要求解决问题的申请书。如住房申请书、困难补助申请书等。

（3）要求某种权利的申请书。如入学申请书（包括复学申请书）、开业申请书、专利申请书、商标注册申请书等。

2. 按形式划分

可分为文章式申请书和表格式申请书。

3. 按申请者划分

可分为个人申请书和单位、集体申请书。

（三）申请书的特点

1. 请求性

申请书的写作带有明显的请求目的。无论是个人在政治生活上入团或者入党的申请，还是个人、单位在其他方面的申请，均是一种表达愿望和请求的文书。

2. 单一性

申请书要求一书一事，内容单一明确，一份申请书只表达一个愿望和只提出一个请求。不能把不同的愿望和请求写在同一份申请书中。

3. 格式化

申请书是一种专用书信，应按书信格式来行文，内容因请求的不同而不同，但格式都基本保持不变。

四、技能掌握

（一）申请书的结构和写法

1. 标题

（1）由文种名称组成，直接写“申请书”三字。

（2）申请内容+“申请书”：根据申请的内容，在“申请书”前加上申请的具体事由。如《入党申请书》《××公司注销登记申请书》等。

（3）公文式标题：关于+事由+文种，如《关于参加企业文化建设培训班的申请书》。

2. 称谓

在第二行顶格写上接收申请书的部门、组织的名称或有关负责人的姓名，后面加上冒号。

3. 正文

（1）申请事项：直截了当地提出申请的具体事项及要求。

（2）申请理由：写清提出申请的理由，说明写申请书的目的、意义。申请理由的陈述要具体、充分、有条理。

①申请加入团体、组织的，理由主要写对团体组织的认识，加入该团队、组织的动机及已具备的条件等。

②申请解决问题和困难的，理由主要写申请人目前遇到的问题和困难。

③申请某项权利的，理由主要写申请人满足获得该项权利的基本条件。

（3）表明态度：写清楚申请人的态度，自己对申请事项的认识、决心和要求，如“我愿意遵守学会章程，履行会员义务……”，以便组织了解写申请书人的认识和情况。

（4）结尾：写表示祈请的用语，如“特此申请”“以上申请，请批准”“恳请领导帮助解决”“希望领导研究批准”或“请××组织在实践中考验我”等。

4. 落款

在正文的右下方写上申请人或申请单位的名称，单位申请应加盖单位印章，并在署名下面写上成文日期。

（二）申请书的写作模板

申请书

××公司：

为了×××××××××××××，根据×××××××××××××，因××××××××××××的缘故，现特向×××申请××××××。（申请事项）

目前本人已×××××××××××。（申请理由、条件）

我愿意遵守×××××××××××，履行×××××××××××，为××××××××贡献自己的力量。（表明态度）

特此申请，请批准。

申请人：×××
××××年×月×日

（三）申请书的写作注意事项

（1）一书一事，切忌一书数事。

（2）申请的事项要具体、清楚，层次分明，数据准确无误。

（3）理由要充分合理，实事求是，不能虚夸和杜撰。

（4）有些申请需要提交相关材料的，应将证明材料备齐，作为附件附上。

五、病文析改

（一）病文

更换营业执照申请书

尊敬的××市工商行政管理局局长：

您好！

我们是××市××服装有限公司（注册号：×××××××××），我们公司是一家集设计、生产、营销、加工于一体的专业化服装公司。自2007年成立以来，这10年间经过全体员工的不断努力，现在已发展为批发、区域总代、单店加盟为一体的综合性经营模式，在××省拥有数十家门店。

上个月公司几经艰辛，与美国一服装公司达成了合作意向，上星期公司总经理去美国与其签署合作协议，要一个月后才回来，公司的营业执照原件也被带到美国作为申请相关活动材料用途。本来我们公司的企业营业执照是这个月到期的，现在导致未及时申请变更营业期限。故特向工商局申请营业执照延期。

请速给我公司解决，要不，耽误大事，你们工商局可负不起这个责任。

另外，我们公司的《企业法人资格证书》遗失了，也请你们局帮忙补办一下。

此致

敬礼！

××市××服装有限公司
2017年6月10日

（二）修改意见

（1）称谓不规范。

（2）申请理由部分写得过于啰唆。

（3）申请书应一文一事，不能同时申请两件事情。

（4）语言过于口语化，态度不够诚恳。

（5）申请营业执照延期应该将相关的证明材料作为附件附上。

六、知识链接

申请书与请示的区别

（1）申请书和请示的写作目的相同，都是提出请求，希望得到批准。但请示是法定公文，申请书为专用书信，两者性质不同。

（2）请示用于下级机关向上级提出请求，下级只能在上级机关的职权范围内报请需要批准的事项。而申请书用于在单位内部向有关部门提出请求，也可用于不相隶属的、但按规定、法律程序必须向其提出请求的机关、单位、部门等，如向银行、保险、公安、海关、土地管理、工商管理等专门办理有关业务的机构、部门提出请求。

（3）请示格式规范；申请书可按照上面介绍的格式写作，也常以填写有关部门印制的各种表格代替。

（4）请示的作者是法定的机关、团体；而申请书的作者可以是机关、团体，也可以是个人。

实训演练

1. 根据申请书的写作要求，进行初稿修改。

2. 根据申请书的写作要求，修改“病文析改”部分的病文。

3. 江婷新入职一家公关公司任行政人员，但因专业不对口，由于对公关、广告方面的知识不熟悉，因而有时对公司的某些业务情况不够了解而不能独自完成处理，所以想向公司申请去参加为期一个月的公关培训课程。请你替江婷拟写一份申请书。

4. 王莉莉任职于拓弘公司市场部，工作需要经常出差。但最近因儿子身体不好，需在家照顾小孩，因此想向公司申请调去不用出差的行政岗位。请你替她拟写一份申请书。

5. 请根据自己的实际情况，拟写一份入党申请书。

自我测试

一、单选

1. 入党申请书属于______。

A. 要求解决困难的申请书　　B. 要求解决问题的申请书

C. 要求加入某组织的申请书　　D. 要求某项权利的申请书

2. 以下关于申请书的说法正确的是______。

A. 申请书属于法定公文

B. 申请书的申请理由必须如实客观

C. 申请书不可以用表格形式来写

D. 只要接收申请书的部门相同，一份申请书可以写多个申请事项

3. 申请书在正文部分必须写清楚申请的事项、理由以及______。

A. 申请的时间　　B. 申请书的接收部门

C. 申请人的职位　　D. 申请人的态度

二、多选

1. 申请书与请示的相同点有______。

A. 都属于法定公文　　B. 目的都是提出请求，希望得到批准

C. 都只能向上级机关提出请求　　D. 都要遵循一文一事的原则

2. 以下申请书的标题写法，正确的有______。

A.《申请书》　　B.《员工转正申请书》

C.《关于客户座谈会活动经费的申请书》　　D.《企业设立登记申请书》

3. 申请书的特点包括______。

A. 法律性　　B. 请求性　　C. 上行性　　D. 单一性

三、判断

1. 申请书一般仅限于个人使用。

2. 申请书的称谓可以写个人名字。

3. 写申请书时，应将必需的证明材料作为附件附上。

项目2　感谢信

知识目标

1. 了解感谢信的概念、种类和特点

2. 理解感谢信的功用

3. 理解感谢信的结构和要求

技能目标

掌握感谢信的写作技能，能熟练拟写结构完整、条理清晰、表述准确、情感真挚的感谢信。

一、任务导入

龙辉集团公司为了让文书、档案工作人员对文书的归档整理工作有更多的理论认识，使得公司的档案工作做得更规范，特派相关人员到省档案馆学习了半个月。学习期间得到了档案馆工作人员的热情关怀和耐心指导，收获颇丰。龙辉集团公司打算写一封感谢信向省档案馆表示谢意。

请代为拟写感谢信。

（1）学生分组分析、讨论。

（2）学生拟写初稿。

二、例文借鉴

（一）例文

感谢信

敏智电子技术有限公司：

在贵公司的高度重视和大力支持下，我公司核心系统平台升级上线工作取得了圆满成功，新的核心系统已于2017年1月1日上午9:30正式对外服务。核心系统平台升级是我公司实现科技创新战略目标过程中一次重要的“换心手术”，任务复杂而艰巨，需要各方的通力协作和全心投入。贵公司作为EMC设备供货厂商，为保障我公司核心升级项目的正常测试和按期上线，克服了商务上的困难，积极协调各个环节，确保了硬件设备按时供货。

在此，我公司诚挚感谢贵公司对我公司核心系统升级工作的鼎力支持和无私帮助！也为双方再次合作成功表示热烈的祝贺！今后，我公司将继续深化科技改革，进一步加强与贵公司的友好合作，欢迎贵公司以任何途径、任何形式对我公司的工作提出意见和建议。我公司将一如既往地秉承合作共赢的理念，与合作伙伴一起，为我市的经济建设和社会发展贡献一份力量。

此致

敬礼！

恒泰集团公司

2017年1月3日

［资料来源：赞华（香港）有限公司，有改动］

（二）简析

感谢信前一部分简明扼要地叙述了感谢的事由，交代了对方帮助的事项及此事对己方的重要意义；后一部分表达了己方的感谢之情以及对今后工作的态度和决心。全文语言简练、结构完整、条理清楚、情感真挚。

三、知识储备

（一）感谢信的概念

感谢信是各级机关、团体、事业单位和个人对帮助、支持自己工作的单位或个人表示感谢的信函。感谢信的写信者和受信者均可是单位、团体或个人，常用于公私事务活动。

（二）感谢信的分类

按感谢对象划分，可分为：

1. 普发性感谢信

感谢信的对象是众多单位或大众。

2. 专指性感谢信

感谢信的对象是特定的单位或个人。

（三）感谢信的特点

1. 真实性

感谢的对象要真实、具体明确。信中所叙述的时间、地点、人物、事件、起因、经过和结果是真实存在和发生过的，不能与事实不符。

2. 感召性

感谢信中包含对对方的感激之情，在语言表达上往往以事表情、以情动人。要使感谢方受到激励，使被感谢者受到鼓舞。同时还要感染他人，起到宣传教育的作用。

四、技能掌握

（一）感谢信的结构和写法

1. 标题

（1）由文种名称组成，直接写“感谢信”三字。

（2）受文对象+“感谢信”，如《致××公司的感谢信》。

（3）发文机关+受文对象+“感谢信”，如《××公司致××银行的感谢信》。

2. 称谓

在第二行顶格写上被感谢的组织名称或个人姓名，后面加上冒号；个人姓名前可加上“尊敬的”等敬语，后可加上“先生”“女士”或职务等尊称。

3. 正文

（1）简述事实，说明效果。写清楚时间、地点、人物 、事件、原因和结果六要素，扼要叙述对方对己方的支持和帮助，重点叙述在对方帮助下所产生的客观影响和社会效果。

（2）颂扬品德，表示感谢。赞扬对方的高尚品德，表达感激之情，并表明今后向对方学习的态度和决心。

（3）结尾：按一般信函结尾写，写上表示敬意、祝愿或感谢的词语，如“此致敬礼”“祝好”“谨表谢意”等。

4. 落款

即发文单位和发文时间。在正文的右下方署上单位名称或个人姓名，在署名下面写上发文具体时间。

（二）感谢信的写作模板

感谢信

×××公司：

我公司在××××××××××的时候，贵公司给予慷慨帮助，××××××××。

贵公司××××××××××的帮助/支持，使我公司得以××××××××××，令我们非常感动。

谨向你们表示衷心的感谢！我们决心××××××××××，以实际行动答谢贵公司的帮助和关怀。

此致

敬礼！

×××公司

××××年×月×日

（三）感谢信的写作注意事项

（1）内容要真实。有关人物、事件、时间、地点、原因要交代清楚，准确无误，不得随意夸大或缩小。

（2）叙事要简练。感谢信不需对事实进行详尽的描述，更勿不着边际地大发议论。

（3）感情要真挚。语言表达要情真意切，不可虚伪、应付、客套。

（4）评价要适度。赞扬对方，既要体现高度，又要注意适度。不能过于拔高，以免给人失真的感觉。

五、病文析改

（一）病文

感谢信

×××酒店：

我公司市场部经理李成功前几天在贵酒店宴请客户，因为该客户是我公司的重要客户，如能谈妥此次合作，将对我公司今后的发展起到十分重要的作用。此客户是北方人，酒量颇大，李经理为了搞好双方关系，十分豪爽地多次敬酒。由于喝了不少酒，离开酒店时迷迷糊糊，把公文包遗忘在酒桌上。第二天李经理酒醒后，发现不见了公文包，找了很久都没找到，才想起公文包是遗忘在酒店里了。包里有公司的重要合同、文件、一万多元现金、银行卡及护照、身份证等重要证件。李经理十分着急，正准备赶去酒店问问。贵酒店就派工作人员将公文包原封不动地送回我公司。当李经理表示要拿出几百元作为酬谢，也被贵酒店的工作人员谢绝了。在此特致函贵酒店，深表谢意。

华星集团公司（印章）

2017年4月10日

（二）修改意见

（1）时间叙述不清，“前几天”到底是哪一天，应具体写清楚。

（2）叙事不够简练，与主题无关的情节叙述过多。

（3）正文“颂扬品德，表示感谢”部分写得不够，只叙述了事迹，没有对对方的品德作出评价和赞扬。没有表明写信者向被感谢者学习的态度和决心。

（4）部分用语不够清晰明确，如“几百元”应把具体数目写清楚。部分语言过于口语化。

（5）缺少结尾，正文结束后应写上“此致敬礼”。

六、知识链接

（一）表扬信与感谢信的区别

两者都是对别人的某种行为的肯定与表扬，但侧重点不一样。表扬信是侧重表扬某人，可以不是当事人自己写，在结尾处常特别提出要求对方单位领导予以公开表扬。而感谢信则是表达对某人帮助的感谢，以感谢为主，附带表扬，一般是当事人自己写的。

（二）关于表扬信

1. 表扬信的概念

表扬信是用来表彰单位、集体或个人的先进思想、先进事迹的书信体文书。可以以组织的名义写，也可以以个人的名义写。

2. 表扬信的结构和写法

（1）标题。由文种名称组成，直接写“表扬信”三字。

（2）称谓。在第二行顶格写上被感谢的组织的名称或个人姓名，后面加上冒号；个人姓名前可加上“尊敬的”等敬语，后可加上“先生”“女士”或职务等尊称。

（3）正文。

①交代表扬的缘由、赞扬对方的高贵品质，并表示要向被表扬者学习。如果是写给被表扬者的所在公司、领导或上级机关，还可提出适当的建议，如“×××同志的优秀品德值得大家学习，建议予以表扬”等。如果是直接写给本人的，则要适当谈些“深受感动”“值得我学习”等方面的内容。

②结尾。按一般信函结尾写，写上表示敬意、祝愿的词语，如“此致敬礼”等。

（4）落款。即发文单位和发文时间。在正文的右下方署上单位名称或个人姓名，以单位名称发出的表扬信应加盖公章。在署名下面写上发文具体时间。

项目3　慰问信

知识目标

1. 了解慰问信的概念、种类与特点
2. 理解慰问信的适用范围
3. 理解慰问信的结构和要求

技能目标

掌握慰问信的写作技能，能熟练拟写结构完整、条理清晰、表述准确、情感真挚的慰问信。

一、任务导入

2015 年中秋节即将来临，腾峰集团公司正面临着在美国上市的紧要关头，大部分员工放弃与家人团圆的假期，坚守岗位，团结一心为公司上市而努力工作。公司想借此机会对全公司员工及其家属表示节日的慰问，并且表达对员工的感恩之情。

请代为拟写慰问信。

（1）学生分组分析、讨论。

（2）学生拟写初稿。

二、例文借鉴

（一）例文

慰问信

尊敬的全体干部职工、家属和退休老同志：

爆竹声声辞旧岁，万象更新又一年。值此 2018 年新春佳节即将来临之际，集团公司党组、集团公司谨向你们致以节日的祝贺、亲切的问候和崇高的敬意！

2017 年，是集团成立以来挑战最多、压力最大、任务最重的一年，也是集团上下正视困境、坚定信心，在逆境中奋勇前行的一年。一年来，面对市场压力，集团公司大力改革创新，在逆境中保持了企业平稳前行，多项经济指标再创新高。

逆境之中，能够取得这样的发展成绩，是大家同舟共济、努力付出的结果，也是大家迎难而上、披荆斩棘的回报，更是大家对集团未来充满信心的回音！在此，集团向广大干部职工、家属和退休老同志表示衷心的感谢，并致以崇高的敬意！

2018 年，是集团各项任务更加繁重、改革发展压力更为巨大的一年。集团要迎接新挑战，抢抓新机遇，展现新作为，积极推动渡危求进、改革创新、转型发展各项任务目标的全面完成，同时也要让员工快乐工作，幸福生活。站在这个新起点，集团公司干部职工信心百倍、豪情满怀，希望你们充分发挥主人翁意识，为集团的改革和发展再立新功，为集团和自己的明天开启更加辉煌灿烂的一页！

衷心祝愿广大干部职工、家属和退休老同志新年愉快、合家欢乐、身体健康、万事如意！

××集团公司（印章）
2018 年×月×日

（资料来源：山东能源淄博矿业集团有限责任公司官网，有删改）

（二）简析

这是某集团公司在春节来临之际，对集团的全体在职及退休员工及家属发出的慰问信。导语部分开门见山表示慰问并简述慰问的背景。主体部分首先叙述了去年集团发展的形势并对全体职工的贡献表示感谢；然后叙述集团今年的发展任务，并对大家提出希望和号召。此文语言简洁、得体，条理清晰，感情热烈真挚，具有很强的感染力。

三、知识储备

（一）慰问信的概念

慰问信是以组织或个人的名义，向在某方面做出特殊成绩、贡献或遇到重大灾害、损失的集体或个人表示亲切问候、关怀或同情、安慰的一种专用文书。

（二）慰问信的分类

1. 表彰性的慰问信

这是对在重大斗争中取得胜利、在重要工作中取得成就、在重大活动中获得成果的集体或个人所发的慰问信。信中要对慰问对象取得的胜利、成就、成果和贡献给予充分肯定，要对慰问对象的努力工作、英勇奋斗的精神给予表彰。

2. 安慰性的慰问信

这是对遭受灾难袭击和不幸事故的集体或个人发出的慰问信。如向灾区的民众进行慰问，对意外事故中的受伤者及死亡者家属表示慰问，对为人民利益捐躯的烈士亲属表示慰问等。

3. 节假日的慰问信

在重要的节日，如元旦、春节、五一劳动节、国庆节、教师节等，也需要对群众或特定人员进行慰问。

（三）慰问信的特点

（1）内容具有鼓舞性。无论是对有突出贡献者的慰问，还是写给遭遇重大灾害、损失的集体或个人，内容都以鼓励和鼓舞为主。

（2）表达具有亲切感。慰问信不同于一般礼仪寒暄，要写得真切动人，体现真情境、真事件、真感情，切忌矫揉造作。

四、技能掌握

（一）慰问信的结构和写法

1. 标题

（1）由文种名称组成，直接写“慰问信”三字。

（2）慰问对象＋“慰问信”，如《给××的慰问信》。

（3）写信者＋慰问对象＋“慰问信”，如《××公司致离退休职工的慰问信》。

2. 称谓

在第二行顶格写上被慰问的单位、组织的名称或个人姓名；个人姓名后加上“先生”、“女士”或职务等尊称，往往还要在对象前加上“敬爱的”“尊敬的”“亲爱的”等字样，以表示尊重，后面加上冒号。

3. 正文

（1）导语：简明扼要说明慰问的原因、目的和背景，并表达问候之意。

（2）主体：详细地叙述事实，或对对方取得的成绩进行评述，鼓励对方继续努力；或对对方所遇到的困难作介绍，赞扬对方不畏艰险的可贵精神，表达共渡难关的愿望。

（3）结尾：提出希望、祝愿，予以鼓励。

4. 落款

即发文单位和发文时间。在正文的右下方，写发送慰问信的单位或个人，以单位名称发出的慰问信应加盖公章。在署名下面写上成文日期。

（二）慰问信的写作模板

慰问信

尊敬的×××：

值此××××××××××来临之际，×××××××向你们表示亲切的慰问！

在过去的一年里，你们同心同德，团结拼搏，努力工作，×××××××。你们是××××××学习的榜样，再一次以最诚挚的心情向你们表示亲切的慰问和衷心的感谢！

明年是×××××××的一年，希望你们继续努力，×××××××。

祝大家节日快乐、身体健康、家庭美满、工作顺利！

××××公司（印章）
××××年×月×日

（三）慰问信的写作注意事项

（1）感情要真挚。字里行间要洋溢着深厚感情，充分体现组织的关心和温暖，使受慰问者得到安慰和鼓励，增强克服困难的勇气和继续前进的信心。

（2）要激励对方自信心。对在社会建设中有贡献的集体和个人，应侧重于赞颂他们的巨大成绩；对遭到暂时困难的集体和个人，则应侧重于向他们表示关怀和支持。

（3）语言要亲切。慰问信的抒情性较强，语言亲切、生动。

五、病文析改

（一）病文

慰问信

朋友们：

必立公司全体员工向你们表示诚挚的慰问！

2017 年是必立公司克服困难、在逆境中发展的一年。主要表现在两个方面：一是网络营销活动方面。近年来，伴随互联网技术的飞速发展，网络营销活动风生水起。网络营销避免了传统营销方式下的经济壁垒，地区封锁、人为屏障、交通阻隔、资金限制、语言障碍、信息封闭等不利因素带来的影响，能快速打通封闭的坚冰，疏通种种渠道，打开进击的路线，实现和完成市场的开拓使命。必立公司也认识到了开展网络营销、实现企业销售模式线上与线下结合的必要性，对大家进行了多次的网络营销培训。虽然在开展网络营销活动时遇到了重重困难，但你们还是迎难而上、兢兢业业，牺牲了休息的时间，投入大量精力来运营和管理这些网络营销平台，做出了很多网络营销的好方案，也取得了很好的市场效果。二是企业绩效管理实施方面。人力资源部没有制定好适当的绩效考核标准，导致公司员工出现思想上的抵触，认为考核制度，尤其是考勤制度过程形式化、方法选择不当。但在公司上上下下的努力下，这些困难都得以克服。

亲爱的经销商朋友们，我们深知，必立公司的发展离不开你们的信赖、帮助和支持，必立公司衷心感谢你们对公司发展做出的突出贡献。

金风送爽、丹桂飘香、中秋将至，值此佳节之际，必立公司祝广大经销商朋友们节日快乐、身体健康、家庭幸福、事业有成！

必立集团公司（印章）
2017 年 9 月 25 日

（二）修改意见

（1）称谓不明确。

（2）导语部分仅仅表示了慰问，没有交代清楚慰问的原因和背景。

（3）主体部分过于啰唆，有太多与主题无关的内容。

（4）正文结尾没有表明决心、提出希望。

六、知识链接

慰问信与感谢信的异同

（1）相同点：都是书信体文书，书写格式也基本一样；都有表扬的成分。

（2）不同点：

①受文对象不同。慰问信一般多是对某些单位、集体或群众表示慰问；而感谢信则可以是感谢集体的，也可以是感谢个人的。

②内容侧重点不同。慰问信侧重在表示慰问、勉励和激励；而感谢信重在表达谢意，侧重对对方提供的帮助和支持表示感谢。

实训演练

1. 根据感谢信、慰问信的写作要求，进行初稿修改。

2. 根据感谢信、慰问信的写作要求，修改“病文析改”部分的病文。

3. 天龙房地产公司旗下的××小区此前遗留了大量老旧的设施设备，经与业主委员会、社区、消防部门的沟通，决定对小区内的设施设备进行大规模的维修。业主十分支持此事，积极建言，在维修过程中给业主带来的各种不便，业主们也十分谅解。维修结束后，天龙房地产公司为了表示对业主的感激之情，决定写一封致全小区业主的感谢信。请你代为拟写这封感谢信。

4. 2015 年重阳节前夕，××公司决定给公司 50 名离退休职工发送春节慰问信，感谢他们为公司建设所做出的贡献，并祝老人们节日快乐，身体健康。请你代为拟写这封慰问信。

5. ××地区发生了严重的地震，导致多人伤亡。××公司领导得知后，要对公司来自灾区员工及其家属表示慰问，请你代为拟写这封慰问信。

自我测试

一、单选

1. 感谢信可分为普发性感谢信和________两类。
   A. 集体感谢信　　B. 专指性感谢信
   C. 限制性感谢信　　D. 个人感谢信
2. 感谢信要写清楚时间、地点、人物、事件、________六要素。
   A. 目的和根据　　B. 政策和法规
   C. 方法和程序　　D. 原因和结果
3. 某公司想借母亲节的机会，向全体员工的家属表示节日的问候，感谢她们对员工工作的支持。应采用的文种是________。
   A. 表扬信　　B. 感谢信
   C. 慰问信　　D. 邀请信
4. 慰问信在导语部分应该说明慰问的原因和背景，并________。
   A. 对对方的成绩进行评述　　B. 对对方表达问候之情
   C. 鼓励对方再接再厉　　D. 对对方遭遇的困难进行详细介绍
5. 以下结尾，适用于慰问信的有：________
   A. “祝大家节日快乐、家庭幸福！”　　B. “对您的感激之情永远都说不完！”
   C. “希望贵公司对其予以表扬。”　　D. “在此特致函贵公司，深表谢意。”

二、多选

1. 感谢信的特征包括________。
   A. 真实性　　B. 请求性
   C. 感召性　　D. 上行性
2. 以下感谢信的标题，正确的有________。
   A.《感谢信》　　B.《永平公司致××市工商局的感谢信》
   C.《致全体业主的感谢信》　　D.《致××出租汽车公司的感谢信》
3. 感谢信正文“颂扬品德，表示感谢”部分，应包括________。
   A. 赞扬对方的高尚品德　　B. 表达感激之情
   C. 叙述在对方帮助下所产生的社会效果　　D. 表明向对方学习的态度
4. 对遭遇困难的个人，慰问信在写作时应侧重________。
   A. 鼓励其克服困难的决心　　B. 表扬组织在过去一年所取得的成绩
   C. 对其表示关怀和支持　　D. 号召其在日后工作中再接再厉
5. 以下场合，可以使用慰问信这一文种的有________。
   A. 中秋节对员工进行慰问
   B. 对在公司重大活动中取得成绩的集体进行慰问
   C. 对遭受不幸的员工进行慰问
   D. 三八妇女节对员工及其家属进行慰问

三、判断

1. 感谢信正文写清楚事迹就可以了，不用说明事迹产生的影响效果。
2. 感谢信正文可以不评价对方的品德，但要表示向对方学习。
3. 一般只有节假日才使用慰问信对特定人员表示慰问。
4. 慰问信侧重在表示慰问，而感谢信则侧重在表示谢意。
5. 慰问信只要表达出对慰问对象的真切慰问之情即可，无须交代慰问的背景。

项目 4　求职信

知识目标

1. 了解求职信的概念、种类和特点
2. 理解求职信的结构和要求

技能目标

掌握求职信的写作技能，能熟练拟写结构完整、条理清晰、表述准确、针对性强的求职信。

一、任务导入

董晓霞是广东某高职院校管理系文秘专业的应届毕业生，在校期间刻苦努力、积极上进，成绩每学年均名列专业前五，被评为“优秀共产党员”，且在校期间积极参加社会实践，曾在多家公司的行政助理、前台接待、办公室文员等岗位进行实习。如今毕业在即，她在网上看到弘宇科技有限公司招聘行政秘书，打算去应聘。

请代为拟写求职信。

（1）学生分组分析、讨论。

（2）学生拟写初稿。

二、例文借鉴

（一）例文

求职信

尊敬的宝莉服装有限公司领导：

您好！

本人林思敏，女，21 岁，广东籍，××职业技术学院管理系文秘专业 2017 年应届毕业生。本人在人才网上看到贵公司的招聘信息，欲申请市场部经理秘书职位。

一、专业学习方面

主修了秘书学、应用文写作、秘书实务、档案与信息管理、公共关系实务、市场营销学、商务沟通等课程，成绩优秀，总成绩三年均位列全专业前五。现已经具备了扎实的专业基础知识和较好的英语听、说、读、写等能力，能够熟练地操作计算机办公软件（如 Word、Excel、PPT 等）。持有大学英语四级、秘书三级、全国计算机一级、普通话二级乙等证书。

二、社会实践方面

本人一直积极参加院、系的各类活动以及社会实践。在校内，担任班级团支部书记，凭着自身的热情与才干，使班团支部荣获年度“优秀团支部”荣誉称号；担任校报记者、副主编，撰写的新闻稿荣获全省大学生新闻二等奖；策划过校级公关礼仪大赛。在校外，曾在××公司、××公司的办公室秘书、行政助理、前台接待、客服等岗位上实习、兼职，受到实习单位的好评。社会实践不仅让我的专业能力得到锻炼和提高，亦提高了自己适应社会的能力，磨炼了我的性格，锻炼了我的意志。

三、思想修养方面

遵纪守法，思想进步，在校期间，光荣地加入了中国共产党，并被评为“校级优秀共产党员”。

四、能力素养方面

本人性格乐观开朗，脚踏实地、积极进取，对新知识、新技术有着强烈的求知欲与良好的接受能力，具有良好的写作能力、沟通能力、策划能力、人际交往能力，富有团队精神和集体荣誉感。

五、获奖情况

(1) 连续三年获得校级一等奖学金。

(2) 曾获全省大学生英语竞赛三等奖。

(3) 曾获得第×届全国秘书技能大赛一等奖。

本人此次应聘的是市场部经理秘书，我对这个职位的理解是：它是一个协助性、纽带性的工作，需要秘书工作的耐心与细致。贵公司是创意文化的工厂，而本人一向对流行时尚文化十分感兴趣，长期阅读时装杂志。此职位正是我所期望的岗位，相信以我的相关经验和知识能够在该职位上充分发挥作用。

宝莉服装有限公司是国内知名的服装公司，素闻贵公司注重人才的吸纳与培养，本人对贵公司的文化十分认同。如能有幸成为贵公司的一员，我将以最饱满的热情来面对工作。我会认真听从领导的指示和安排，积极配合同事的工作，努力提高自己的业务能力。

热切盼望贵公司能给我一次机会，让我在培养自己的同时也为公司的发展壮大贡献一份力量。

祝愿贵公司事业蒸蒸日上！

此致

敬礼！

求职人：林思敏

2017 年 5 月 20 日

联系地址：××××××××

邮政编码：××××××

手机号码：×××××××××××

附件：1. 个人简历一份

2. 学校推荐表×份

3. 各科成绩单×份

4. ××证书复印件×份

（二）简析

这是一封文秘专业应届毕业生的求职信。开篇介绍了求职者的基本信息，并写清楚求职信息的来源以及求职的岗位，让对方一开始就对求职者有一个基本了解。在主体部分，分为专业学习、社会实践、思想修养、能力素养和获奖情况五部分简要介绍自己的情况、特长及所取得的成绩。然后简要叙述对求职公司以及所应聘岗位的理解，并表示如能被录用将努力工作的态度和决心。最后，再次表达求职意愿。全文结构完整，条理清楚，语言简洁，针对性强。

三、知识储备

（一）求职信的概念

求职信是向用人单位介绍自己相关情况，让对方了解、相信、聘用自己的一种书信体文书。

（二）求职信的分类

1. 按成文角度划分

（1）自荐信。在没有明确的职位信息时向用人单位推荐自己的求职信。

（2）应聘信。在有明确的职位信息时向用人单位表明自己能胜任某个职位的求职信。

2. 按求职要求划分

（1）有基本要求的求职信。

（2）有具体要求的求职信。

（三）求职信的特点

1. 自荐性

求职信的目的是让对方能够录用自己，要把自己的基本情况、学识能力、特长优势如实写出，让招聘者认识、了解自己，认为自己适合应聘岗位。

2. 针对性

有针对性地向用人单位介绍自身适合应聘的条件和突出的优势，要针对用人单位的实际情况、读信人的心理和自己的实际情况来撰写。

3. 真实性

求职信介绍自己的基本情况要符合实际、客观。

四、技能掌握

（一）求职信的结构和写法

1. 标题

由文种名称组成，直接写“求职信”三字。

2. 称谓

在第二行顶格写上收信者单位名称或个人姓名。写给单位的，直接写单位名称，如“××集团公司”；写给单位具体领导的，一般称呼其职务，如“尊敬的××公司负责人”“尊敬的××厂长”“尊敬的××经理”等。

一般而言，给国有企事业单位的求职信，称谓写单位名称或单位的人事处（部），也可在名称后加“领导”二字。给民营、私营或合资独资企业的求职信，称谓写公司老板或人事部负责人个人姓名。如果不知对方姓名，可写出他的职务，如“××公司总经理”“×××厂人事部部长”等；如知道对方姓名，可在姓名后加“先生”“女士”或职务名称等，以示尊敬。

3. 正文

（1）基本信息。介绍本人姓名、性别、年龄、民族、籍贯、政治面貌、毕业院校、所学专业、毕业时间等，并写清楚应聘岗位。

（2）自我推荐。着重介绍自己的有利条件，包括专业能力、业务技能、计算机操作能力、外语水平、特长、获奖情况、工作或实践经历、性格爱好等。充分展示自己与应聘职位相符合的优势，投其所需。

（3）表明态度。正文结束时，可谈谈自己对应聘单位的认识和了解，并再次强调求职愿望，表明入职后的工作态度，以加深对方的印象，期待得到对方的认可和接纳。

4. 结语

按一般书信格式要写上祝愿、期求的话语，如“此致 敬礼”“恭候佳音”“如蒙赐复，不胜感谢”“若蒙聘任，将十分荣幸”等。

5. 落款

即署名和日期，在正文的右下方署上个人姓名和具体时间。要注意的是，如果求职信为打印件或复印件，则应在落款处留下空白，由求职人亲自签名，以示尊敬和慎重。

6. 联系方式

最后写上应聘人的联系地址、电话等信息。

7. 附件说明

用以证明或介绍自己具体情况的有关材料，包括个人简历，毕业证书复印件，获奖证书复印件，单位、学校或某个教授、专家的推荐表（信），成绩表，发表的论文或论著等。

（二）求职信写作模板

求职信

尊敬的××公司领导：

您好！

本人×××，女，××岁，××籍，政治面目党员，××大学××系××专业×××年的毕业生。本人欲申请贵公司在网站上招聘的××职位。

本人在专业上主修××××××××××××××××××课程，取得了××××××××××××证书。

除了专业技能外，本人外语能力×××××××××，计算机应用能力××××××××。

本人在工作实践上××××××××××，曾在××××公司×××××工作，期间锻炼了×××××××××。

大学几年来，获得以下奖项：××××××××××××。

本人性格××××××××××，具备良好的团队合作精神，具有××××××××××××××××××××能力，××××××××××。

贵公司是××××的公司，素闻贵公司注重人才的吸纳与×××××××××××，本人对贵公司的文化十分认同，热切期盼能成为贵公司的一员。如果贵公司能给我机会，我将会××××××××××××××××××××。

祝愿贵公司事业蒸蒸日上！

此致

敬礼！

求职人：×××

××××年×月×日

联系地址：×××××××××

邮政编码：××××××

手机号码：×××××××××××××

附件：1. 个人简历一份

2. ××推荐表一份

3. 各科成绩单复印件一份

4. ××证书复印件一份

5. ××××××××

（三）求职信的写作注意事项

（1）要实事求是，客观评价。

（2）投其所需，从用人单位的角度出发考虑问题，有针对性地介绍自己的情况，切忌面面俱到。

（3）态度要礼貌、诚恳，自信，不卑不亢。

（4）语言简洁明了，文面要整洁，忌长篇大论，字数宜在1 000字以内。

五、病文析改

（一）病文

求职信

××公司领导：

您好！

我是××大学酒店管理专业的王伟。在大学期间，我成绩良好，各门课程都获得很高分，而且还利用业余时间学习了计算机文字处理技术和操作。我还经常利用寒暑假参加社会实践活动，曾在×××电子公司做过业务员，在×××信息有限公司做过实习网络技师，还在×××科技等一些公司做过兼职程序员。各种社会实践不但使我的专业技能得到了提升，也使我的管理和组织才能得以发挥和进一步锻炼，业绩斐然，得到了领导的肯定和表扬。除此之外，在校期间，我还做过家教、社会调查等社会实践活动，积累了丰富的实践经验。

我诚实稳重，乐观大方，积极向上，具备了良好的分析处理问题的能力。同时爱好广泛，最喜欢体育运动，尤其是喜欢打篮球，是学校篮球队的成员。我爸爸是个篮球迷，在他影响下，我从小就迷上了篮球。那时我家就住在学校，只要一放学，我就来到学校的球场去打篮球。因为我个子小，力气也很小，拿着大篮球要想把它投进篮筐去真是不容易。可我就是不服气，不投进10个球不罢休。

马丁·路德·金说过："在有生之年，我们都要面临挑战，不倦工作，以期取得卓越业绩。并非所有的人都能学有专长，至于艺术和科学的天才更是少之又少。大多数人还是在农村、城市默默工作。然而，任何工作都有其意义。所有于人类有所促进的工作都有其尊严和价值，应该努力不倦地把它做好。如果你是清扫工人，那就像米开朗其罗绘画那样，像贝多芬作曲那样，或者像莎士比亚写诗那样来扫你的地吧！你的出色工作会使天国的神和人们的众生停下来赞美：看这个扫地人，他的工作做得多么好，他真是了不起。"我十分认同，我认为一个人无论从事何种职业，都应该尽心尽责，尽自己最大的努力，求得不断的进步。如果我能应聘成功，定会以饱满的热情和坚韧的性格勤奋工作，与同事和睦相处、精诚合作，为贵公司的发展尽自己的绵薄之力，同时也希望贵公司能给我比较好的福利待遇，尤其是住房津贴。

贵公司如有意向，请尽快与我洽谈，我将于本周五去外地，请在此期限内给我电话。

此致

敬礼！

王伟

2017年5月20日

（二）修改意见

（1）称谓不礼貌。

（2）个人基本信息没交代清楚。没有写清楚求职岗位以及得知求职信息的渠道。自我推荐部分过于简单。

（3）针对性不强，没有针对应聘职位来撰写自身优势。

（4）多处地方过于啰唆，语言过于口语化。用词也不够礼貌。

（5）没有联系方式和附件。

项目 5　辞职信

知识目标

1. 了解辞职信的概念、种类和特点
2. 理解辞职信的结构和要求

技能目标

掌握辞职信的写作技能，能熟练拟写结构完整、条理清晰、表述准确的辞职信。

一、任务导入

许晓洁刚毕业的第一份工作是天隆集团公司的公关部文案。许晓洁所学专业是会计，虽然本身写作能力不错，但因专业不对口，缺乏公关传播方面的知识和经验，尽管十分努力地工作、学习，但经常难以达到领导要求。同时因为人比较内向、慢性子，也难以适应公关部经常要头脑风暴的工作环境。经过慎重考虑，她决定辞去公关部的工作，重新寻找符合自己会计专业的岗位。

请代为拟写辞职信。

（1）学生分组分析、讨论。

（2）学生拟写初稿。

二、例文借鉴

（一）例文

辞职信

尊敬的恒鑫公司总经理林先生：

您好！

我是怀着十分复杂和遗憾的心情写这封辞职信的。由于您对我能力的信任，使我得以在 2016 年 9 月加入公司。在这一年多的时间里，我发现自己在大学期间所学习到的专业知识已经不能适应电子商务行业的社会发展需求，同时自己对此行业的兴趣也在逐渐减退。在此状态下要圆满完成相关工作，已经是有心无力了，导致自身不能满足公司各方面的需求，心中十分愧疚和不安。因此我渴望重新回到校园，选择自己感兴趣的专业继续深造。经过慎重考虑，现特向公司提出辞职请求，望公司给予批准。

我考虑在此辞呈递交后的三周内离开公司，对于我的离职给公司造成不便，我深感抱歉，希望您能早日找到合适的人手接替我的工作。我会在正式离职之前做好工作的交接，并协助您对入职的新人进行培训，使其尽快熟悉工作，把因自己离职带来的影响控制在最小范围内。

加入公司这一年多的时间里，我得到公司领导及同事的无私帮助和支持，令我的业务能力和个人素质都有了很大的提高，使我受益匪浅，我十分感动。不能为公司继续贡献自己的力量，我深感遗憾。我非常重视这段经历，也很荣幸自己曾经成为公司的一员，我相信在这里学到的一切，将为我日后的职业发展奠定良好的基础。您和其他同事对我的关怀、帮助，也成为激励我继续努力的动力。在此对您表示衷心的感谢，并祝愿公司领导和各位同事工作顺利，公司业绩一路飙升！

此致

敬礼！

蔡丽丽

2017 年 11 月 12 日

（二）简析

这封辞职信首先开门见山地提出辞职并说明理由，然后保证会做好交接工作，减少因离职给公司造成的不便，最后表达对公司的感激之情。结构完整，条理清晰，语言得体有礼。

三、知识储备

（一）辞职信的概念

辞职信是公司或单位员工由于各种原因，拟中止与用人单位的劳动合同，在准备辞职时告知单位领导自己决定离开，请单位领导做好工作安排的一种书信体文书。

（二）辞职信的分类

1．按辞职人数的不同划分

（1）集体辞职信。

（2）个人辞职信。

2．按辞职者身份的不同划分

（1）一般员工辞职信。

（2）机关干部或部门领导辞职信。

（三）辞职信的特点

1．意图明确

辞职信不是申请，除了某些情况或法律法规另有规定外，一般辞职无须经过用人单位的批准。因此，辞职信的目的十分明确。

2．语气委婉

辞职信行文语气要礼貌得体，态度诚恳。

四、技能掌握

（一）辞职信的结构和写法

1．标题

一般由文种名称组成，直接写“辞职信”三字，也可以写成辞呈、辞职（申请）书、辞职申请等。

2. 称谓

在第二行顶格写上接收辞职者单位名称、人事部门名称或相关领导的姓名，如写给单位的，用“××公司”“××公司人力资源部”；如写给单位具体领导的，一般称呼其职务，如“尊敬的××公司经理××”“尊敬的××厂长”等。

3. 正文

（1）辞职原因。开篇开门见山，告知公司自己要辞职了，并说明辞职的原因。

（2）相关事项。这部分陈述辞职的各种具体事项，一般可以包括：具体的离职时间；个人的具体设想、要求；希望领导帮助解决的具体问题；推荐合适的接班人；对公司工作提出个人的意见或建议。

（3）表明态度。再次表示辞职决心，对自己过去在公司感受到领导和同事的关怀、所学到的知识和经验表示衷心的感谢，感谢公司的栽培，并对公司表示良好的祝愿。

4. 结语

按信函格式写上“此致　敬礼”“祝公司事业蒸蒸日上”“祝您事业兴旺发达”“祝公司前程似锦”等一类祝愿语。

5. 落款

即署名和日期。在正文的右下方，署上辞职人的姓名并写上提出辞职的具体日期。

（二）辞职信的写作模板

辞职信

尊敬的××公司领导：

您好！

我因××××××××××××××××××（辞职原因）的缘故，经过慎重考虑，现特向公司提出辞职请求，望公司给予批准。

我将在×××的时候正式离职，对于由此给公司造成的不便，我深感抱歉。在此期间，我会××××××××××××××××××，希望××××××××××××××××××。（具体设想、要求）

在公司这×年间，公司对我××××××××××××××××××，我十分感激。不能为公司继续贡献自己的力量，我深感遗憾。在此我向公司和同事表示衷心的感谢，并祝愿公司××××××××××××××××××。

此致

敬礼！

×××

××××年×月×日

（三）辞职信的写作注意事项

（1）理由充分。辞职的理由要写得充分、合理，具有说服力，并能感到辞职者的诚意。

（2）语言简练、含蓄、委婉，点到为止。

（3）态度诚恳，不要把对公司或同事的抱怨不满写在辞职信上。可感谢公司对自己的培养和领导同事对自己的关心，表示会保持联络，为日后的工作、业务往来争取机会。

五、病文析改

（一）病文

辞职信

梁经理：

您好！

谢谢您一直以来对我的照顾！我在这家公司工作得很愉快。公司氛围很好，我和领导、同事相处得十分愉快，经常一起有说有笑。对此，我十分难忘。

可是天有不测风云，现因某些个人原因，我决定辞职。请予以批准，谢谢！

黄晶

2017 年 4 月 10 日

（二）修改意见

（1）称谓不明确。

（2）开篇没有开门见山表达辞职的意向和辞去的具体职位。对辞职的原因没有交代清楚。没有提及具体的离职日期以及具体安排。

（3）在表示对公司的感谢时，应侧重写工作上的收获，而不仅仅是和同事相处愉快。

（4）态度不够诚恳、礼貌。

（5）某些用词过于夸张。

实训演练

1. 根据求职信、辞职信的写作要求，进行初稿修改。

2. 根据求职信、辞职信的写作要求，修改“病文析改”部分的病文。

3. 结合自己实际、专业、特长、兴趣，向用人单位写一份求职信。

4. 温萍是某高职院校人力资源管理专业的毕业生，在校期间成绩优秀、积极参与社会实践。毕业后顺利进入一家中型科技公司任人力资源部经理助理。工作期间认真努力，深受领导好评。五年后，温萍想为自己寻找更好的事业发展平台，刚好看到中国房地产业十强之一的泰豪集团公司准备招人力资源部副经理，温萍打算去应聘。假如你是温萍，你会如何写一封求职信给泰豪集团公司？

5. 李晓丹是××公司总经理秘书，但因身体不好，医生建议辞职休养，故决定辞职。请你代拟这封辞职信。

6．朱慧是威达科技有限公司的行政助理，业余时间喜欢做蛋糕，于是和朋友一起在淘宝开了一家蛋糕店。由于经营有方，网店的生意越来越好。经过慎重考虑，朱慧决定辞去公司行政助理的职务，专心经营网店。假如你是朱慧，你会如何写一封辞职信给威达科技有限公司？

自我测试

一、单选

1．在用人单位没有明确职位信息时写的求职信，属于________。

A．自荐信　B．应聘信　C．推荐信　D．介绍信

2．求职信在介绍自己的情况时，切忌________。

A．介绍爱好　B．真实客观
C．面面俱到　D．写非专业之外的经历

3．求职信的特点包括自荐性、真实性和________。

A．文学性　B．鼓舞性　C．感召性　D．针对性

4．辞职信是员工在准备辞职时告知单位领导自己决定离开，请单位领导做好工作安排的________。

A．公文　B．书信体文书
C．有法律效力的文书　D．表格体文书

5．辞职信应在开篇开门见山地________。

A．表达对公司的感激之情　B．提出个人对工作的建议
C．说明自己的辞职意向及辞职原因　D．对公司表示良好的祝愿

二、多选

1．求职信的结尾可以________。

A．再次强调求职愿望，表明态度　B．叙述求职原因
C．写上祝颂语　D．催促对方尽快回复

2．求职信的附件包括________。

A．个人简历　B．获奖证书
C．推荐信　D．成绩单

3．求职信中写求职原因，可以是________。

A．与该单位领导关系密切　B．应聘职位与所学专业相符
C．个人爱好得以发挥　D．出于对该单位的向往

4．辞职信的标题写法包括________。

A．辞职信　B．辞呈　C．辞职书　D．辞职申请

5．辞职信在陈述辞职的各种具体事项时，可包括________。

A．具体的离职时间　B．推荐合适的接班人
C．叙述自己离职之后的去处　D．对公司工作提出建议

三、判断

1．为了表示自己的诚意，求职信写得越长越好、越具体越好。

2．求职信在称谓上写给领导个人比较好，和领导套近乎是决定能否被录取的关键。

3．求职信后要附上联系地址、电话和证明材料。

4．辞职信一定要经过用人单位的批准才能生效。

5．不应在辞职信上抱怨对公司或同事的不满。

项目6　竞聘词

知识目标

1. 了解竞聘词的概念、种类和特点
2. 理解竞聘词的适用范围
3. 理解竞聘词的结构和要求

技能目标

掌握竞聘词的写作技能，能熟练拟写结构完整、条理清晰、表述准确、针对性强、情感丰富的竞聘词。

一、任务导入

谭敏是卓普科技有限公司市场部行政助理，在该公司工作的三年里，她积极主动地了解、学习房地产行业的相关知识，并考取了国家二级秘书证书以及商务英语高级证书，表现优秀，经常得到部门领导及公司总经理的赞赏，连续三年被评为“优秀员工”。

最近，公司总经理秘书因个人原因辞职，公司决定采用竞聘上岗的方式，从公司内部择优选人，决定新的总经理秘书的人选。谭敏决定去参与竞聘。请代为拟写竞聘词。

（1）学生分组分析、讨论。

（2）学生拟写初稿。

二、例文借鉴

（一）例文

强化服务意识　当好参谋助手

——××公司总经理秘书竞聘词

尊敬的各位领导、评委、同事：

大家好！

我是来自××公司××部门的杨艳。首先，感谢公司给我这样一次机会参加竞选，让我有机会在大家面前充分展示自己。今天，我竞聘的岗位是总经理秘书一职。我的演讲题目是“强化服务意识　当好参谋助手”。

我今年26岁，××大学管理系文秘专业毕业，中共党员。今天，我之所以参与竞聘总经理秘书这一岗位，一是因为我十分热爱秘书这一职业，二是五年多的工作经历，也使我具备了一名文秘工作者的基本素质和工作能力，我相信，我有做好这项工作的信心和能力。我认为自己竞聘总经理秘书主要有以下几点优势：

一是专业技能过硬，有丰富的文秘工作经验。我自2010年毕业入职公司以来，学以致用，一直从事与文秘、行政相关的工作。先后从事档案管理一年、行政助理两年、部门秘书两年。无论在哪个岗位我都能恪尽职守、敬业奉献，做到干一行、爱一行、专一行，并能认真总结经验，将大学所学过的理论知识与工作实践相结合。在平时的工作中，吃苦耐劳、踏实肯干，力求把每一项工作做得更出色，尽量把领导交付的每一次任务完成得更好。

二是勤奋学习，不断充实自己的文秘知识。自2014年初调任××部经理秘书后，公司先后三次送我去参加培训，使我系统地学习了新闻报道、保密工作和公文写作知识。业余时间，我积极阅读各类文秘业务书籍，了解文秘行业的最新信息，并写了两大本读书笔记。我还考取了国家二级秘书证书。更为重要的是，在日常的工作实践中，我得到了领导和同事们的大量指导和帮助，使自己的业务水平提高很快，从采写信息到编辑简报，从写一般通知到写重要报告，从撰写领导讲话到起草单位工作计划，几乎所有的公文文种和日常的事务文书，我都有机会进行实践，因此得到了很好的锻炼，所写的材料多次获得领导和同事的好评。

三是热爱写作，具有较扎实的文字基本功。业余时间我积极撰写行政管理和文秘工作论文，在省级以上刊物发表论文三篇，其中一篇获全省××企业行业系统论文比赛三等奖。同时我能较好地把读书与写作相结合，勤奋练笔，积极宣传公司的改革发展与企业文化，经常在《××日报》《××晚报》等报刊上发表各类文章。

四是思想上进，具有较高的政治思想觉悟。在工作中我时时以一个党员的标准严格要求自己，以身作则，模范带头，依法办事，清廉自守。入职本公司以来，连续三年被评为“优秀员工”。

当然，成绩和经历只能说明过去，关键在于如何开创未来。我认为参谋是秘书岗位的基本职能，也是秘书岗位服务于领导的本质要求，秘书在为领导服务的过程中发挥着不可估量的作用。如果这次竞选能够如愿以偿，我将努力做到以下五点：

一是摆正位置。总经理秘书仅仅是一个“副手”，我要找准自己的坐标，把握好参谋的角色。

二是理顺关系。正确处理好为领导服务、为部门服务、为员工服务之间的关系，既要积极为领导服务，又要热情为全体员工办事。

三是加强修养。秘书工作复杂，头绪纷繁，我要特别加强个人修养，敢受压力，敢担责任，不怕苦，不怕累，不怕委屈，磨炼坚强的意志，培养良好的性格。

四是规范办文。加强文秘人员公文制作学习培训，确保有关人员熟练掌握公文制作知识，共同促进我公司公文规范化、标准化。

五是勇于创新。为领导当好参谋，不仅要善于领会领导意图，还要深入进行调查研究，多为领导提出新思路、新对策，但是切记不给领导出“馊主意”。

我一直是个勇于超越自我的人，这次参与竞聘是想通过竞争来展现自我、挑战自我、超越自我、追求进步，主动给自己更大的压力，并积极化压力为动力，勇挑更重的担子，敢负更大的责任，更好地为公司服务，同时也通过自己勤奋的工作来实现新的人生价值。

尊敬的各位领导、评委，我深知以我目前的状态距离一名专业合格的秘书还有很大差距，但我会不断努力学习，提高自己。无论这次竞选成功与否，我都真诚地感激大家对我的鼓励、支持和帮助，胜不骄、败不馁，忠于职守，不断进取，努力在今后的工作中做得更好。

谢谢各位！

杨艳

2015 年 10 月 10 日

（资料来源：《应用写作》2004 年第 10 期，有改动）

（二）简析

正文开篇先向各位评委和代表问好，感谢公司给予自己竞争的机会，说明竞聘的职位，并点出演讲的主题“强化服务意识　当好参谋助手”；接下来简单介绍自己的情况，围绕竞聘职位的要求，从本职工作、学习进修、写作兴趣和思想修养四个方面来谈自己在文秘工作上的优势；然后围绕题目，主要从秘书的参谋角色和服务职能上谈竞聘成功后的工作设想；最后谈对参与此次竞聘的认识，表明自己的态度。语言简练，内容丰富，结构完整，条理清晰，情感丰富。

三、知识储备

（一）竞聘词的概念

竞聘词又叫竞聘演讲稿，或竞聘讲话稿。它是竞聘者在某特定场合，为了实现竞争上岗，展露自我具有足够的应聘条件以及被聘用后的工作设想的演讲类文书。

（二）竞聘词的分类

一般按竞聘的职位类属进行分类，有机关干部竞聘演讲稿、企业干部竞聘演讲稿、事业干部竞聘演讲稿等。

（三）竞聘词的特点

1．明确性

竞聘词的目标十分明确，开门见山地表明自己的竞聘目标是什么，竞聘条件是什么，全文的内容也是围绕实现竞聘目标而组织的。

2．竞争性

既然是竞聘，候选人一般不止一个，要想从众多候选人中脱颖而出，必须在内容上充分体现出人无我有、人有我优、人优我新的独特优势。

3．真实性

竞聘词所用的材料必须客观真实，所用事实、材料、数据必须真实无误，无论是列举自己的优势，还是阐述工作设想，都必须建立在客观实际的基础上，要把握好尺度，不能大吹牛皮、夸大其词，否则容易使观众产生逆反心理。

四、技能掌握

(一) 竞聘词的结构和写法

1. 标题

(1) 由文种名称组成，直接写“竞聘词”三字。

(2) 竞聘职位+竞聘词/竞聘演说词/竞聘演讲稿。如《××客户经理竞聘词》。

(3) 正题+副题。正题阐述竞聘词的主旨、中心内容；副题交代竞聘职位和文种，如《挑战自我，求实创新——××集团公司办公室主任竞聘词》。

2. 称谓

在第二行顶格写上招聘单位名称、相关评委或在场观众，如“各位领导”“各位同志”“各位评委”“各位听众”等。可在称谓前加上“尊敬的”之类的敬语。

3. 正文

(1) 导语。开门见山交代要竞聘的职位及竞聘缘由、背景，一般包括：

①对于自己能有机会参加这次竞聘表示诚挚的谢意，如“大家好！首先感谢×××给了我这次竞聘的机会！”

②简要介绍自己的有关情况。

③点出竞聘岗位。

(2) 主体。竞聘词的核心部分，要陈述自己的竞聘优势、对竞聘职位的认识、施政目标和设想等。一般包括以下内容：

①介绍自身优势。具体介绍自己应聘此岗位的优势，可以从政治素质、业务水平、工作能力等方面进行介绍：

A. 工作经历、本人工作单位和岗位职务的变化，应着重介绍自己以前与应聘职位相关的工作经历。

B. 取得过何种工作成绩，应着重讲述与竞聘职位相关的工作成绩，来显示自己的工作能力。

C. 概括工作经验，应将与竞聘职位相关的工作经验概括出来。

②施政构想。具体介绍自己上任后的工作目标、构想和措施，这是竞聘词的重点所在，关系到竞聘的成功与否。一般包括：

A. 工作方面：讲述自己的工作思路，包括任期目标、施政构想、施政措施等。注意要联系客观实际，讲述对工作中的重点难点问题如何解决，对此岗位的长期发展规划等。

B. 人际方面：上任后如何处理好与领导、同事、下属之间的关系，如何为大家服务。

C. 个人方面：如何加强自己的业务能力，使自己能在岗位上做出更好的成绩。

(3) 结尾。用简洁的话表明竞聘的决心、信心和请求。一般包括：

①表明态度，即表示自己这次竞聘成功或不成功的态度。

②希望得到听众的支持和帮助。

③表达谦虚和感谢之意，如“以上发言，请领导和同事批评指正”“我的演讲到此结束，谢谢大家！”

4. 落款

即署名和日期。在正文的右下方，署上竞聘者的姓名和演讲的具体日期。

（二）竞聘词的写作模板

××公司××部经理竞聘词

尊敬的各位领导、员工代表们：

大家好！

首先，感谢×××给了我这次竞聘的机会！我是公司×××部门的×××，我竞聘的岗位是×××部门的部门经理。我今天演讲的题目是×××××。

一、本人的基本情况

我××××年毕业于××大学××系，××××年加入中国共产党，先后从事过×××××××、×××××××、×××××××等工作，获得过×××××××××××××××。

二、本人竞聘×××部经理的有利条件

1. ××××××××××。

2. ××××××××××。

三、上任后的工作设想

1. ××××××××××。（目标）

2. ××××××××××。（具体措施）

3. ××××××××××。（重点难点问题的解决）

我参加这次竞聘，目的是×××××××××××××。如果成功了，我将会×××××××××××××；如果失败了，我×××××××××××。请大家支持我，投我一票！

我的演讲到此结束，请各位批评指正，谢谢大家！

×××

××××年×月×日

（三）竞聘词的写作注意事项

（1）要实事求是，基于客观实际，才能令人信服。

（2）要条理清晰，提出的施政目标、措施要明确、实在；说明自身优势时要有针对性。

（3）语言简洁明快、谦虚有礼，富有激情。

五、病文析改

（一）病文

竞聘词

×××公司：

大家好！

我是公司市场部的×××，今天我的心情十分激动，虽然有些紧张，但更多的是自信。我相信我的竞争优势是得天独厚、无人能比的！

我是2007年进入公司的，××××年任××职务，主要工作是××××；××××年调任××职，主要工作是××××；××××年我调去××分公司工作，任××××，主要工作是××××；××××年又转任××，主要工作是××××；之后××××年任××××，主要工作是××××；如今在市场部做××××工作。在本公司十年的工作过程中，我一直兢兢业业，全身心地投入到工作之中，在从事市场开拓工作期间开发×××、×××、×××等经销商，业绩屡创新高，在同行名列前茅，多次被公司评为“优秀员工”和“优秀共产党员”。此次参加竞聘，我认为我有以下竞聘优势：

一、工作能力过硬。

二、有强烈的事业心和工作责任感。

三、有较好的人际沟通能力。

以上成绩的取得，离不开在座的各位老领导、老同事的帮助和支持。孙经理、马经理经常提醒我工作上的注意事项，公司党委侯书记一直关心我政治上的进步，还亲自做我的入党介绍人……各位的恩情，我一定铭记在心，永世不忘。今天正好借此机会，我对你们的关心和支持表示衷心的感谢，并致以崇高的敬意。

如果我能竞聘上市场部经理的岗位，我将一如既往地扎实工作，努力学习，使自己能更好地提高业务能力，更好地为公司服务。我的工作构想主要体现在以下几个方面：

一、在加强市场信息收集和分析方面。主要侧重在××××。

二、在拟定各项市场推广策划方面。主要侧重在××××。

三、在培养客户的忠诚度方面。主要侧重在××××。

我相信，在座的各位都不是有眼无珠之人，肯定都能欣赏我今天的演讲。我十年间为公司鞠躬尽瘁，也可以算是公司的老功臣了。但与我同时入公司的很多同志早已当上了经理，有的甚至当上了总裁助理；比我晚入职的同志也早已当上了部门经理。我不认为我能力有问题，所以希望大家给我一个机会！

谢谢大家！

×××

2017年4月10日

（二）修改意见

（1）称谓不规范。

（2）没有开门见山地点出自己要竞聘的职务，也没有对自己能有机会参加这次竞聘表示感谢。

（3）自身基本情况介绍得过于简单。个人工作经历部分过于啰唆，不能激发听众兴趣。应重点讲对竞聘岗位有帮助的经历。

（4）介绍自身优势时不具体，没有具体的事实、数据来支撑。

（5）态度不够诚恳，多处地方用语不得体。

六、知识链接

（一）就职演说的概念

就职演说是新就任职务时，在走马上任前所发表的施政演说，能起到表明自己政见和立场、促使自己在今后工作中尽忠职守的作用，同时也能鼓舞听众。

（二）就职演说的特点

1．针对性

就职演说稿是就职者面对工作中最需要解决的问题发表见解，矛头所指必须是该单位、该岗位的热点、焦点问题，群众对新领导的上任往往抱有很大的期望，因此就职演说应围绕群众关注的问题来写。

2．真挚性

就职演说的内容只有倾注了演讲者强烈而真挚的感情，才能对听众产生感染力。

（三）就职演说的结构和写法

1．标题

（1）由文种名称组成，直接写“就职演说”四字。

（2）就职人+“就职演说”，如《××公司总经理就职演说》。

2．称谓

在第二行顶格写上就职单位名称或全体在场观众，如“各位领导”“各位同志”“各位听众”等。可在称谓前加上“尊敬的”之类的敬语。

3．正文

（1）导语。表示此刻激动的心情，向大家表示感谢。

（2）主体。简要介绍自己的有关情况；讲述自己日后的工作设想、近期的工作任务、目标、措施等；表示做好工作的信心和决心，希望大家给予支持和监督。

（3）结尾。发出号召，展望前景，给听众以激励和鼓舞，并对听众表示感谢。

4．落款

即署名和日期。在正文的右下方，署上就职演说者的姓名和演讲的具体日期。

项目7 介绍信

知识目标

1. 了解介绍信的概念、种类和特点
2. 理解介绍信的结构和要求

技能目标

掌握介绍信的写作技能，能熟练拟写结构完整、条理清晰、表述准确的介绍信。

一、任务导入

为了使公司文书、档案管理工作更加规范，长城集团公司拟派档案室管理人员钟腾前往新星学院参加文书档案管理培训。为使得接洽工作更为顺利，长城集团公司行政助理周蕾拟写一介绍信交给钟腾，请代为拟写介绍信。

（1）学生分组分析、讨论。

（2）学生拟写初稿。

二、例文借鉴

（一）例文

介绍信

益通国际商务服务有限公司市场部：

兹介绍我公司国际项目合作部经理霍旭鹏、技术部经理曹明辉、办公室主任姜涛三人前往贵公司商洽德国机械车辆及设备采购项目事宜。

请予以接洽是荷。

赢创集团公司（印章）

2017年6月27日

（有效期柒天）

（二）简析

这是一封企业常见的介绍信，结构完整，语言简洁，行文规范。

三、知识储备

（一）介绍信的概念

介绍信是介绍本单位的人员到外单位接洽事情、联系工作、参观学习或出席会议等所写的一种专用书信。它具有介绍、证明的双重作用，接洽单位或个人依据介绍信的内容，了解来人的有关情况和需要办理的事项。

（二）介绍信的分类

（1）普通介绍信。

（2）专用介绍信。又称为印刷式介绍信，是按较规范的内容格式，事先印制好的留有存根的专用空白介绍信，用的时候按格式填写即可。

（三）介绍信的特点

（1）介绍性。介绍信上会简要写明来人的身份、职务、要办的事情、要见的人、需要对方协助帮忙的事项等，使接收介绍信的一方充分了解来人的身份、目的、意图。

（2）证明性。介绍信是具有证明作用的书信。通过介绍信可以证明来人身份，以便防止假冒。

（3）时效性。介绍信上有有效日期，是在限期内才具备有用性的一种专用文书。

四、技能掌握

（一）介绍信的结构和写法

1. 标题

由文种名称组成。

2. 称谓

在第二行顶格写上接收介绍信的部门、组织的名称（全称）或有关负责人（个人）的姓名，后面加上冒号。

3. 正文

用“兹介绍”或“兹有”“现有”“今有”“今介绍”等字作首起。然后写明以下内容：

（1）被介绍对象的姓名、职务、人数，派出人数较多，可写成“×××等×人”。

（2）需要商洽、联系的事项。

4. 结束语

一般以“请予接洽是荷”“请接洽并协助办理为盼”等祈请语作结。

5. 落款

即发文单位和发文时间，在正文的右下方，写上出具介绍信的单位的名称，并加盖公章。在署名下面写上成文日期。

6. 附注

在成文日期下一行，居左空2字写清楚介绍信的有效期限，并用圆括号括起来。有两种写法：

（1）写成“（有效期×天）”，有效天数要用汉字大写。

（2）写成“（×月×日前有效）”。

（二）介绍信写作模板

介绍信

××公司：

兹介绍我公司××（职务）×××（姓名）等×人，前往贵司办理××××事宜，请接洽并协助办理为盼。

××公司（印章）
××××年×月×日

（有效期×天）

（三）介绍信的写作注意事项

（1）如实填写被介绍对象的姓名、身份、人数，不得弄虚作假。

（2）书写工整，如有涂改要加盖公章。

五、病文析改

（一）病文

介绍信

安亚公司：

您好！

我公司介绍市场部经理何海、副经理周望（何海，男，33岁，2008年入职我公司，现任市场部经理，曾主持过省级××××建设项目；周望，男，26岁，2010年入职我公司，曾获得过省××××一等奖）2人前往你公司商洽合作事宜，务必妥善接待。

生益集团公司
2017年7月9日

（二）修改意见

（1）称谓部分未写明是哪个部门。

（2）主体部分首起用词不规范。无须详细介绍被介绍对象的工作经历。需要商洽、联系的事宜写得过于简略。

（3）个别地方语气过于生硬，不礼貌。

（4）没有盖公章。

（5）没有写附注。

六、知识链接

专用介绍信分带存根和不带存根两种，不带存根的介绍信印刷内容与普通介绍信基本一样，但带存根的专用介绍信则由存根联、正式联和间缝三部分组成：

（一）存根联

1. 标题

直接写“介绍信”三字，紧接在“介绍信”三字后，加“存根”两字，并加括号。

2. 字号

在标题“介绍信”三字下一行的右下方写“×字第×号”。

3. 正文

具体说明被介绍对象的姓名、身份、人数、去哪办什么事，需要商洽、联系的事项。

4. 落款

写成文日期，不必署名，因为存根仅供本单位在必要时查考用。并写有效期。

（二）正式联

格式、写法和存根联一样，区别在于尾部要加盖公章。

（三）间缝

专用介绍信（带存根）的存根联和正式联之间用一条虚线隔开，虚线中间写字号：“×字第×号”。间缝字号的号码要用汉字大写，如“市教字第拾贰号”；并加盖公章，亦称“骑缝章”。

实训演练

1. 根据竞聘词、介绍信的写作要求，进行初稿修改。

2. 根据竞聘词、介绍信的写作要求，修改“病文析改”部分的病文。

3. 唐圆圆要去竞聘财务总监，她拟写了一份竞聘词，其中有关主体部分阐述的某个段落是这样的：“我性格十分活泼、喜欢与人交往，喜欢东奔西跑……上任后我将会组织各种各样的文娱活动，丰富公司的企业文化，增强员工的凝聚力……”你觉得这样写好不好？应怎样修改？

4. 假如学校进行学生会改选，请你根据自身的实际情况，选择某个职位作为目标，发表你的竞聘演讲。

5. ××公司的科技部工程师张××拟到省档案馆查阅××科技的最新研究成果等资料。请你替公司拟一封介绍信。

自我测试

一、单选

1. 竞聘词是竞聘者为了实现竞争上岗而写的______。

A. 公文　　B. 书信类文书

C. 证明类文书　　D. 演讲类文书

2. 竞聘词在导语部分要交代竞聘的缘由、背景，简要介绍自己的情况并______。

A. 概述工作经历　　B. 介绍施政构想

C. 点出竞聘岗位　　D. 表明竞聘态度

3. 介绍本单位人员到其他单位联系工作所使用的文书叫______。

A. 证明信　　B. 介绍信　　C. 感谢信　　D. 联络信

4. 介绍信在主体部分要写清楚被介绍对象的姓名、人数和______。
A. 年龄 B. 经历 C. 专业 D. 职务

二、多选

1. 竞聘词在介绍自身优势时，可以从______方面来组织。
A. 政治素质 B. 工作经验
C. 岗位能力 D. 相关业绩
2. 以下竞聘词的标题写法正确的有______。
A.《竞聘词》
B.《扎扎实实做好本职工作》
C.《市场部副经理竞聘演说词》
D.《突破自我，勇于创新——财务部总监竞聘词》
3. 介绍信的特点有______。
A. 凭证性 B. 科学性 C. 礼貌性 D. 时效性
4. 关于介绍信有效期限的写法，以下正确的有______。
A.（有效期5天） B.（有效期陆天）
C.（11月20日前有效） D.（2015. 10. 19）

三、判断

1. 竞聘词要详细列出本人所从事过的所有工作，越具体越好。
2. 介绍信具有介绍和证明的双重作用。
3. 介绍信没有时限要求。
4. 介绍信主体部分应用“兹介绍”或“兹有”等字作首起。

模块九　公文处理

项目1　收文办理

知识目标

1. 了解收文办理每个程序的概念
2. 熟悉收文办理每个程序的要求和注意事项
3. 掌握收文办理每个程序的工作流程

技能目标

掌握收文办理每个程序的操作技能，能按照每个程序的要求熟练进行收文办理。

一、任务导入

丰泰股份有限公司是宏泰集团股份有限公司的分公司之一。2017年7月2日，丰泰股份有限公司接到集团公司通知，集团公司将于7月22—24日举办2017年度新员工入职培训，要求各分公司、各办事处和总公司所属各部门在7月8日前上报报名表，并组织报名的员工按时参加培训。通知内容如下：

宏泰集团股份有限公司关于开展2017年度新员工入职培训的通知

各分公司，各办事处，总公司所属各部门：

为了使新入职员工更深刻地了解公司企业文化、增强对企业的归属感与责任感，更快地融入工作环境、适应工作岗位、建立职业生涯发展目标，集团公司根据2017年培训计划安排，决定于今年7月开展2017年度新员工入职培训。现将有关事项通知如下：

一、培训人员：集团公司下属各分公司、各办事处和总公司所属各部门于2016年7月至2017年6月招聘的新员工。

二、培训主题：转变人生角色，规划职业生涯。

三、培训内容：

（一）集团公司各组织结构、各分公司简介。

（二）集团公司规章制度、企业文化、科技发展、战略规划、企业运营、安全保密等相关内容。

（三）劳动合同、福利与社会保险、职业生涯规划。

（四）新员工职业化心态、职业化素养、执行力、团队协作等。

四、培训形式：内训（2天）+产业园参观（1天）。

五、报名方式：2017年7月8日之前将报名表发至集团公司行政部邮箱（联系方式见报名表）。

特此通知！

附件：1. 宏泰集团有限公司2017年度新员工入职培训安排
2. 宏泰集团有限公司2017年度新员工入职培训报名表

宏泰集团有限公司（印章）
2017年6月25日

丰泰股份有限公司总经办秘书陈青凤收到了以上通知，需要对该通知进行办理。

（1）学生分组分析、讨论。

（2）学生分组拟定工作方案，扮演角色，初步演练。

二、范例借鉴

（一）例文

2017年5月20日，嘉成美股份有限公司接到嘉利集团公司通知，集团将于7月份举办第四届主题演讲比赛。此次主题演讲比赛围绕“中国梦 嘉利梦”“嘉利腾飞 成就自我”为主题，分初赛和决赛两个赛段，分别在7月8日和7月22日举行。全体员工均可参加，各分公司和各分支机构至少选派1人参加，6月5日之前提交报名参赛表，在6月20日之前提交经过负责人审核的演讲稿，并在7月30日前提交此次活动工作情况报告。要求各单位负责人积极组织员工报名参赛，并发动集体力量，在演讲主题的选定、演讲稿的撰写和演讲者的准备等方面予以指导和督促。

（1）集团公司前台接待员方欣然清点检查后签收了快递公司送来的一批文件。办公室秘书刘思琪从前台拿回主送公司及办公室的文件。她检查了封皮信息并确认自己有拆封的权限，小心拆封，将通知取出略读后，检查核对份数、文件标题、主送机关、附件等信息，将通知的收文日期、来文单位、来文字号、来文标题等信息登记在收文登记簿上。

（2）刘秘书认真阅读通知，从内容、行文规则、文种、格式、手续等方面进行初审，确认来文不存在任何问题，然后根据文书的内容和性质对收到的文书进行分类，确认此通知属于批办性文件，放入相应的文件夹。

（3）刘秘书按通知的内容判定此文件应该按照规定呈报给赵泽成总经理，因此在文件处理单上填写来文单位、来文字号、文件名称等信息，并写上拟办意见：“此项工作拟由公关宣传部负责办理，在6月3日之前将报名表报办公室，6月18日之前将演讲稿报办公室，全面指导选手参加此次比赛，并在6月28日之前将此次活动工作情况报告报办公室。”然后签上姓名和日期。接着刘秘书将文件处理单附在通知上，呈送给赵总经理批示。

赵总经理看了通知，同意了刘秘书的拟办意见，在文件处理单上填写了批办意见，签上姓名和日期。然后他打电话给刘秘书，要求她把办理意见传达给公关宣传部。

（4）刘秘书把上述资料交给公关宣传部部长冯家明，请他负责办理。冯部长让吴一菲助理负责这项工作。吴助理征得冯部长同意，复印了该份通知及附件下发到各部门，开始准备此项工作。6月3日前刘秘书根据各部门的报名情况，将报名表上报给集团公司，并在文件处理单上填上了第一条处理情况的内容，包括报名表上报的时间和方式。6月18日吴一菲将经审核的演讲稿报给刘秘书，刘秘书遂将演讲稿上报给集团公司，并在文件处理单上填上了第二条处理情况的内容，包括演讲稿发出的时间和方式。

（5）经过了初赛和决赛，演讲比赛活动顺利结束。吴助理拟写了此次活动工作情况报告，把通知、文件处理单、报告等一起交给冯部长。冯部长检查了相关文件，在文件处理单上签了名字，打电话叫刘秘书取回了相关资料。

（6）在公关宣传部具体办理此项工作期间，刘秘书按照完成工作的时间节点，采用电话方式开展催办工作，并做好了催办记录。

（7）刘秘书将通知、文件处理单和报告等相关资料一起呈送给王总经理审阅后，最后用报告的形式向集团公司做了答复工作。

（二）简析

上例体现了收文办理的规范流程：一是包含了收文办理的基本环节：签收、登记、初审、承办、催办、答复；二是体现了每个环节的具体操作方法和要求；三是程序顺畅，行为规范，工作严谨。

三、知识储备

（一）收文办理的概念

收文办理是对收到的文书进行办理与管理的整个过程的总称。各单位在日常办公工作中，不仅要发出各类公文，还会从上级、下级和不相隶属单位收到各类公文。这些公文包含了各有关单位的意志和意图，也与本单位的工作有着密切关系。秘书必须按照一定的程序和要求，根据上级领导的指示，及时、快速、有效、安全地处理收到的公文，责成相关部门具体去完成公文中涉及的事务。

（二）收文办理的程序

收文办理主要包含两大环节：收文和收文的办理。收文包括签收、登记。收文的办理包括初审、承办和传阅、催办、答复等环节。

四、技能掌握

收文办理程序是：签收→登记→初审→承办和传阅→催办→答复。其中每个环节都有具体的操作要求、工作流程和注意事项。秘书必须准确、及时、安全地做好收文办理工作。

（一）签收

1. 含义

签收是指对收到的公文逐件清点、核对无误后，在送件人的投递单或送文簿上签字或盖章，并注明签收时间的工作。

2. 要求

（1）清点来件要认真、仔细、耐心，切不可疏忽大意。

（2）发现有误投、误送或破封散包、密封损毁情况，应拒收。

（3）按照投递单或送文簿的相关信息对来文进行签收。

（4）签字要字迹工整、清晰。

3. 工作流程

清点→检查→签字。

4. 注意事项

（1）根据投递单或送文簿上的信息，认真清点来件。如发现短缺或增多，应及时联系相关单位或人员解决问题。

（2）急件要注明收到的年、月、日、时、分。

（二）登记

1. 含义

登记是指文书拆封后，在文书登记簿（或卡片、联单）上详细记录公文的主要信息和办理情况的工作。

2. 登记形式

（1）簿式登记。用事先装订成册的收文登记簿（见表9-1）按收文时间顺序进行流水登记。优点是容易保存。这种登记方法适合一般的单位使用，目前应用比较广。

表9-1　×××××公司收文登记簿

序号	收文日期	来文单位	来文字号	来文标题	密级	缓急	附件	份数	签收人	承办单位	归卷情况	备注

具体使用中，由于小型单位收文数量少，可只编制一本收文登记簿登记。而收文数量较多的单位，为便于文书的查找与利用，可分类登记，即建立各类收文登记簿，如“密件、急件收文登记簿”“（上级机关）收文登记簿”“（下级机关）收文登记簿”“（平级和不相隶属机关）收文登记簿”等。

（2）卡片式登记。用收文登记卡（见表9-2）登记一份或一组有着密切关系的文书，如同一会议的文书等。优点是：第一，可多人同时进行登记，加快收文办理的速度；第二，可灵活地进行分类排列，还可按需求及时调整卡片的排列顺序，便于分类查找。缺点是容易散乱丢失，若分类不当反而不便查找。此种方法比较适合中型单位采用。

表 9－2　×××××公司收文登记卡

来文单位		收文单位	
来文字号		收文日期	
文件标题			
处理结果			

（3）联单式登记。采用一次复写两联或三联的收文登记联单（见表 9－3）进行登记。填写完的联单，一联由文秘人员保存，另一联或二联随同文书送承办人员或单位继续登记，文书办理完毕后统一归档保存。这种登记方法的优点是减少重复登记的手续，提高办文效率，但缺点是联单多了容易造成散乱和丢失，不便于保管和整理。采用这种登记方法的单位不多。

表 9－3　×××××公司收文登记联单

文件标题			
发文日期		收到日期	
发文单位		收件人	
主要内容			
处理情况			

3. 要求

（1）拆封前核对来件的接收者，确定无误后拆封。

（2）拆封要小心细致，拆封后检查封内文件是否全部取出。

（3）拆封后的文书按重要程度或紧急程度自上而下叠放整齐。

（4）按登记簿或登记卡片、联单所列内容逐项登记。

（5）登记时字迹清楚、工整、规范。

（6）分清轻重缓急，急件、要件优先登记，随登随办。

4. 工作流程

明确拆封范围→拆封并取出文件→检查核对→略读文件→确定登记范围→选择登记方法→填写登记表。

5．注意事项

（1）拆封要注意权限范围。重要文件应有二人同时在场才能拆封。

（2）拆封要避免损坏封内文书。

（3）拆封后要保留封皮，以备查用。

（4）一般来说，单位之间往来的公文、内部使用的文件、会议文件等，都应登记。另外，未经秘书签收而由单位领导人外出参加会议时带回的文件也应进行登记。纯属事务性的通知、便条、介绍信、请柬等，各种公开和内部不保密的出版物等，一般不用登记。

（三）初审

1．含义

初审是指对收到的公文进行初次审核。经初审不符合规定的公文，应当及时退回来文单位并说明理由。

2．要求

（1）检查来文是否应当由本单位办理。

（2）检查来文的文种、格式、行文规则等是否符合要求。

（3）如来文涉及其他地区或者部门职权范围内的事项，检查是否已经协商、会签。

（4）检查完毕，对文书进行分类。

3．工作流程

全面了解文书→检查核对→文书分类。

4．注意事项

（1）初审文书以宏观分析为主，不必关注细枝末节。

（2）文书的分类可分成秘密或非秘密、急件或平件、办件或阅件、重要或一般、主要或次要等不同类型，可按一定顺序排列，或者用不同的文件夹分别放置，然后分发给有关领导或相应部门进行办理。

（四）承办

1．含义

承办是指按照文件要求或领导批示，结合工作的实际情况，进行文件处理的工作。承办是收文办理工作的中心环节，属于具体解决问题的阶段。承办工作的水平是检验收文办理工作质量和工作效率的重要标准之一。

承办部门对交办的公文应当及时办理，有明确办理时限要求的应当在规定时限内办理完毕。

2．要求

（1）熟悉有关方针政策、法律法规及本单位各部门的主要业务、职责范围、办公程序和有关规定。

（2）拟办要力求准确、及时、可行。

（3）批办要统一负责，合理分工，减少程序，简化手续，提高效率。

（4）具体办理时认真领会批办意见，区分轻重缓急，按原则和规定办事。

（5）来文内容涉及以前的收文，要查找或调阅有关文件作为此次承办的参考。

（6）办理完毕的文书要及时注办及清退，并及时反馈承办结果。

3．工作流程

确定承办性质→了解文书内容→研究批办意见→进行具体办理→注办文书→清退文书。

4．注意事项

（1）秘书在文件处理单（见表9－4）的拟办意见栏中应写明对文书进行处理的具体意见，写清楚批示的领导或文书承办的部门，拟办意见要具体，切实可行，并署上拟办人的姓名和日期。

表9－4　×××××公司文件处理单

来文单位		收文日期		办文编号	
文件标题					
领导姓名					
送文时间					
退回时间					
拟办意见					
领导批示					
处理情况和结果					

（2）紧急公文应当写清办理时限和要求。

（3）注办要简明扼要、真实准确，以备查考。

具体有以下多种情形：

①撰文承办的，注明是否办复、复文字号及复文日期。

②会议承办的，注明会议名称、与会人员、会议决议。

③电话或口头答复的，注明答复的时间、地点、有关人员与主要内容等，并标注承办人姓名。

④通过现场办公解决的，注明时间、地点、参加者和解决问题的方法、措施与结果。

⑤无须答复而传阅承办的文件，注明主要阅件人姓名和阅知日期。

（五）传阅

1. 含义

传阅是指根据领导批示和工作需要将公文及时送传阅对象阅知或者批示的工作。

需要传阅的文件包括：需要有关部门或人员掌握其精神的文件，要求领导批示意见的文件，不需要特别办理、只要求有关单位（或部门、人员）了解的文件。

2. 要求

（1）迅速、准确地将文书送达阅文者或审批人。

（2）传阅要区分内容的轻重缓急。

（3）传阅的顺序是由管理层到一般人员。

3. 工作流程

确定传阅对象→选择传阅方式→传递文书→履行传阅手续→清理检查文件及相关表格。

4. 注意事项

（1）熟悉单位内部职责分工，严格确定传阅范围。

（2）如果阅文完毕需批示意见，要以秘书为核心分送阅文者并及时收回。严禁文件横传。

（3）如果只需传阅文书，阅文的方式很多，如开辟阅文室，指定固定的时间阅文；利用各种会议集中传达公文精神；复印文书副本，分散阅文；利用内部刊物等公布文书内容；利用现代化技术手段与通讯设备传阅文字，如计算机网络、电视、传真等。

（4）注意调控文件的运行。

（5）秘书履行传阅手续时要填写文件传阅登记单（见表9－5），记录并掌握传阅情况。还要填写文件传阅单（见表9－6），附在所传阅的文件首页之前，文件阅毕者要在相应表格上签注姓名与日期，如有必要还可填写批示意见。

表9－5　×××××公司文件传阅登记单

序号	收文号	收文时间	来文单位	文件标题	缓急	密级	份数	传阅情况	备注

表9－6　×××××公司文件传阅单

文件字号（收文号）

传阅时间	传阅对象	签字	批示意见	备注

（六）催办

1．含义

催办是指通过具体方式及时了解掌握公文的办理进展情况，督促承办部门按期办结的工作。

催办是对文书办理情况的督促和检查，可以加速文书运转，防止文书积压，促进承办工作，提高工作效率。

2．要求

（1）分清所需办理文件的轻重缓急，有重点地组织催办工作。

（2）及时、准确、连续地进行催办，追踪了解文件办理过程中的问题或经验。

（3）认真记录催办情况。

（4）催办中发现问题要及时汇报。

3．工作流程

确定催办范围→选择催办方法→进行催办。

4．注意事项

（1）紧急公文或者重要公文应当由专人负责、重点催办。

（2）对需要催办的文书，逐件进行登记，填写文件催办登记表（见表9－7）。在承办过程中，运用合适的方法，适时对承办工作进行查询督促，记录催办情况并定期汇总，及时向上司报告办理进程和情况。

表9－7　×××××公司文件催办登记表

序号	交办日期	来文机关	来文字号	来文标题	领导批示	承办期限	催办情况

（3）催办方法有电话催办、发函催办、登门催办、约请承办部门来人汇报、会议催办等。

（4）承办工作结束后，催办人员及时注销办结文书。

（七）答复

1．含义

答复是指公文办理完毕后，将办理结果及时答复来文单位，并根据需要告知相关单位的工作。

2．要求

（1）答复工作要分轻重缓急。

（2）及时开展答复工作。

3．工作流程

确定答复范围→选择答复方式→进行答复。

4. 注意事项

（1）重要来文需专人负责答复工作。

（2）答复方式有撰文、电话、上门汇报等多种方式。文书办理人员要根据收文的具体情况，选择合适的答复方式。

（3）答复多个单位时，要注意次序和方式。

五、病例析改

（一）病文

××集团股份有限公司接到省财政厅《关于开展〈会计法〉执行情况检查的通知》，要求各公司于2015年4月18日前将单位自查情况报告送所属财政部门。办公室秘书小雅于2015年2月2日收到通知，将文件核查、登记后，刚填好《收文办理单》，就接到王总经理电话，要她到××投资公司取验资报告。小雅随手将此通知放入一堆阅件中。第二天，小雅优先处理了办件。第三天，小雅把一批阅件交给办公室秦主任审阅。秦主任发现了夹带其中的上面提到的通知。但当时因一项紧急事务，秦主任就将文件顺手放回文件夹中。又过了两天，秦主任打开文件夹又一次发现了这份文件，赶紧拣出来，在文件处理单上简单提出了拟办意见，交王总经理过目。王总经理当即批示，责成财务部刘部长办理此事。刘部长又将文件交给财务部干事吴江负责。因临近春节事情多，吴江随即将文件放进抽屉。直到3月20日总经理过问此事的办理情况，刘部长才想起此事。赶紧打电话询问吴江，又布置全体财务人员和相关人员连续加班三个星期，才于4月15日前写出2014年《会计法》执行情况自查报告。因为工作太忙，刘部长一直忘了把相关文件交回给秦主任。到了6月底，秘书小雅整理文件时，核对了收文登记簿，发现该通知没有了踪影，小雅赶紧报告秦主任。秦主任印象中处理过这份文件，可找来找去都没找到文件，就联系刘部长。刘部长把文件柜翻了个遍，终于找到了该通知、自查报告和收文办理单，但发现处理情况那一栏空白，于是赶紧凭记忆，粗略填写了相关内容，交回了秦主任。

（二）修改意见

（1）初审环节分错了办件和阅件。办件应该要优先处理。

（2）由于秘书分送文书出错，更没有提出拟办意见（写拟办意见这一本来应该由秘书去做的工作却由办公室秦主任去完成了）。

（3）承办环节出了种种情况，延误了办理有关事项。

（4）承办结束后遗漏了注办和清退文书。承办部门没有及时在收文处理单上注明文书办理的情况和结果，而文书部门更是没有回收文书，导致文书办理完毕后仍长时期流落在外。

项目 2　发文处理

知识目标

1. 了解发文处理每个程序的概念
2. 熟悉发文处理每个程序的要求和注意事项
3. 掌握发文处理每个程序的工作流程

技能目标

掌握发文处理每个程序的操作技能，能按照每个程序的要求熟练进行发文处理。

一、任务导入

宏泰集团有限公司是国内著名的消费类电子企业集团之一，已形成家电、多媒体、通讯三大产业集团，有 8 家分公司和 28 个办事处，共计 1.6 万多名员工。为了切实加强职工队伍建设，提高职工岗位技术水平和业务技能，培养员工团结协作能力，丰富职工文化生活，增强企业凝聚力，集团公司将于 2014 年 9 月 16—18 日举办公司第八届员工岗位技能大赛。7 月 20 日上午，陈宏远总经理要求总经办助理林晨琳拟写一份通知，下发给各分公司。此次比赛有“电焊”“电机嵌线/下线”“喷涂”“控制屏制作”等 9 个竞赛项目，以及“消防应急演练”“汽车驾驶与合作”“5 人团队冲刺” 3 个参赛项目。此次比赛设个人单项奖、个人全能奖、优秀团队奖等多个奖项，颁发证书及奖金，并在年终考核中进行加分奖励。要求各分公司选拔技能突出的员工参加比赛，在 8 月 5 日前上报报名表，并在赛前做好选手培训工作，提高比赛水平。各项比赛参加人员和比赛报名表以附件形式发送。林助理接到这个任务后，马上开始发文处理的工作。

（1）学生分组分析、讨论。

（2）学生分组扮演角色，初步演练。

二、范例借鉴

（一）例文

广东嘉利集团有限公司是一家专门从事食品的研究、开发、生产和销售的现代化综合性大型企业，由食品、乳业、营养保健等 7 家公司组成，全国各地有 25 家分支机构，5 000多名员工。为了让管理岗位的员工对集团公司有一个全面系统的了解，尽快提升其职业化能力和管理水平，集团将于 7 月 15 日在集团公司内部举办员工管理技能培训，主要针对 2017 年 1 月 1 日—6 月 30 日期间入职的管理人员和 5 年前接受过员工管理技能培训的管理人员，培训期间全体人员住公司招待所，食宿全包，要求各公司、各分支机构做好报名工作，在7月10日前上报报名表，并组织报名的员工按时参加培训。

（1）2017年6月23日，集团公司办公室主任沈铭真要求陈助理拟写一份关于此次活动的通知，发给各公司、各分支机构，并要求附上报名表以便统计人数。

（2）陈助理写好通知初稿后，拿给沈主任审核。沈主任对文稿进行了审查后，提出了具体修改意见。陈助理修改完毕后，再次交给沈主任审核。沈主任再次检查稿件、确定文稿没有问题了，让陈助理交给李嘉和总经理进行签发。

（3）陈助理填写发文稿纸相关栏目内容，把通知文稿附在发文稿纸后面，呈送给李总经理。李总经理审阅文稿后，在发文稿纸上签“同意发出”字样，并且签上姓名和日期。

（4）陈助理再次对定稿进行复核，从审批手续、内容等方面进行审核校正。而对文字的校对工作，则采用看校的方法校对了三次。陈助理接着联系办公室负责档案工作的林秘书，申请了这份通知的发文字号。还在发文稿纸上登记好分送范围、印刷份数等要素。陈助理最后进行通知的红头文件格式的设计、排版。

（5）陈助理把排好版的定稿和发文稿纸一起拿到文印室，交给办事员黎悦打印。黎悦查验之后留下定稿，开始打印工作。陈助理在约定的时间去文印室取回了打印好的通知。

（6）陈助理向李总经理申请用印。获得批准后，把申请单、发文稿纸和打印好的文件一起拿到管理印章的林秘书处。林秘书查看了申请单和发文稿纸后，为打印好的文件逐一盖了章，并让陈助理在用印登记表上签了名。

（7）陈助理把盖好章的通知拿回办公室，在发文登记簿上填写好相关内容，打印好用来寄通知的信封封面，把文件用信封套好，封上口，联系了邮政公司，寄出了文件。最后陈助理向沈主任汇报了此项工作的完成情况。

（二）简析

上例体现了发文处理的规范流程：一是包括了发文处理的基本环节：起草、审核、签发、复核、登记、印制、核发；二是明确了每个程序操作的具体流程和工作要求；三是程序顺畅，操作规范，工作严谨。

三、知识储备

（一）发文处理的概念

发文处理是为制发公文所做一系列工作的总称。发文处理的过程影响着发出公文的质量，秘书必须在主管领导的指导和督促下，认真仔细、严谨负责、准确无误地完成发文处理工作。

（二）发文处理的程序

发文处理主要包含两大环节：公文拟制和发文办理。公文拟制包括公文的起草、审核、签发等程序。发文办理包括公文的复核、登记、印制、核发等程序。

四、技能掌握

发文处理的主要程序是：起草→审核→签发→复核→登记→印制→核发。其中每个程序都有具体的操作要求、工作流程和注意事项。

（一）起草

1. 含义

起草即撰写公文草稿。起草是整个发文工作的第一步，必须认真对待。

2. 要求

（1）符合国家法律法规和党的路线方针政策，完整准确体现发文单位意图，并同现行有关公文相衔接。

（2）一切从实际出发，分析问题实事求是，所提政策措施和办法切实可行。

（3）内容简洁，主题突出，观点鲜明，结构严谨，表述准确，文字精练。

（4）文种正确，格式规范。

（5）深入调查研究，充分进行论证，广泛听取意见。

（6）公文涉及其他地区或者部门职权范围内的事项，起草单位必须征求相关地区或者部门意见，力求达成一致。

（7）机关负责人应当主持、指导重要公文起草的工作。

3. 工作流程

领会领导意图、意志→确定撰文缘由→确定撰文事项→确定文字表达→确定文章结构、文面格式。

4. 注意事项

（1）把领导意图和组织利益结合起来。

（2）撰文过程中勿掺杂个人观点。

（3）正确选定文种，选择合适的结构和写法。

（4）文字表达尽量使用应用文专门用语。

（二）审核

1. 含义

审核也称核稿，是指在公文文稿签发之前，发文单位办公厅（室）对文件草稿从内容到形式所做的全面检查、修正、审定工作。

2. 要求

（1）审核中发现问题应逐一提出并进行修正。

（2）问题若较小，可以在文稿上进行直接修改；问题较大的，可附上具体修改意见，退回拟稿人，或与承办部门共同协商。

（3）书写不工整或改动过多的文书，应重新誊录。

（4）审核需反复进行，直至没有问题。

3. 工作流程

审核行文理由和依据→审核文书内容→检查文字表达→检查文件格式→审核处理程序。

4. 注意事项

（1）审核中发现问题必须及时解决。

（2）经审核不宜发文的公文文稿，应当退回起草单位并说明理由；符合发文条件但内容需作进一步研究和修改的，由起草单位修改后重新报送。

（3）需要发文机关审议的重要公文文稿，审议前由发文机关办公厅（室）进行初核。

（4）要检查文字表述是否通顺、简练、准确，是否合乎语法逻辑；文字有无错漏，标点符号是否正确；人名、地名、时间、数字、段落顺序、引文等是否准确；文字、数字、计量单位和标点符号等用法是否规范。

（5）要注意检查涉及有关地区或者部门职权范围内的事项是否经过充分协商并达成一致意见。

（三）签发

1．含义

签发是指单位负责人对已审核的文稿予以最后的审定后，在发文稿纸上签署印发意见，并签注姓名、日期的工作。经单位负责人签发的文稿为定稿。公文都应当经本机关负责人审批签发。

2．签发要求

签发不能越权。各单位应根据各负责人的职权范围规定其签发权限，即：

（1）重要公文和上行文由单位主要负责人签发。

（2）党委、政府的办公厅（室）根据党委、政府授权制发的公文，由授权机关主要负责人签发或者按照有关规定签发。

（3）联合发文由所有联署单位的负责人会签。原则上主办单位由哪一级领导签发，其他单位也应对等由同一级领导会签。

3．工作流程

秘书填写发文稿纸→领导审定并签发。

在把文书交给领导签发前，秘书要先在发文稿纸填写相关信息（见表9－8所示）。

表9－8　×××××公司发文稿纸

<table>
<tr><td>呈送领导</td><td colspan="2"></td><td>领导签发意见</td><td colspan="2"></td></tr>
<tr><td>文件标题</td><td colspan="5"></td></tr>
<tr><td>主送机关</td><td colspan="5"></td></tr>
<tr><td>抄送机关</td><td colspan="5"></td></tr>
<tr><td>附件</td><td colspan="5"></td></tr>
<tr><td rowspan="2">主办单位</td><td rowspan="2"></td><td>拟稿</td><td></td><td>审核</td><td></td></tr>
<tr><td>校对</td><td></td><td>监印</td><td></td></tr>
<tr><td>印制</td><td></td><td>印制方式</td><td></td><td>打印份数</td><td></td></tr>
<tr><td>发文字号</td><td></td><td>紧急程度</td><td></td><td>密级</td><td></td></tr>
<tr><td>印刷日期</td><td colspan="2">年　月　日</td><td>发出日期</td><td colspan="2">年　月　日</td></tr>
<tr><td>归档情况</td><td colspan="2">年　月　日</td><td>份数</td><td colspan="2"></td></tr>
<tr><td>备注</td><td colspan="3"></td><td colspan="2"></td></tr>
</table>

4. 注意事项

（1）遵守“先核后签”原则。签发后的定稿未经原签发人同意，一般不能再作实质性改动，只能进行文字上的简单修正。

（2）领导的签发意见包括批语（如“同意发出”“急发”等）和姓名、完整日期；圈阅或者签名的，视为同意。

（3）联合发文则送所有联署机关的负责人进行会签。

（四）复核

1. 含义

复核是指已经发文机关负责人签批的公文，印发前对公文的审批手续、内容、文种、格式等进行的再次审核工作。复核贯穿在签发后和印制前的程序中，往往需要对定稿进行多次审核校对。

2. 要求

（1）把握原则，认真仔细，一丝不苟。对容易忽略或容易出现错误的地方，如数据、计量单位、专业术语等，应注意反复仔细复核校对。

（2）复核定稿时，要正确使用校对符号。

（3）复核时做的校对工作，一般要进行三个校次。

（4）复核后发现需作实质性修改的，应当报原签批人复审。

3. 工作流程

准备好定稿、校样→选定校对方法→复核校正。

4. 注意事项

（1）注意对同音异体、字形相近的字，以及数字、人名、地名的核查。

（2）校出的错漏，要用规定的符号标明。

（3）校对方法有四种，秘书应根据文书的篇幅、清晰程度、时间缓急、人员情况及个人习惯等选择不同的校对方法。

①看校：只看校样不看原稿的校对。

②对校：用校样对照原稿进行校对。

③读校：两个人一起校对，一人读，一人看。

④折校：把校样放在桌上，把原稿折起来，使靠边一行的文字与校样上的文字靠近，逐字、逐句、逐个标点符号对照。

（4）复核内容包括以下方面：

①审批手续。重点检查发文稿纸的各项信息是否完备。

②文种和内容。重点检查文稿的具体内容是否正确、简明，逻辑性是否强。

③格式。主要是检查版面设计是否合理、正确。

（五）登记

1. 含义

登记是指对复核后的公文确定发文字号、分送范围和印制份数并详细记载的工作。

2. 要求

（1）按发文稿纸所列内容逐项登记。

（2）字迹清楚、工整、规范。

（3）不可随意涂抹。

3．工作流程

申请发文字号→明确发送范围→确定印发份数、印制单位和印发日期。

4．注意事项

（1）注意履行相关手续。

（2）注意复核与登记工作的衔接。

（六）印制

1．含义

印制是指对文件进行誊抄缮写、油印、电脑打印、铅字排印或复印机复印后，加盖印章，完成文书制作的工作。

2．要求

（1）字迹工整清晰，页面美观大方。

（2）选择合适的印制和装订方式，印制确保质量和时效，装订齐整牢固。

（3）建立文书印制登记制度，登记印制时间、文书名称、纸张类型、数量、送印部门、送印人、印制人等。

（4）盖章端正、清晰，不偏不倚，浓淡得宜。

（5）建立用印登记制度，登记申请人、申请部门、用印事由（文书名称）、审批人、份数等。

3．工作流程

确定印制方式→完成印制→交付文书→申请盖章。

4．注意事项

（1）印制过程注意保密。涉密公文应当在符合保密要求的场所印制。

（2）严格履行用印登记手续。

（3）盖章要避免倒歪、偏斜、模糊等现象。

（七）核发

1．含义

核发是指文书制作完毕，对公文的文字、格式和印刷质量进行检查后分发的工作。

2．要求

（1）认真仔细检查公文的文字、格式和印刷质量。

（2）书写封面要清楚、明白、准确。

（3）文书折叠要整齐，封口要牢固。

（4）发送要及时、安全，确保机密。

3．工作流程

检查→登记→书写封面→装封→发出。

4．注意事项

（1）对密件、急件、亲启件要在文件袋上分别进行标注。密件、急件要在封面盖上相应戳记。密件除了贴上密封条，还要在骑缝加盖密封章。

（2）文书如需折叠，要参照封袋折叠成合适的大小，版头呈现在最上面。

（3）利用计算机或传真机传输涉密文书须采用加密装置。

（4）完整登记发文信息，归卷情况事后补充。发文信息填写在发文登记簿（见表9－9）上，包括发出日期、发文字号、文件标题、成文时间、主送机关、抄送机关等。

表9－9　×××××公司发文登记簿

序号	发出日期	发文字号	文件标题	成文时间	密级	缓急	附件	份数	主送机关	抄送机关	归卷情况	备注

五、病例析改

（一）病文

××建筑股份有限公司准备在今年6月底组织一次全公司工程项目综合大检查，许翔总经理要求项目部尽快发出通知。田部长安排新来的助理小文负责该工作。小文写出通知初稿后，给田部长过目，并找总经办主任陈维审核。陈主任提出了修改意见，让小文继续修改。小文修改完后，去找许总签发。但许总工作繁忙，小文去了两次都没有找到许总。小文觉得这份文件内容简单，而且田部长已经过目，陈主任也已经审核了一遍，不会有什么问题了。就申请了发文字号，大略算了一下需要的份数，填写了发文稿纸，并排好版，将有关资料交给文印室小李打印。小李收到文稿后，发现手续不齐全，就要求小文去补齐手续。小文嫌麻烦，干脆自己打印了20份，找行政部齐秘书盖章。齐秘书发现该文件的发文稿纸内容填写不齐全，20份文件并不足够，且最重要的是没有领导签发的意见，因此要求小文补齐手续，否则就不能给该文件盖印。小文只好去找许总。许总一看文件，发现了好几个错别字，版式也不规范，就问小文通过陈主任的审核没有。小文这才知道问题的严重。只好重新去走修改、审核、签发、校对和排版等一系列工作。

（二）修改意见

（1）审核环节工作不到位。

（2）签发环节被忽视。经签发的文书才具有合法性。

（3）复核环节没有认真执行。

（4）登记、印制环节随意。

六、知识链接

盖章包括用印与签署两种情况，二者均为公文法定的生效标识。用印即在公文正本上加盖发文机关单位公章以显示公文法定效力的活动。签署即由签发公文的正职领导人在正本落款处签署其职务、姓名以显示公文法定效力的活动。

（一）用印工作要求

（1）印章应与署名机关相符。有特定发文机关标志的普发性公文和电报可以不加盖印章。

（2）用印前后应履行一定手续。用印前履行申请用印手续，用印后需做登记手续。

（3）印章及供拼装在印版上使用的印模须保管在文书管理部门专人手中，使用时由其监印，用毕退回。以照相、静电复印等制版方式制成的印模，用毕应尽快退回文书管理部门或就地销毁。

（4）印章应盖在发文机关署名和成文日期上，上不压正文，骑年盖月。

（二）签署工作要求

（1）需签署的情况：签署适用于命令等以领导人名义发出的公文。按规定，以行政机关负责人名义发布的命令（令）不用加盖单位印章，而要由行政机关负责人签署。除各级行政机关发布的命令（令）需要发文机关的首长签署外，各级国家行政机关向同级国家权力机关提出的议案，也应由机关首长签署。

（2）签署权限：签署权由正职负责人专有。

（3）签署位置：在正文下一行右空 4 字标识领导人签名章；签名章左空 2 字标识领导人职务，联合发布的命令（令）领导人职务应标识全称；在领导人签名章下一行右空 2 字标识成文日期。

实训演练

1. 根据收文办理的程序和要求，修改原定收文办理操作方案。

2. 根据发文处理的程序和要求，修改原定发文处理操作方案。

3. 你是办公室专门负责文书办理工作的陈秘书，请为新来的文员小张分析下列事例是否符合文书处理程序或处理规则，并说明原因。错误的事例请告知改正方法。

（1）K 公司办公室秘书王××，收到标有“保密”字样的文件，不拆封，直接交给收信人处理。

（2）K 公司办公室秘书王××收到一份上级机关来件，封套上未标注任何保密级别，按照其权限拆封后却发现文件带有“密级”，就马上上报办公室主任邹××，并和发文单位联系告知了此情况。

（3）L 集团公司办公室秘书韩××收到重要文件时，就请办公室主任蒋××一起在场，共同拆封文件。

（4）L 集团公司办公室秘书韩××收到下属分公司的文件，初审时发现正件没问题，但是附件搞错了，就上报给办公室主任蒋××，并立即与来文单位沟通，要求重新发送文件。

（5）M 公司办公室秘书李××，每次收到文书，都把文书分成秘密或非秘密、急件或平件、办件或阅件等，并分门别类存放这些文件。

（6）M 公司办公室秘书李××，为了不出差错，她特别注意文书应送的业务部门，文书一律在办公室压 3 天。

（7）N 公司总经办拟办秘书崔 × ×，经常在拟办栏上写道："请 × × × 经理处理。"

（8）X 公司客服部干事陶 × ×，在完成总经理交办的事项后，在文件处理单上填上"办毕"二字，然后将原文和文件处理单一起锁进保险柜。

（9）X 公司办公室秘书丁 × ×，对紧急的文书都很注意催办，但不注意那些办理时限比较长的文书。

（10）Y 公司办公室秘书董 × ×，每次将应传阅的文件排好次序，写上各位领导的名字，请他们自行传阅。

（11）A、B、C 分公司准备联合向集团公司发文，但就处理某一问题发生争议，A 分公司是主办部门，为提高办事效率，以免耽误公事，经 A 分公司总经理同意，A 分公司总经办秘书周 × × 以 A、B、C 三分公司名义制发了文件。

（12）A 公司财务部负责制发公文，财务部秘书赵 × × 将文件交给总经理签发后再交办公室审核修正。

（13）D 公司总经办秘书陈 × ×，因为总经理出差半个月，期间遇到了急需处理的文稿，在联络总经理后，按照其指示由副职代签。

（14）D 公司行政部秘书秦 × ×，在复核定稿时，发现定稿中有个人名存在同音不同字的错误，马上进行了修改。

（15）G 公司人事行政部秘书齐 × ×，把总经理签发后的文件定稿拿回后，由于时间紧，就只把定稿校对了一次就去印制了。

（16）G 公司办公室秘书金 × ×，按照上司意见拟写初稿后，由于上司出差两天，觉得会浪费时间，就自行拿到文印室打印好。

（17）H 公司业务部秘书孙 × ×，取回文件后发现文件内容印刷得稍有偏斜，但是考虑重印文书太浪费了，也就没有去重新印刷。

（18）H 公司客服部秘书马 × × 找办公室秘书高 × × 盖章，高秘书检查了文件后答复不能盖章，因为该文件没有向领导申请用印。

（19）J 公司市场部发文，市场部助理郑 × × 去找总经办秘书江 × × 盖章时，由于江秘书忙着准备会议，就让郑助理盖章，自己继续去会议室忙其他工作。

（20）J 总公司办公室秘书吴 × × 因为要向各分公司、分厂、办事处、总公司直属各部门发文，文件比较多，就请行政部的几位秘书帮忙装封袋，但最后多出了一份附件。

4. 你是办公室资深文秘章文丽，请为新来的秘书小汪评析下列语句不合乎公文用语之处，并指导其修改。

（1）此请示请速研究，尽快函告是否同意。

（2）为严肃校纪，经校长办公会议研究决定，给予严重警告，并通报全校。

（3）王 × × 做梁上君子之时，被保安员发现，当场逮住。

（4）× × 物业公司不给办理相关手续，以至影响此次活动无法开展。

（5）现在，广大农民生产热情空前高涨，迅速改变了农村的面貌，出现了一片欣欣向荣的景象。

（6）为了避免今后不再发生类似的差错，凡需在营业时间内离开岗位的人员，都一定必须经柜长批准。

（7）本公司曾将清理露天堆放的易燃物当成防止火灾事故不再发生的一大隐患。

（8）出席会议的代表，一定要选派熟悉情况能够解决问题，又能代表本单位签订意向书的业务骨干参加。

（9）据初步估计，本分公司年底基本上差不多能完成本年度的任务。

（10）要刹住赌博的歪风坏习，必须采取强有力的整治措施不可。

5. 你是办公室主任刘文涛，请为新来的秘书小叶分析下述公文的错误，并修改成规范的文书。

（1）病文一。

工商银行××支行关于拨给扩建、装修度假村贷款指标的请示

市分行：

××集团公司下属××度假村需要扩建和装修，申请贷款380万元。根据银行等有关部门调查，近年来，随着人们生活水平的提高，追求自然而休闲的度假方式已经成为都市人的时尚，因此全国休闲旅游业发展迅速，很多地区开始兴起了新建、扩建度假村的热潮。××度假村顺应潮流寻求发展，已经开发了多个休闲旅游项目，吸引了大批游客。但是，由于该度假村是在20世纪90年代初建成的，虽然近年来修修补补，但是在配套设施建设方面仍存在很大问题，限制了度假村事业的发展。为此，该度假村决定停业整修，在原有基础设施基础上扩建一系列配套设施，并装修原有客房。因此向我支行申请贷款380万元。但我支行今年的贷款指标即将用完。为此，我们希望市分行增拨380万元贷款指标，给予解决。

特此请示，请批准。

工商银行××支行
2016年11月25日

（2）病文二。

××公司致××公司的函

××公司办公室：

从报上得知，贵公司办得很有起色，成绩显著，而我公司却刚刚起步，困难重重。为了能够尽快吸收先进企业的经验，特冒昧去函，请求允许我们于本月25日至28日派一些主管业务的领导和员工到你们公司学习、取经。为了让我们公司的业务能够尽快发展起来，为了双方建立良好的合作关系，恳请贵公司接受我们的参观请求。不知贵公司是否有什么困难。如果需要我公司给贵公司办什么事情，请尽管提出，我公司会竭力去办。如贵公司能接待我公司人员，我们以我公司领导的名义向贵公司领导深深地表示谢意。我公司永远会记住贵公司的大恩大德。

致以崇高的敬礼！

××公司办公室
2017年4月1日

自我测试

一、单选

1. 签收文书时，应该在________上签字或盖章。

A. 送文簿 B. 发文登记簿 C. 发文稿纸 D. 收文登记簿

2. 以下________不用登记在收文登记簿上。

A. 来文机关 B. 来文标题 C. 来文字号 D. 来文内容

3. 收文初审时，对不符合要求的公文应________。

A. 归档 B. 暂存 C. 退文 D. 销毁

4. 对来文提出初步处理意见的工作是________。
A. 拟办　B. 批办　C. 承办　D. 注办
5. 拟办意见要填写于________。
A. 空白纸张　B. 文件空白处　C. 文件传阅单　D. 文件处理单
6. 承办是按照文件要求或领导批示，结合实际情况，________的工作。
A. 提出办理意见　B. 分析文件内容　C. 研究文件精神　D. 具体处理文件
7. 秘书将文书在多人之间传递的工作称为________。
A. 传递　B. 传阅　C. 发送　D. 分送
8. 传阅要由________负责进行。
A. 文书人员　B. 承办人员　C. 业务人员　D. 发文人员
9. 秘书起草文书时，应该把________结合起来。
A. 秘书意图和领导意志　B. 领导意图和组织利益
C. 法律法规和实际情况　D. 文章结构和文面格式
10. 文稿签发前的最后一个处理环节是________。
A. 打印　B. 用印　C. 审核　D. 登记
11. 公文草稿在签发之前进行的全面检查与修正的活动称为________。
A. 会商　B. 催办　C. 审核　D. 签署
12. 经过审核认为可行可不行的文，________。
A. 视情况而定　B. 修改后行文　C. 一律不行文　D. 与起草人商洽
13. 负责人对已审核的文稿予以审定、签字准予印发，这一程序叫作________。
A. 草拟　B. 审核　C. 复核　D. 签发
14. 文稿审核是文稿________前的最后一道文字工序。
A. 签发　B. 复核　C. 缮印　D. 分发
15. 签发时，单位负责人应该在________上签名及签署意见。
A. 文件正本　B. 发文稿纸　C. 发文登记簿　D. 文件处理单
16. 在公文正式印制前，文秘部门必须进行________。
A. 拟办　B. 签发　C. 复核　D. 批办
17. 对文件进行誊抄缮写、油印、电脑打印、铅字排印或复印机复印后，加盖印章，完成文书制作的工作是________。
A. 审核　B. 签发　C. 印制　D. 核发
18. 盖印章时，应做到________。
A. 上压正文，下不压成文日期　B. 既压正文，又压成文日期
C. 上不压正文，下压成文日期　D. 上不压正文，下不压成文日期
19. 签署是机关领导人在________签名或盖签名章。
A. 发文稿纸上　B. 文件处理单上
C. 文件正本落款处　D. 文件正本签发人处
20. 对制作好的文书检查分发的工作是________。
A. 审核　B. 签发　C. 印制　D. 核发

二、多选

1. 在文书签收过程中，正确的做法是________。
   A. 拒收没写具体收件人的文书　　B. 拒收非标准信封传递的文书
   C. 拒收破封散包文书　　D. 拒收密封损毁文书
2. 登记形式包括________。
   A. 簿式　　B. 卡片式　　C. 联单式　　D. 自动式
3. 收文初审时应该检查________等方面。
   A. 来文是否应当由本单位办理　　B. 来文是否符合行文规则
   C. 来文的文种是否符合要求　　D. 来文的格式是否规范
4. 文书承办工作的内容包括________。
   A. 督促检查　　B. 决策部署　　C. 撰文答复　　D. 办理具体事宜
5. 传阅文书的方法主要有________。
   A. 复印文书　　B. 会议传达　　C. 自行传阅　　D. 建立阅文室
6. 文书传阅过程中，传阅文件退回后，秘书应该检查________。
   A. 有无漏传应阅人　　B. 有无批示意见
   C. 有无短缺文件　　D. 有无阅文时间过长
7. 催办的方法有________等。
   A. 电话催办　　B. 会议催办　　C. 发函催办　　D. 登门催办
8. 已经承办完的文书应________。
   A. 销毁　　B. 及时清理
   C. 保存于档案室　　D. 与待办文书分开保存
9. 以下选项中，属于发文处理程序的是________。
   A. 签发　　B. 核发　　C. 用印　　D. 签收
10. 下列________是秘书的工作内容。
    A. 登记　　B. 拟办　　C. 批办　　D. 核发
11. 秘书起草文书时，要注意以下________等要求。
    A. 符合国家法律法规和党的路线方针政策
    B. 一切从实际出发，分析问题实事求是，所提政策措施和办法切实可行
    C. 深入调查研究，充分进行论证，广泛听取意见
    D. 文种正确，格式规范
12. 发文处理程序中的审核是指对草拟的文稿进行________。
    A. 校对　　B. 检查　　C. 修正　　D. 审定
13. 文书审核时，需要审核________等方面。
    A. 文书内容　　B. 文字表达　　C. 文件格式　　D. 处理程序
14. 文稿审核中发现的________可以直接修改。
    A. 错字　　B. 漏字　　C. 不对的符号　　D. 不对的标点
15. 以下对签发的表述，正确的是________。
    A. 签发是对已审核的文稿的进一步审定　　B. 经单位负责人签发的文稿才能生效
    C. 负责人应该在发文稿纸上签发文书　　D. 联合行文应该由各单位负责人会签
16. 公文文稿在用印前，秘书人员还要对________进行复核。
    A. 文稿内容　　B. 文稿格式　　C. 审核情况　　D. 审批手续

17. 校对的方式包括________。

A. 读校　　B. 看校　　C. 对校　　D. 折校

18. 公文法定的生效标志是________。

A. 审核　　B. 用印　　C. 签发　　D. 签署

19. 用印的要求包括________。

A. 端正　　B. 清晰　　C. 浓淡得宜　　D. 骑年盖月

20. 核发文书时，要检查________等方面。

A. 发送部门及收文者　　B. 文件及附件

C. 邮政编码、地址　　D. 急件、密件的标志

三、判断

1. 签收文件时，要拒收无发文单位的文件。
2. 重要文件应该有二人同时在场拆封。
3. 为了保证密件、急件的安全和及时运转，可以为急件、密件专门建立登记簿。
4. 经初审不符合规定的公文，应当及时退回来问单位并说明理由。
5. 初审时，要根据文书的内容和性质对收到的文书进行分类。
6. 文书承办完毕，要及时向秘书部门清退文书。
7. 传阅文书时，顺序一般是管理层到一般人员。
8. 为了提高传阅的效率，秘书可以安排好传阅顺序，让应阅人自行传阅。
9. 收文办理过程中，非紧急文书不用催办。
10. 对领导特别交办的文书要重点催办。
11. 秘书起草的公文，代表的是领导个人的意志。
12. 秘书起草的所有文书都要经过审核处理的程序。
13. 审核工作一般由发文机关办公室负责。
14. 审核中如发现文稿问题较大，可附上具体修改意见，退回拟稿人修改。
15. 公文应当经本机关负责人审批签发，否则公文文稿无效。
16. 复核是公文在印制之前的最后审定工作，具有终审价值，权限最高。
17. 校对文书至少要进行五个校次。
18. 文书在印制之前，还需要申请发文字号。
19. 盖印时，应该做到上不压正文，下不压成文日期。
20. 发送文书时，应注意安全，涉密文书只要做好加密工作，也能用计算机发送。

附　录

附录一　党政机关公文处理工作条例

第一章　总则

第一条　为了适应中国共产党机关和国家行政机关（以下简称党政机关）工作需要，推进党政机关公文处理工作科学化、制度化、规范化，制定本条例。

第二条　本条例适用于各级党政机关公文处理工作。

第三条　党政机关公文是党政机关实施领导、履行职能、处理公务的具有特定效力和规范体式的文书，是传达贯彻党和国家方针政策，公布法规和规章，指导、布置和商洽工作，请示和答复问题，报告、通报和交流情况等的重要工具。

第四条　公文处理工作是指公文拟制、办理、管理等一系列相互关联、衔接有序的工作。

第五条　公文处理工作应当坚持实事求是、准确规范、精简高效、安全保密的原则。

第六条　各级党政机关应当高度重视公文处理工作，加强组织领导，强化队伍建设，设立文秘部门或者由专人负责公文处理工作。

第七条　各级党政机关办公厅（室）主管本机关的公文处理工作，并对下级机关的公文处理工作进行业务指导和督促检查。

第二章　公文种类

第八条　公文种类主要有：

（一）决议。适用于会议讨论通过的重大决策事项。

（二）决定。适用于对重要事项作出决策和部署、奖惩有关单位和人员、变更或者撤销下级机关不适当的决定事项。

（三）命令（令）。适用于公布行政法规和规章、宣布施行重大强制性措施、批准授予和晋升衔级、嘉奖有关单位和人员。

（四）公报。适用于公布重要决定或者重大事项。

（五）公告。适用于向国内外宣布重要事项或者法定事项。

（六）通告。适用于在一定范围内公布应当遵守或者周知的事项。

（七）意见。适用于对重要问题提出见解和处理办法。

（八）通知。适用于发布、传达要求下级机关执行和有关单位周知或者执行的事项，批转、转发公文。

（九）通报。适用于表彰先进、批评错误、传达重要精神和告知重要情况。

（十）报告。适用于向上级机关汇报工作、反映情况，回复上级机关的询问。

（十一）请示。适用于向上级机关请求指示、批准。

（十二）批复。适用于答复下级机关请示事项。

（十三）议案。适用于各级人民政府按照法律程序向同级人民代表大会或者人民代表大会常务委员会提请审议事项。

（十四）函。适用于不相隶属机关之间商洽工作、询问和答复问题、请求批准和答复审批事项。

（十五）纪要。适用于记载会议主要情况和议定事项。

第三章　公文格式

第九条　公文一般由份号、密级和保密期限、紧急程度、发文机关标志、发文字号、签发人、标题、主送机关、正文、附件说明、发文机关署名、成文日期、印章、附注、附件、抄送机关、印发机关和印发日期、页码等组成。

（一）份号。公文印制份数的顺序号。涉密公文应当标注份号。

（二）密级和保密期限。公文的秘密等级和保密的期限。涉密公文应当根据涉密程度分别标注“绝密”“机密”“秘密”和保密期限。

（三）紧急程度。公文送达和办理的时限要求。根据紧急程度，紧急公文应当分别标注“特急”“加急”，电报应当分别标注“特提”“特急”“加急”“平急”。

（四）发文机关标志。由发文机关全称或者规范化简称加“文件”二字组成，也可以使用发文机关全称或者规范化简称。联合行文时，发文机关标志可以并用联合发文机关名称，也可以单独用主办机关名称。

（五）发文字号。由发文机关代字、年份、发文顺序号组成。联合行文时，使用主办机关的发文字号。

（六）签发人。上行文应当标注签发人姓名。

（七）标题。由发文机关名称、事由和文种组成。

（八）主送机关。公文的主要受理机关，应当使用机关全称、规范化简称或者同类型机关统称。

（九）正文。公文的主体，用来表述公文的内容。

（十）附件说明。公文附件的顺序号和名称。

（十一）发文机关署名。署发文机关全称或者规范化简称。

（十二）成文日期。署会议通过或者发文机关负责人签发的日期。联合行文时，署最后签发机关负责人签发的日期。

（十三）印章。公文中有发文机关署名的，应当加盖发文机关印章，并与署名机关相符。有特定发文机关标志的普发性公文和电报可以不加盖印章。

（十四）附注。公文印发传达范围等需要说明的事项。

（十五）附件。公文正文的说明、补充或者参考资料。

（十六）抄送机关。除主送机关外需要执行或者知晓公文内容的其他机关，应当使用机关全称、规范化简称或者同类型机关统称。

（十七）印发机关和印发日期。公文的送印机关和送印日期。

第十条　公文的版式按照《党政机关公文格式》国家标准执行。

第十一条　公文使用的汉字、数字、外文字符、计量单位和标点符号等，按照有关国家标准和规定执行。民族自治地方的公文，可以并用汉字和当地通用的少数民族文字。

第十二条　公文用纸幅面采用国际标准 A4 型。特殊形式的公文用纸幅面，根据实际需要确定。

第四章　行文规则

第十三条　行文应当确有必要，讲求实效，注重针对性和可操作性。

第十四条　行文关系根据隶属关系和职权范围确定。一般不得越级行文，特殊情况需要越级行文的，应当同时抄送被越过的机关。

第十五条　向上级机关行文，应当遵循以下规则：

（一）原则上主送一个上级机关，根据需要同时抄送相关上级机关和同级机关，不抄送下级机关。

（二）党委、政府的部门向上级主管部门请示、报告重大事项，应当经本级党委、政府同意或者授权；属于部门职权范围内的事项应当直接报送上级主管部门。

（三）下级机关的请示事项，如需以本机关名义向上级机关请示，应当提出倾向性意见后上报，不得原文转报上级机关。

（四）请示应当一文一事。不得在报告等非请示性公文中夹带请示事项。

（五）除上级机关负责人直接交办事项外，不得以本机关名义向上级机关负责人报送公文，不得以本机关负责人名义向上级机关报送公文。

（六）受双重领导的机关向一个上级机关行文，必要时抄送另一个上级机关。

第十六条　向下级机关行文，应当遵循以下规则：

（一）主送受理机关，根据需要抄送相关机关。重要行文应当同时抄送发文机关的直接上级机关。

（二）党委、政府的办公厅（室）根据本级党委、政府授权，可以向下级党委、政府行文，其他部门和单位不得向下级党委、政府发布指令性公文或者在公文中向下级党委、政府提出指令性要求。需经政府审批的具体事项，经政府同意后可以由政府职能部门行文，文中须注明已经政府同意。

（三）党委、政府的部门在各自职权范围内可以向下级党委、政府的相关部门行文。

（四）涉及多个部门职权范围内的事务，部门之间未协商一致的，不得向下行文；擅自行文的，上级机关应当责令其纠正或者撤销。

（五）上级机关向受双重领导的下级机关行文，必要时抄送该下级机关的另一个上级机关。

第十七条　同级党政机关、党政机关与其他同级机关必要时可以联合行文。属于党委、政府各自职权范围内的工作，不得联合行文。党委、政府的部门依据职权可以相互行文。部门内设机构除办公厅（室）外不得对外正式行文。

第五章　公文拟制

第十八条　公文拟制包括公文的起草、审核、签发等程序。

第十九条　公文起草应当做到：

（一）符合国家法律法规和党的路线方针政策，完整准确体现发文机关意图，并同现行有关公文相衔接。

（二）一切从实际出发，分析问题实事求是，所提政策措施和办法切实可行。

（三）内容简洁，主题突出，观点鲜明，结构严谨，表述准确，文字精炼。

（四）文种正确，格式规范。

（五）深入调查研究，充分进行论证，广泛听取意见。

（六）公文涉及其他地区或者部门职权范围内的事项，起草单位必须征求相关地区或者部门意见，力求达成一致。

（七）机关负责人应当主持、指导重要公文起草工作。

第二十条　公文文稿签发前，应当由发文机关办公厅（室）进行审核。审核的重点是：

（一）行文理由是否充分，行文依据是否准确。

（二）内容是否符合国家法律法规和党的路线方针政策；是否完整准确体现发文机关意图；是否同现行有关公文相衔接；所提政策措施和办法是否切实可行。

（三）涉及有关地区或者部门职权范围内的事项是否经过充分协商并达成一致意见。

（四）文种是否正确，格式是否规范；人名、地名、时间、数字、段落顺序、引文等是否准确；文字、数字、计量单位和标点符号等用法是否规范。

（五）其他内容是否符合公文起草的有关要求。

需要发文机关审议的重要公文文稿，审议前由发文机关办公厅（室）进行初核。

第二十一条　经审核不宜发文的公文文稿，应当退回起草单位并说明理由；符合发文条件但内容需作进一步研究和修改的，由起草单位修改后重新报送。

第二十二条　公文应当经本机关负责人审批签发。重要公文和上行文由机关主要负责人签发。党委、政府的办公厅（室）根据党委、政府授权制发的公文，由授权机关主要负责人签发或者按照有关规定签发。签发人签发公文，应当签署意见、姓名和完整日期；圈阅或者签名的，视为同意。联合发文由所有联署机关的负责人会签。

第六章　公文办理

第二十三条　公文办理包括收文办理、发文办理和整理归档。

第二十四条　收文办理主要程序是：

（一）签收。对收到的公文应当逐件清点，核对无误后签字或者盖章，并注明签收时间。

（二）登记。对公文的主要信息和办理情况应当详细记载。

（三）初审。对收到的公文应当进行初审。初审的重点是：是否应当由本机关办理，是否符合行文规则，文种、格式是否符合要求，涉及其他地区或者部门职权范围内的事项是否已经协商、会签，是否符合公文起草的其他要求。经初审不符合规定的公文，应当及时退回来文单位并说明理由。

（四）承办。阅知性公文应当根据公文内容、要求和工作需要确定范围后分送。批办性公文应当提出拟办意见报本机关负责人批示或者转有关部门办理；需要两个以上部门办理的，应当明确主办部门。紧急公文应当明确办理时限。承办部门对交办的公文应当及时办理，有明确办理时限要求的应当在规定时限内办理完毕。

（五）传阅。根据领导批示和工作需要将公文及时送传阅对象阅知或者批示。办理公文传阅应当随时掌握公文去向，不得漏传、误传、延误。

（六）催办。及时了解掌握公文的办理进展情况，督促承办部门按期办结。紧急公文或者重要公文应当由专人负责催办。

（七）答复。公文的办理结果应当及时答复来文单位，并根据需要告知相关单位。

第二十五条　发文办理主要程序是：

（一）复核。已经发文机关负责人签批的公文，印发前应当对公文的审批手续、内容、文种、格式等进行复核；需作实质性修改的，应当报原签批人复审。

（二）登记。对复核后的公文，应当确定发文字号、分送范围和印制份数并详细记载。

（三）印制。公文印制必须确保质量和时效。涉密公文应当在符合保密要求的场所印制。

（四）核发。公文印制完毕，应当对公文的文字、格式和印刷质量进行检查后分发。

第二十六条　涉密公文应当通过机要交通、邮政机要通信、城市机要文件交换站或者收发件机关机要收发人员进行传递，通过密码电报或者符合国家保密规定的计算机信息系统进行传输。

第二十七条　需要归档的公文及有关材料，应当根据有关档案法律法规以及机关档案管理规定，及时收集齐全、整理归档。两个以上机关联合办理的公文，原件由主办机关归档，相关机关保存复制件。机关负责人兼任其他机关职务的，在履行所兼职务过程中形成的公文，由其兼职机关归档。

第七章　公文管理

第二十八条　各级党政机关应当建立健全本机关的公文管理制度，确保管理严格规范，充分发挥公文效用。

第二十九条　党政机关公文由文秘部门或者专人统一管理。设立党委（党组）的县级以上单位应当建立机要保密室和机要阅文室，并按照有关保密规定配备工作人员和必要的安全保密设施设备。

第三十条　公文确定密级前，应当按照拟定的密级先行采取保密措施。确定密级后，应当按照所定密级严格管理。绝密级公文应当由专人管理。公文的密级需要变更或者解除的，由原确定密级的机关或者其上级机关决定。

第三十一条　公文的印发传达范围应当按照发文机关的要求执行；需要变更的，应当经发文机关批准。涉密公文公开发布前应当履行解密程序。公开发布的时间、形式和渠道，由发文机关确定。经批准公开发布的公文，同发文机关正式印发的公文具有同等效力。

第三十二条　复制、汇编机密级、秘密级公文，应当符合有关规定并经本机关负责人批准。绝密级公文一般不得复制、汇编，确有工作需要的，应当经发文机关或者其上级机关批准。复制、汇编的公文视同原件管理。

复制件应当加盖复制机关戳记。翻印件应当注明翻印的机关名称、日期。汇编本的密级按照编入公文的最高密级标注。

第三十三条　公文的撤销和废止，由发文机关、上级机关或者权力机关根据职权范围和有关法律法规决定。公文被撤销的，视为自始无效；公文被废止的，视为自废止之日起失效。

第三十四条　涉密公文应当按照发文机关的要求和有关规定进行清退或者销毁。

第三十五条　不具备归档和保存价值的公文，经批准后可以销毁。销毁涉密公文必须严格按照有关规定履行审批登记手续，确保不丢失、不漏销。个人不得私自销毁、留存涉密公文。

第三十六条　机关合并时，全部公文应当随之合并管理；机关撤销时，需要归档的公文经整理后按照有关规定移交档案管理部门。

工作人员离岗离职时，所在机关应当督促其将暂存、借用的公文按照有关规定移交、清退。

第三十七条　新设立的机关应当向本级党委、政府的办公厅（室）提出发文立户申请。经审查符合条件的，列为发文单位，机关合并或者撤销时，相应进行调整。

第八章　附则

第三十八条　党政机关公文含电子公文。电子公文处理工作的具体办法另行制定。

第三十九条　法规、规章方面的公文，依照有关规定处理。外事方面的公文，依照外事主管部门的有关规定处理。

第四十条　其他机关和单位的公文处理工作，可以参照本条例执行。

第四十一条　本条例由中共中央办公厅、国务院办公厅负责解释。

第四十二条　本条例自 2012 年 7 月 1 日起施行。1996 年 5 月 3 日中共中央办公厅发布的《中国共产党机关公文处理条例》和 2000 年 8 月 24 日国务院发布的《国家行政机关公文处理办法》停止执行。

附录二　《党政机关公文处理工作条例》解读

为统一中国共产党机关和国家行政机关公文处理工作，2012 年 4 月 6 日，中办、国办联合印发了《党政机关公文处理工作条例》（以下简称《条例》），同时废止了 1996 年中办印发的《中国共产党机关公文处理条例》和 2000 年国务院印发的《国家行政机关公文处理办法》（以下简称《办法》）。新《条例》的发布施行，对推进党政机关公文处理工作科学化、制度化、规范化必将发挥重要作用。与《办法》对比，新《条例》主要有以下特点：

一、增加了公文种类

《办法》规定公文种类有 13 种，新《条例》规定公文文种为 15 种，即增加了“决议”和“公报”，同时将“会议纪要”改为“纪要”。原有 13 个文种的适用范围与《办法》的规定基本相同。

二、调整了公文格式要素

新《条例》规定，“公文一般由份号、密级和保密期限、紧急程度、发文机关标志、发文字号、签发人、标题、主送机关、正文、附件说明、发文机关署名、成文日期、印章、附注、附件、抄送机关、印发机关和印发日期、页码等组成”。

从格式要素看，新《条例》增加了“份号”“发文机关署名”“页码”，减少了“主题词”。考虑到《办法》虽未对“份号”“页码”作出规定，但实际工作中一直在使用，属于增加的要素只有“发文机关署名”。

格式要素的应用有以下变化：

一是规定涉密公文应当标注份号（《办法》只要求对绝密、机密公文标注份号）。

二是规定紧急公文应当分别标注“特急”“加急”（《办法》要求标注“特急”“急件”）。

三是规定联合行文时发文机关标志可以单独用主办机关名称。

四是明确规定公文标题应标发文机关名称（《办法》未作强制性要求）。

五是规定有特定发文机关标志的普发性公文可以不加盖印章。

三、行文规则方面增加了一些具体规定

新《条例》减少了“行文规则”一章的条目，但增加了一些具体规定，主要有：

（一）上行文“原则上主送一个上级机关”（《办法》只对请示作此规定）。

（二）“党委、政府的部门向上级主管部门请示、报告重大事项，应当经本级党委、政府同意或者授权。”

（三）“下级机关的请示事项，如需以本机关名义向上级机关请示，应当提出倾向性意见后上报，不得原文转报上级机关。”

（四）“不得以本机关负责人名义向上级机关报送公文。”

（五）党委、政府的办公厅（室）根据本级党委、政府授权，可以向下级党委、政府行文，其他部门和单位不得向下级党委、政府发布指令性公文或者在公文中向下级党委、政府提出指令性要求。需经政府审批的具体事项，经政府同意后可以由政府职能部门行文，文中须注明已经政府同意。

（六）“同级党政机关、党政机关与其他同级机关必要时可以联合行文。属于党委、政府各自职权范围内的工作，不得联合行文。”

四、重新定义了公文处理相关概念

《办法》规定，“公文处理是指公文的办理、管理、整理（立卷）、归档等一系列相互

关联、衔接有序的工作”。也就是说公文处理由公文办理、管理、整理（立卷）、归档等工作组成。

新《条例》规定，“公文处理工作是指公文拟制、办理、管理等一系列相互关联、衔接有序的工作”。其中，公文拟制包括起草、审核、签发3个环节（在《办法》中，这3个环节属于“发文办理”）。新《条例》同时将整理（立卷）、归档划归公文办理范畴。经此调整，公文处理工作由公文拟制、公文办理、公文管理组成。

五、公文拟制更加强调程序规范

新《条例》在“起草”环节强调，“一切从实际出发，分析问题实事求是，所提政策措施和办法切实可行”；“深入调查研究，充分进行论证，广泛听取意见”；“机关负责人应当主持、指导重要公文起草工作”。

在“审核”环节强调，“需要发文机关审议的重要公文文稿，审议前由发文机关办公厅（室）进行初核”。

在“签发”环节强调，“重要公文和上行文由机关主要负责人签发”（《办法》只对上行文作此规定）；“党委、政府的办公厅（室）根据党委、政府授权制发的公文，由授权机关主要负责人签发或者按照有关规定签发”。

六、或调整或增减了公文办理的环节

新《条例》在“收文办理”中，将“审核”改为“初审”，将“拟办”“批办”并入“承办”，增加了“传阅”“答复”2个环节。

“发文办理”的环节由8个减少为4个，其中“起草”“审核”“签发”3个环节划归“公文拟制”过程；“缮印”和“用印”并入“印制”；“分发”改为“核发”，其规定：“公文印制完毕，应当对公文的文字、格式和印刷质量进行检查后分发。”

七、公文管理更加注重安全保密

新《条例》在第七章“公文管理”中着重强调了有关保密规定，提出了设立保密室和阅文室的要求，对公文定密和解密、密级文件的复制和汇编、公文的销毁和移交、新设立单位的发文立户等作出具体规定。

附录三　党政机关公文用纸与尺寸示例

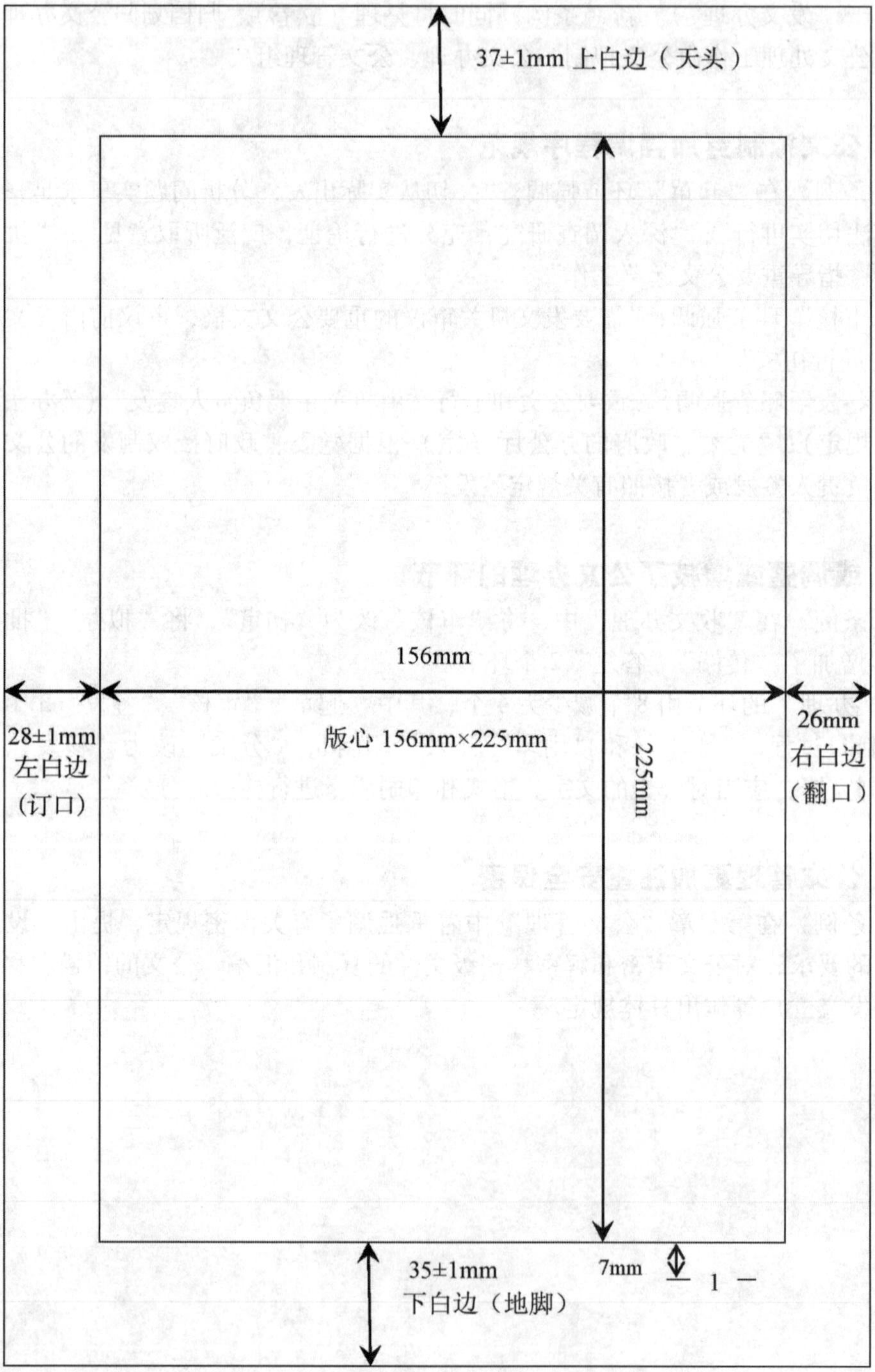

（A4尺寸：210mm×297mm）

附录四　党政机关公文格式示例

1．公文首页版式

000001

机密★×年

特急

××××××文件

［发文机关标志，红色，居中，上边缘至版心上边缘35㎜］

［上行文发文字号，居左空1字，与最后一个签发人姓名处在同1行］

［签发人，置于发文机关标志下空2行，居右空1字］

××字〔2015〕××号　　　　签发人：×××

［红色分隔线，距离发文字号和签发人4㎜］

××××××关于×××××××××的请示

［标题，置于红色分隔线下空2行，一行或多行居中］

××××××：［主送机关，置于标题下空1行，居左顶格，回行时仍顶格］

　　×××××××××××××××××××××××××××
×××××××××××××××××××××××××××××
×××××××××××××××××××××××××××××
×××××××××××××××××××××××××××××
×××××××××××××××××××××××××××××
×××××××××××××××××××××××××××××
×××××××××××××××××××××××××××××
×××××××××××××××××××××××××××××
×××××××××××××××××××××××××××××
×××××××××××××××××××××××××××××

2．联合行文公文首页版式1

000001

机　密

特　急

× ×　× ×

××××××　文件

× × ×××

［联合行文发文机关标志，红色，居中；“文件”二字置于发文机关右侧，以发文机关名称为准上下居中］

［下行文发文字号，置于发文机关标志下空2行，居中］

××发〔2015〕××号

［红色分隔线，距离发文字号4mm］

×××× ×××××× ×××××

关于××××××××的通知

［标题，置于红色分隔线下空2行，一行或多行居中］

××××××：［主送机关，置于标题下空1行，居左顶格，回行时仍顶格］

××。

×××。

××

3. 联合行文公文首页版式 2

000001

机 密

特 急

×× ××

××××××

×× ×××

[联合行文发文机关标志，红色，居中]

[上行文发文字号，居左空 1 字，与最后一个签发人姓名处在同 1 行]

[签发人，置于发文机关标志下空 2 行，居右空 1 字，每行排两个姓名，回行时与第一个签发人姓名对齐]

签发人：××× ×××

××字〔2015〕××号 ×××

[红色分隔线，距离发文字号 4mm]

×××× ××××××× ×××××

关于×××××××××的请示

[标题，置于红色分隔线下空 2 行，一行或多行居中]

××××××：[主送机关，置于标题下空 1 行，居左顶格，回行时仍顶格]

××。

××

4. 公文末页版式

×××××。

××。

×××××××××。

[正文，始于主送机关下1行，每个自然段左空2格，回行顶格]

[印章，端正、居中下压发文机关署名和成文日期]

[发文机关署名，置于成文日期之上]

×××××××

2015年7月1日

[成文日期，置于正文之下空2行右空4字，用阿拉伯数字标注]

（××××××××××）

[附注，置于成文日期下1行，左空2字，加圆括号]

抄送：××××，×××××，××××××，×××××，×××××，××××××××。

[抄送机关，置于印发机关和印发日期上1行，左右各空1字]

×××××××××　　2015年×月×日印发

[印发机关及印发日期，左右各空1字]

5．联合行文公文末页版式 1

××××××××××××。

　　××。

[正文，始于主送机关下 1 行，每个自然段左空 2 格，回行顶格]

[联合行文印章，一一对应、端正、居中下压发文机关署名，最后一个印章下压发文机关署名和成文日期]

[联合行文发文机关署名，置于成文日期之上]

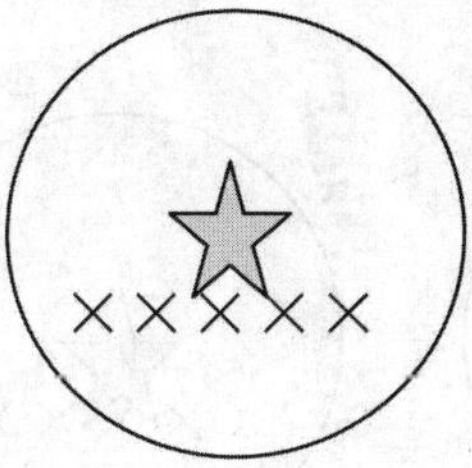

2015 年 7 月 1 日

[成文日期，置于正文之下空 2 行右空 4 字，用阿拉伯数字标注]

（×××××××）

[附注，置于成文日期下 1 行，左空 2 字，加圆括号]

抄送：××××，×××××，××××××，×××××，××××××××。

[抄送机关，置于印发机关和印发日期上 1 行，左右各空 1 字]

××××××××　　2015 年×月×日印发

[印发机关及印发日期，左右各空 1 字]

6. 联合行文公文末页版式2

××××××××××××。

××。

［正文，始于主送机关下1行，每个自然段左空2格，回行顶格］

［联合行文印章，一一对应、端正、居中下压发文机关署名，最后一个印章下压发文机关署名和成文日期］

［联合行文发文机关署名，置于成文日期之上］

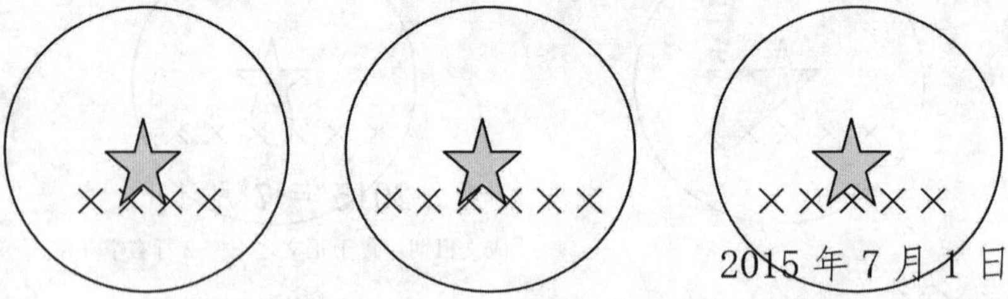

2015年7月1日

［成文日期，置于正文之下空2行右空4字，用阿拉伯数字标注］

（××××××）

［附注，置于成文日期下1行，左空2字，加圆括号］

抄送：××××，×××××，××××××，×××××，×××××××。

［抄送机关，置于印发机关和印发日期上1行，左右各空1字］

×××××××××　　　　2015年×月×日印发

［印发机关及印发日期，左右各空1字］

7. 带附件公文附件说明页版式

××××××××××××××××××。

××××××××××××××××××××××××××××

××××××××××××××××××××××××××××××

×××××××××××。

[正文，始于主送机关下 1 行，每个自然段左空 2 格，回行顶格]

附件：××××××××××

[附件说明，置于正文下空 1 行，左空 2 字]

[印章，端正、居中下压发文机关署名和成文日期]

[发文机关署名，置于成文日期之上]

××××××

2015 年 7 月 1 日

[成文日期，置于正文之下空 2 行右空 4 字，用阿拉伯数字标注]

（×××××××××）

[附注，置于成文日期下 1 行，左空 2 字，加圆括号]

8. 带附件公文附件首页版式

附件：［附件应另面编排，与公文正文一起装订。版心左上角第 1 行顶格标注“附件”二字及顺序号。如附件与公文正文不能一起装订，应在附件左上角第 1 行顶格编排公文的发文字号并在其后标注“附件”二字及顺序号］

［附件标题，置于版心第 3 行，居中］

××××××××××

　　××。

　　××。

　　×××。

　　××。

　　××

9．带附件公文末页版式

×××××××××××××××××××××××××××××
×××××××××××××××××××××××××××××
×××××××××××××××××××××××××××。

　　×××××××××××××××××××××××××××
×××××××××××××××××××××××××××××
×××××××××××××××××××××××××××××
×××××××××××××××××××××××××××××
×××××××××××××××××××××××。

　　×××××××××××××××××××××××××××
×××××××××××××××××××××××××××××
×××××××××××××××××××××××××××××
×××××××××××××××××××××××××××××
×××××××××××××××××××××××。

［附件正文，参照公文正文格式进行编排］

抄送：××××，×××××，××××××，×××××，×××××
××。

［抄送机关，置于印发机关和印发日期上 1 行，左右各空 1 字］

××××××××　　　　2015 年×月×日印发

［印发机关及印发日期，左右各空 1 字］

10. 信函格式首页版式

[发文机关标志，上边缘至上页边为30mm，红色]

××××××××

[红色双线（上粗下细），距离发文机关全称4mm]

000001　　　　　　　　　　　　×函〔2015〕××号

机密★×年　　　　　[发文字号，置于红色双线下，顶格居版心右边缘，

特急　　　　　　　　与红色双线距离为3号汉字高度的7/8]

[顶格居版心左边缘，第一个要素与红色双线距离为3号汉字高度的7/8]

[标题，与上面最后一个要素距离为2行，居中]

×××××××××关于×××××××××的函

×××××××××：[主送机关，置于标题下空1行，左侧顶格，回行时仍顶格]

　　××。

　　××。

　　××。[最后一行文字与红色双线距离为3号汉字高度的7/8]

[红色双线（上细下粗），距下页边20mm]

11. 信函格式末页版式

　　××××××××××××××××××××××××
××××××××××××××××××××××××××
××××××××××××。
　　××××××××。

［正文，始于主送机关下 1 行，每个自然段左空 2 格，回行顶格］

［印章，端正、居中下压发文机关署名和成文日期］

［发文机关署名，置于成文日期之上］

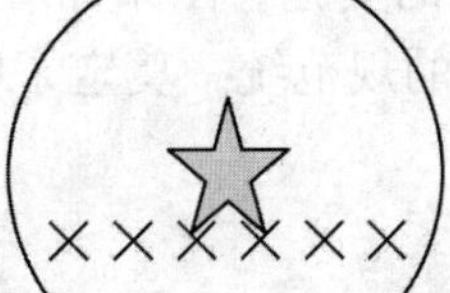

××××××

2015 年 7 月 1 日

［成文日期，置于正文之下空 2 行右空 4 字，用阿拉伯数字标注］

抄送：××××，×××××，××××××，×××××，××
　　　×××。

［抄送机关，左右各空 1 字］

［版记不加印发机关和印发日期、分隔线，位于公文最后一面版心内最下方］

附录五　党政机关公文格式及排版要求

从2012年7月1日起，执行《党政机关公文处理工作条例》（中办发〔2012〕14号），之前于1996年5月3日中共中央办公厅发布的《中国共产党机关公文处理条例》和2000年8月24日国务院办公厅发布的《国家行政机关公文处理办法》停止执行。

为配合《条例》的实施，国家标准化管理委员会发布了《党政机关公文格式》，为实现党政机关公文格式的规范统一奠定了坚实的基础。

一、公文格式

公文格式简言之就是公文的表现形式。公文格式的内容包括公文采用的介质、公文印制要求、公文中数据的表示、公文各要素的排布等。

二、公文的构成要素

公文一般由份号、密级和保密期限、紧急程度、发文机关标志、发文字号、签发人、标题、主送机关、正文、附件说明、发文机关署名、成文日期、印章、附注、附件、抄送机关、印发机关和印发日期、页码等组成。

三、公文的用纸幅面尺寸

公文一般采用国际标准A4型纸，尺寸为210 mm×297 mm。

公文页边距与版心尺寸为：天头37 mm±1 mm，订口（左白边）28 mm±1 mm，版心尺寸156 mm×225 mm（不含页码）。

四、公文的字体字号及印制装订要求

大部分的公文格式要素都采用3号仿宋体字标注，但密级和保密期限、紧急程度使用3号黑体字，签发人姓名使用3号楷体字，标题采用2号小标宋体字，版记中的要素使用4号仿宋体字。

正文用3号仿宋体字，一般每面排22行，每行排28个字。从左至右横排、横写，双面印刷，左侧装订，订位为两钉外眼距版面上下边缘各70 mm。

五、页码

页码用四号半角宋体阿拉伯数码标注，置于公文版心下边缘之下，数字左右各放一条一字线，一字线距版心下边缘7 mm。单页码居右空1字，双页码居左空1字。

公文版记页前有空白页的，空白页和版记均不编排页码。公文的附件与正文一起装订时，页码应当连续编排。

六、公文各要素的编排规则

公文的各要素分为版头、主体、版记3部分。

（一）版头部分

置于公文首页红色分隔线以上的各要素统称为公文版头。版头包括份号、密级和保密期限、紧急程度、发文机关标志、发文字号、签发人等要素。

（1）份号：是公文印制份数的顺序号，即将同一文稿印制若干份时每一份公文的顺序编号。涉密公文都应当标注份号。份号置于版心左上角第一行，一般用6位阿拉伯数字标注。

（2）密级和保密期限：密级分为绝密、机密和秘密三级。保密期限是对公文秘密等级时效规定的说明。密级和保密期限置于版心左上角第二行。密级和保密期限之间用“★”分隔开，表示密级的两字之间不空格，保密期限中的阿拉伯数字和“年”字之间也不空格；如果只标密级不标保密期限，则表示密级的两字之间空1字。

（3）紧急程度：是对公文送达和办理的时限要求。根据公文的紧急程度，标注“特急”“加急”等字样；紧急电报分为“特提”“特急”“加急”“平急”四级。紧急程度置于版心左上角，按照份号、密级和保密期限、紧急程度的顺序自上而下分行排列。如果同时标注密级和保密期限、紧急程度，表达紧急程度的两字之间不空格；如果标注密级不同时标注保密期限的，表达紧急程度的两字之间空1字。

（4）发文机关标志：发文机关标志表明公文的作者，通常称“红头”。由发文机关全称或规范化简称后加“文件”组成，也可以只使用发文机关全称或者规范化简称。发文机关标志上边缘距版心上边缘为35 mm。居中红色套印在文件首页上端。联合行文时，发文机关标志可以并用联合发文机关的名称，也可以单独用主办机关的名称，“文件”二字置于发文机关名称右侧，上下居中排布。

（5）发文字号：发文字号是发文机关按照发文顺序编排的顺序号。由发文机关代字、年份和序号组成。置于发文机关标志下空2行，居中排布。年份、序号用阿拉伯数码标注；年份应标全称，用六角括号“〔〕”括入；序号不编虚位（即1不编为001），不加“第”字，在阿拉伯数字后面加“号”字。联合行文使用主办机关的发文字号。上行文的发文字号在红色分隔线之上居左空1字编排，与最后一个签发人姓名处在同一行。

发文字号之下4 mm处印一条与版心等宽的红色分隔线。

（6）签发人：签发人是对上报的公文批准签发的主要负责人。只用于上行文。平行排列于发文字号右侧。发文字号居左空1字，签发人姓名居右空1字；签发人用3号仿宋体字，签发人后标注全角冒号，冒号后用3号楷体字标注签发人姓名。如有多个签发人，按发文机关顺序编排签发人姓名，每行一般排两个签发人姓名，两个签发人姓名之间空1字。主办单位签发人姓名置于第1位。

（二）主体部分

主体部分包括标题、主送机关、正文、附件说明、成文日期、印章、附注、附件等要素。

（1）公文标题：是对公文主要内容的概括和提示。由发文机关名称、事由和文种组成。公文标题除出现法规、规章名称加书名号外，一般不用标点符号。位于红色分隔线下空2行，用2号小标宋体字。可分一行或多行居中排布；回行时，要做到词义完整，排列对称，长短适宜，间距恰当。公文标题排列应当使用梯形或菱形。

（2）主送机关：是指公文的主要受理机关，应当使用机关全称、规范化简称或者同类型机关统称。编排在标题下空1行，左侧顶格，用3号仿宋体字标注，回行时仍顶格。最后一个主送机关名称后标注全角冒号。对于上行文，原则上只能有一个主送机关。有些公文可能没有主送机关，如公告。主送机关的顺序一般按照重要程度排列。同类型机关内同级机关之间用顿号分隔开，不同类型机关之间使用逗号分隔开。

（3）公文正文：一份公文的首页必须显示正文。正文通常由导语、主体和结束语构成。位于主送机关下一行。每个自然段左空2字，回行顶格；数字、年份不回行。文中结构层次序数依次用"一、""（一）""1.""（1）"标注，第一层次的序数用黑体字，第二层次的序数用楷体字，第三和第四层次的序数用仿宋体字。

（4）附件说明：公文如有附件，在正文下空一行左空2字的地方写"附件"，后标全角冒号，冒号后写附件名称，附件名称不加书名号。附件在两个以上的，应使用序号，序号用阿拉伯数字（如"附件：1. ×"）。附件名称后不加标点符号。

（5）发文机关署名：署发文机关的全称或者规范化简称。署名应与发文机关标志、标题中的发文机关名称相一致。

（6）成文日期：指公文生效的时间。署发文机关负责人签发的日期；如果文件是经会议讨论通过的，则署会议通过的日期。联合行文时署最后签发机关负责人签发的日期。成文日期标注在正文下空2行右空4字的地方，用阿拉伯数字将年、月、日标全。发文机关署名短于成文日期的，发文机关署名以成文日期为准居中；发文机关署名长于成文日期的，发文机关署名居右空2字编排，成文日期以发文机关首字为准右移2字编排。

（7）印章：公文中有发文机关署名的，应当加盖发文机关印章，并与署名机关名称相符。有特定发文机关标志的普发性公文和电报可以不加盖印章。上行文一定要加盖印章。纪要一般不加盖印章。联合下发的公文，发文机关都应加盖印章。印章务必要清晰、不歪斜。

单一机关行文时，一般在成文日期之上、以成文日期为准居中编排发文机关署名，印章端正、居中下压发文机关署名和成文日期（印章、发文机关署名和成文日期的纵向中心线应该重合），使发文机关署名和成文日期居印章中心偏下位置（印章下边缘与成文日期下边相切）。印章顶端与正文（或附件说明）的距离在1行之内。

联合行文时，一般将各发文机关署名按照发文机关顺序整齐排列在相应位置，并将印章一一对应、端正、居中下压发文机关署名，最后一个印章端正、居中下压发文机关署名和成文日期。印章之间排列整齐、互不相交或相切，每排印章两端不得超出版心，首排印章顶端与正文（或附件说明）的距离在1行之内。

不得出现空白印章。当公文排版后所剩空白处不能容下印章位置时，应采取调整行距、字距的措施加以解决，务使印章与正文同处一面。如果出现采取调整正文行距或字距的措施仍无法解决的极特殊情况，如多个机关联合下行文，联合行文的机关过多，无法实现正文与所有发文机关的印章同处一页，也可采取"此页无正文"的方法，即将印章加盖在下一页空白页上，并在该空白页第一行顶格标注“（此页无正文）”。

※ 不加盖印章的公文。单一机关行文时，在正文（或附件说明）下空一行右空 2 字编排发文机关署名，在发文机关署名下一行编排成文日期，首字比发文机关署名首字右移 2 字，如成文日期长于发文机关署名，应当使成文日期右空 2 字编排，并相应增加发文机关署名右空字数。联合行文时，应当先编排主办机关署名，其余发文机关署名依次向下编排。

※ 加盖签发人签名章的公文。

单一机关制发的公文加盖签发人签名章时，在正文（或附件说明）下空二行右空 4 字加盖签发人签名章，签名章左空 2 字标注签发人职务，以签名章为准上下居中排布。在签发人签名章下空一行右空 4 字编排成文日期。联合行文时，应当先编排主办机关签发人职务、签名章，其余机关签发人职务、签名章依次向下编排，与主办机关签发人职务、签名章上下对齐；每行只编排一个机关的签发人职务、签名章；签发人职务应当标注全称。

（8）附注：是需要说明的其他事项，如公文的发放范围、使用时注意的事项、联系人及联系方式等。公文如有附注，用 3 号仿宋体字，居左空 2 字加圆括号标注在成文日期下一行。

（9）附件：公文正文的说明、补充或者参考资料。附件应当另面编排，并在版记之前，与公文正文一起装订。应在附件左上角第 1 行顶格标注“附件”，有序号时标注序号；附件的序号和名称前后标识应一致。如附件与公文正文不能一起装订，应在附件左上角第 1 行顶格标注公文的发文字号并在其后标注附件（或带序号）。

值得注意的是，批转、转发、印发类公文，被批转、转发、印发的内容不按附件处理，在公文正文中不加附件说明，直接另面编排，附件中首页也不标注“附件”二字。

（三）版记部分

版记包括抄送机关、印发机关和印发日期等要素。

（1）抄送机关：指除主送机关以外需要执行或知晓公文内容的其他机关。公文如有抄送，应左空 1 字用 4 号仿宋体字标识“抄送”，后标全角冒号；抄送机关之间用逗号隔开，回行时与冒号后的抄送机关对齐；最后一个抄送机关后面标句号。

（2）印发机关和印发日期：印发机关是公文的送印机关，一般是各机关的办公厅（室）或文秘部门；印发日期是公文的送印时间。位于抄送机关之下（无抄送机关则编排在版记第一行）占 1 行位置；用 4 号仿宋体字。印发机关左空 1 字，印发日期右空 1 字，用阿拉伯数码标注，写明年、月、日，后面加“印发”二字。

（3）版记中的分隔线：宽度同版心。首条分隔线位于版记中第一个要素之上，末条分隔线与公文最后一面的版心下边缘重合。

（4）版记置于公文最后一面，版记的最后一个要素置于版心最后一行。版记一定在偶数页上。公文的篇幅如果在一个折页（即有四面）以上，这时公文的页数一般应是 4 的倍数，此时版记也一定放在最后一面。

如果附件是被转发的文件，该文件也有版记，这时被转发文件的版记不能代替转发文件的版记。

附录六 毕业论文写作相关知识

一、毕业论文的概念

毕业论文是高等院校应届毕业生在学业完成前，从事科学研究取得创造性成果或有了新的见解，并以此为内容撰写而成的，作为提出申请授予相应学位时评审用的、具有一定社会价值的学术性文书。

二、毕业论文的分类

（1）按学生对象分类，可以划分为：专科生毕业论文，本科生毕业论文，硕士研究生毕业论文，博士研究生毕业论文。

（2）按内容分类，可以划分为：创造型毕业论文，综述评析型毕业论文，描述型毕业论文，综述型毕业论文。

（3）按专业性质分类，可以划分为：社会科学类毕业论文，自然科学类毕业论文。

三、毕业论文的特点

（1）创新性。创新是毕业论文的价值所在。毕业论文不能简单地重复前人的观点，必须有自己的独立见解。不抄袭，不照搬；在前人论述的基础上有所拓展、延伸。

（2）规范性。毕业论文在篇幅、格式、文献、内容、设计等方面都有一定的规范要求。

（3）学术性。毕业论文应揭示事物的本质和发展规律，从感性上升到理性，从而得出科学的结论，不能简单地就事论事，罗列材料。

（4）科学性。毕业论文研究应思维缜密，结构合乎逻辑；材料的收集、整理、分类、取舍科学；写法讲究，结论可信。

（5）专业性。毕业论文的研究对象一般是本专业某个领域的问题，专业性质不同，研究方法和侧重点也不同。

四、毕业论文的结构和写法

（一）封面

封面是报告、论文的外表面，提供应有的信息，并起保护作用。封面不是必不可少的。学术论文如作为期刊、书或其他出版物的一部分，无须封面；如作为预印本、抽印本等单行本时，可以有封面。

封面一般可包括学校名称、毕业论文、题目、系别、专业名称、作者姓名和学号、导师姓名和职称、成文日期等。

（二）目录

写出目录，标明页码，一般编至二级标题。

（三）题目

标题位于本页第一行正中央，应简洁、明确、有概括性，同时又要新颖醒目，能引人注意。字数不宜超过20个字。

1．单行标题

单行标题又称为总标题，是文章总体内容的体现。如《浅论新时代秘书人员的心理素质》。

常见的写法有：

（1）揭示论题实质式：用标题高度概括全文内容，便于读者把握全文核心。如《用心沟通，构建秘书与领导的和谐关系》。

（2）交代内容范围式：从标题看不出作者所指的观点，只是对文章内容的范围做出限定。如《也谈我国私人企业的经营体制》。

（3）形象式：用形象化的语句来概括全文。如《科技史上的曙光》。

2．双行标题

为了点明论文的研究对象、研究内容、研究目的，对标题加以补充、解说，有的论文还可以加副标题。正标题揭示论文主旨，副标题作为补充说明。如《扎实的基本功，良好的文化修养——浅论合资企业秘书工作的要点》。

（四）署名

在标题下署上作者的姓名、单位名称和专业名称。

（五）摘要

内容提要是全文内容的缩影。通过摘要勾画出全文的整体面目、提出主要论点、揭示论文的研究成果、简要叙述全文的框架结构。摘要要有高度的概括力，语言精练、明确，100～200字。“摘要”二字要用黑体字，中间空一个字。

（六）关键词

关键词是为了文献标引工作，从论文中选取出来，用以表示全文主要内容信息款目的单词或术语。一般从论文标题或正文中挑选3～5个最能表达主要内容的词作为关键词。“关键词”三个字用黑体字并加粗。

（七）正文

正文包括前言、本论、结论三个部分。

1．前言

前言（或绪论）是简要说明研究工作的目的、范围、相关领域的前人工作和知识空白、理论基础和分析、研究设想、研究方法和实验设计、预期结果和意义等。应言简意赅，不要与摘要雷同，不要成为摘要的注释。一般教科书中有的知识，在引言中不必赘述。

2．本论

本论是毕业论文的主体，包括研究内容与方法、实验材料、实验结果与分析（讨论）等。本论部分采用标项法，即用小标题或主题句，再加序号。然后对提出的问题进行分析、论证，运用各方面的研究方法和实验结果，分析问题，论证观点，尽量反映出自己的科研能力和学术水平。

3. 结论

论文的结论是最终的、总体的结论，不是正文中各段小结的简单重复。结论应该准确、完整、明确、精练。如果不可能导出应有的结论，也可以没有结论而进行必要的讨论，也可以在结论或讨论中提出建议、研究设想、仪器设备改进意见、尚待解决的问题等。

（八）致谢词

可以在正文后对下列方面致谢：

国家科学基金、资助研究工作的奖学金基金、合同单位、资助或支持的企业、组织或个人；协助完成研究工作和提供便利条件的组织或个人；在研究工作中提出建议和提供帮助的人；给予转载和引用权的资料、图片、文献、研究思想和设想的所有者；其他应感谢的组织或个人。

毕业论文主要是对指导教师、其他老师和同学及有关人员表示衷心的感谢。

（这部分看需要而取舍）

（九）参考文献

中华人民共和国国家标准 GB/T7714－2005《文后参考文献著录规则》规定了各类型出版物中的文后参考文献的著录项目、著录顺序、著录用的符号、各个著录项目的著录方法以及参考文献标注法。

1. 专著著录格式

主要责任者．书名［文献类型标志］．其他责任者．版本．出版地：出版者，出版年：起止页码．

如：

［1］何伟祥．公共关系原理与实务［M］．第四版．大连：东北财经大学出版社，2013：157～159．

2. 连续出版物著录格式

主要责任者．篇名［文献类型标志］．连续出版物题名，出版年，卷（期）：起止页码．

如：

［1］肖斌．设立激励机制应注意的问题［J］．财会月刊，2001，(6)：14～15．

3. 专利文献著录格式

专利申请者或所有者．专利题名：专利国别，专利号［文献类型标志］．公告日期或公开日期［引用日期］．

如：

［1］姜锡洲．一种温热外敷药创备方案．中国，88105607.3［P］．1989－07－26．

4. 网络参考文献著录格式

主要责任者．题名［文献类型载体标志］．出版地：出版者，出版年（更新或修改日期）［引用日期］．获取和访问路径．

如：

［1］成都商报．21—25 岁学历越高失业率越大［N/OL］．2012［2015－05－17］．http：//news. sina. com. cn/o/2012－12－10/025925769426. shtml.

（十）附录

附录是作为报告、论文主体的补充项目，并不是必需的。下列内容可以作为附录编于报告、论文后，也可以另编成册：

（1）为了整篇报告、论文材料的完整，但编入正文又有损于编排的条理和逻辑性，这一类材料包括比正文更为详尽的信息、研究方法和技术更深入的叙述，建议可以阅读的参考文献题录，对了解正文内容有用的补充信息等。

（2）由于篇幅过大或取材于复制品而不便于编入正文的材料。

（3）不便于编入正文的罕见珍贵资料。

（4）对一般读者并非必要阅读，但对本专业同行有参考价值的资料。

（5）某些重要的原始数据、数学推导、计算程序、框图、结构图、注释、统计表、计算机打印输出件等。

五、毕业论文的写作步骤

（一）选择论题

毕业论文的选题应注意：

1. 要选择有现实意义的课题

从事研究的目的在于用理论指导实践，因此选择的题目，应是与社会生活密切相关、千百万人所关心的问题，特别是社会主义现代化建设事业中亟待解决的问题。

2. 要选择有创新性的课题

选题应鼓励学术创新，避免选择已经完全得到解决的常识性问题，注意与时俱进。例如可以从某专业研究的空白处和边缘领域中选题，科学研究还有许多没有被开垦的处女地，还有许多缺陷和空白，这些都需要用独特的眼光和超前的意识去发现、研究。又或者寻找前人研究的不足处或错误，对初步的研究成果进行修正、补充、完善和发展。

3. 选题要考虑主客观条件

要根据自己的兴趣、专长选择题目。选择自己感兴趣的、比较擅长的，能结合、发挥自己业务专长的课题，可以激发自己研究的热情，调动自己的主动性和积极性，以专心、细心、恒心和耐心的积极心态去完成。同时也要根据自己的实际能力和理论水平选择题目，选题要大小适中、难易得当。

（二）研究论题

对论题进行研究时要经过如下几个步骤：

1. 搜集材料

“巧妇难为无米之炊”，在缺少材料的情况下，难以写出高质量的论文。在确定选题后，应查阅图书馆、资料室的资料，做实地调查研究、实验与观察，通过各种渠道搜集资料，并建立资料系统。

2. 研究材料

考生要对所搜集到的资料进行全面阅读，对资料进行筛选、分析。然后选择适当的研究方法对材料进行研究。常见的研究方法有：定量分析法、定性分析法、实证研究法、跨学科研究法、个案研究法、功能分析法、经验总结法等。

3．明确论点和选定材料

在研究资料的基础上，提出自己的观点和见解，根据选题，确立毕业论文的基本论点和分论点。

（三）撰写论文

撰写论文有以下三个步骤：

1．拟定提纲

提纲的作用在于在落笔撰写论文前先树立起全局观点，有助于学生打开思路，安排材料。拟定的提纲一般可包括题目、全文的中心论点、阐述中心论点的各个分论点、全文的基本结构等。

2．执笔撰写

确定提纲后，便根据拟定的提纲来组织材料，按毕业论文的结构要求撰写论文，完成论文。

3．修改定稿

将初稿交与指导老师审阅后，根据指导老师提出的修改意见，完成第二稿、第三稿……直到论文修改完毕，最后定稿。

（四）打印装订

毕业论文定稿后，打印装订后便可提交。打印装订时注意排版、字体、字号、行距。做到美观大方、便于阅读。

六、毕业论文的写作注意事项

毕业论文有以下几点注意事项：

（1）结构完整、条理清晰、格式规范。

（2）内容完整、翔实，逻辑性强。

（3）论点正确、新颖，论据确凿、论述清晰严谨。

（4）语言准确简洁、流畅生动，能运用专业术语。

（5）见解独特，富有创新性，有较高的学术水平或较大的使用价值。

七、毕业论文例文

浅谈销售助理的语言沟通技巧

（××学院××系　×××）

摘　要：销售助理是公司对外的沟通桥梁，既要将公司的产品信息传递给客户，又要把客户的意见和要求反馈给领导，此岗位对语言沟通能力有着较高的要求。本文结合笔者的实习实践，阐述了销售助理语言沟通的重要性，以及在沟通中注重时机和场合、灵活应对不同客户、善于在实践中积累经验等各种沟通技巧。

关键词：销售助理　语言表达　沟通技巧

孔子曾言：“言不顺，则事不成。”语言表达与沟通能力是文秘专业学生应具备的基本能力，在商务活动中有着十分重要的作用。笔者于××××年×月—×月，在××市××公司销售营业部销售助理岗位实习，在实际工作中对此深有体会。本文拟以这个职位为例，谈谈有效的语言沟通在销售助理工作中的重要作用以及作为一名销售助理，应如何自觉学习语言沟通知识，不断提高自身的沟通技能，在沟通过程中注重时机与场合，灵活应对不同客户。从而在实践中积累经验，努力成为销售经理的得力助手。

一、语言沟通的重要性

沟通是人与人之间、人与群体之间思想与感情的传递和反馈的过程，以求思想达成一致。语言沟通是通过语言这种媒介进行沟通的一种方式，人们通过语言的沟通，相互交换信息，既是信息的传递者也是信息的接受者。

销售助理负责的工作繁多，如客户订单的处理、单品和销售业绩的统计、促销方案、客户投诉、客户退换货等。因此，销售助理常常要负责与客户、各代理店的沟通协调，与各方面的人打交道。笔者所任职的销售助理岗位，其工作主要是通过电话接受订单并组织安排发货，协调集团公司订货以及在各个环节过程当中发生的各种矛盾和突发状况。因此，有效的语言沟通便在销售助理工作中起着重要的作用。在客户与公司在业务往来中，如果不注重语言沟通的技巧，使双方在交谈中感到不愉快，会直接造成合作的失败，使得公司利益受到一定损害。有效的语言沟通对拉近公司与客户之间的关系，提高工作效率有深远的影响。语言沟通对于销售助理岗位的重要性主要表现在以下几点：

（一）语言沟通提高了销售助理的工作效率

有效的语言沟通能为公司创造出良好的工作氛围，同事间通过语言传递信息，共同解决问题，能够确保日常工作有序地开展，提高工作效率。就个人而言，作为销售助理，新加入公司，对工作环境相对较为陌生，对公司的客户、产品的信息知之甚少，这就更需要进行日常的语言沟通，向同事学习，相互帮助的工作氛围能够促使销售助理扮演好自己在这个团队中的角色，通过团队的力量提高销售助理的工作效率，为公司的销售工作贡献自己的力量。

（二）语言沟通能够解决内部矛盾，提升团队的凝聚力

语言沟通让团队在工作中保持一种相互交流的状态，个人通过表达内心真实想法来实现在团队中的价值。但由于利益、思维方式、立场等不同而导致的分歧也时有发生。倘若没有良好的语言沟通，每一个人都把自己的想法藏在肚子里并固执地坚持自己的观点，只能导致矛盾的激化。一次畅快的交谈、一次真心的谈话，让每一个人了解他人心中的真实想法，换位思考，或许矛盾就能够迎刃而解。

笔者所在的××市××公司销售营业部十分鼓励员工主动积极地发表自己的意见和想法。在某次部门工作例会中，讨论到关于××专卖店装修等事宜时，部门内的正式职员均发表了自己的看法，销售部经理也让新员工和实习生谈谈想法，有实习生根据当地的实际情况，对店铺的装修风格提出了一些建议、得到了大家的赞同，几位老员工也对实习生的想法进行了补充，这充分给予了实习生鼓励，使他们感觉到自己并不是什么都不懂，也能够尽自己的能力为公司献计献策。作为销售团队的成员，集体荣誉感油然而生。会议上大家各抒己见、滔滔不绝，让这个团队显得和谐又团结。××市××公司销售营业部业绩一直很好，是一支具有实力和凝聚力的团队，这和他们这种鼓励沟通的工作氛围是分不开的。

（三）语言沟通能够增进人与人之间的感情

……

二、如何利用语言进行沟通

作为一名销售助理，电话沟通和面对面的沟通是日常工作中最常见的两种语言沟通的形式。电话沟通是纯粹的语言沟通，不能看见对方的表情，也看不见对方在做什么。所以，电话沟通更能体现销售人员口头表达能力。而面对面的沟通却不单单是说，客户不仅能够听到，他还能够看到、感受到。相比而言，面对面的沟通与电话沟通都需要抓住其沟通的特点，采取不同的沟通技巧。

（一）电话沟通

……

（二）面对面沟通

……

三、销售助理语言沟通的技巧

语言在沟通过程当中的运用，不但要积极地发挥语言的作为信息载体的功能，同时要把这种载体的功能最大化。好的销售助理总是能够凭借丰富的社会经验，如鱼得水地与各种形形色色的人沟通，对许多客户的强烈要求都能够婉言拒绝。掌握好语言沟通技巧，能使工作事半功倍。销售助理的语言沟通技巧主要有如下几种：

（一）做一个倾听者

……

（二）有效地提问

……

（三）把握好沟通时机

……

结论：语言沟通使得商业人士可以遵循一定的业务计划，避免重复，积蓄工作力量，共享知识，获得进步和解决问题，建立并促进了与组织外部的人的和谐关系。作为一名经常与各领域的人打交道的销售助理，语言沟通更是必不可少。一个会说话的人，可能比别人要少努力好几年，便拥有广阔的人脉。销售助理可通过对面对面沟通和电话沟通等日常沟通技巧的总结，积累一定的沟通技巧。通过倾听，有效地提问和把握良好的沟通时机，做好有效沟通，在工作当中不断地积累沟通经验。

（资料来源：浙江育英职业技术学院 2011 届毕业设计，道客巴巴网．http：//www. doc88. com/p－5127148720706. html. 有改动）

参考文献

［1］陈丁荣．标准商务礼仪课［M］．北京：中华工商联出版社，2006：10～20.

［2］王守福．文秘工作案例分析［M］．北京：高等教育出版社，2002：5～9.

［3］光华．有效沟通技巧［M］．北京：中国社会科学出版社，2003：20～25.

参考文献

[1] 张德实．应用写作第二版．北京：高等教育出版社，2003.

[2] 邱国新，陈少夫．会议文书写作．广州：中山大学出版社，2003.

[3] 杨文丰．高职应用写作．北京：高等教育出版社，2006.

[4] 杨文丰．现代应用文书写作．北京：中国人民大学出版社，2006.

[5] 孙莉，邱平．实用应用文写作．北京：北京交通大学出版社，2006.

[6] 张耀辉，谢福铨．应用写作．上海：华东师范大学出版社，2006.

[7] 孙绍玲．应用文写作．大连：东北财经大学出版社，2006.

[8] 戴元祥．新编公文写作与处理．北京：时事出版社，2006.

[9] 张子泉．应用文写作教程．北京：北京交通大学出版社，2006.

[10] 陈子典．当代应用写作．广州：中山大学出版社，2007.

[11] 卢如华．新编秘书写作．北京：高等教育出版社，2007.

[12] 李国英．应用文写作（第二版）．沈阳：辽宁大学出版社，2008.

[13] 李玉珊．商务文案写作．北京：高等教育出版社，2008.

[14] 姬瑞环，卢颖，崔德立．商务文书写作与处理（第二版）．北京：中国人民大学出版社，2008.

[15] 钟发根．新编应用文写作教程．长春：吉林大学出版社，2009.

[16] 李振辉．应用文写作（第二版）．北京：清华大学出版社，2009.

[17] 刘伶．当代应用文写作．天津：天津大学出版社，2009.

[18] 周爱荣．商务写作与实训．重庆：重庆大学出版社，2010.

[19] 黄巨龙，何劲耘．企业应用写作（第二版）．广州：暨南大学出版社，2010.

[20] 骆田茵．财经应用文写作实训．北京：中国人民大学出版社，2010.

[21] 周俊玲．商务文书写作实务．北京：机械工业出版社，2012.

[22] 余少文，曹艳红．新编实用写作．广州：中山大学出版社，2012.

[23] 中国就业培训技术指导中心．秘书国家职业资格培训教材．北京：中央广播电视大学出版社，2013.